초능력 국어 독해를 사면
초능력⁺쌤이 우리집으로 온다!

KB039235

▶ 초능력 쌤과 함께하는 지문 분석 동영상 강의 무료 제공

 글이 조금만 길어도 어떻게 읽어야 할지 막막해요. 도와줘요~ 초능력 쌤!

 그건 독해를 할 때 지문 구조를 생각하지 않고 되는대로 읽기 때문이야.

 지문 구조요? 글을 읽고 내용만 알면 됐지, 지문 구조도 생각해야 해요?

 3개의 지문 분석 강의를 보면 쉽게 알 수 있어. 지금 바로 스마트러닝에 접속해 봐.

 초능력 쌤이랑 공부하니 제대로 독해를 할 수 있게 되었네요!

📶 초능력 국어 독해 무료 스마트러닝 접속 방법

방법 ①

동아출판 홈페이지 www.bookdonga.com에 접속하면 초능력 국어 독해 무료 스마트러닝을 이용할 수 있습니다.

방법 ②

무료 스마트러닝

핸드폰이나 태블릿으로 **교재 표지나 본문**에 있는 QR코드를 찍으면 무료 스마트러닝에서 지문 분석 동영상 강의를 이용할 수 있습니다.

초능력+쌤과 키우자, 공부힘!

국어 독해
예비 초등~6학년(전 7권)

- 30개의 지문을 글의 종류와 구조에 따라 분석
- 지문 내용과 관련된 어휘와 배경지식도 탄탄하게 정리

수학 연산
1학년~6학년(전 12권)

- 학년, 학기별 중요 연산 단원 집중 강화 학습
- 원리 강의를 통해 문제 풀이에 바로 적용

맞춤법+받아쓰기
예비 초등~2학년(전 3권)

- 맞춤법의 기본 원리를 이해하기 쉽게 설명
- 맞춤법 문제도 재미있는 풀이 강의로 해결

구구단 / 시계·달력 / 분수
1학년~5학년(전 3권)

- 초등 수학 핵심 영역을 한 권으로 효율적으로 학습
- 개념 강의를 통해 원리부터 이해

비주얼씽킹 초등 한국사 / 과학
1학년~6학년(각 3권)

- 비주얼씽킹으로 쉽게 이해하는 한국사
- 과학 개념을 재미있게 그림으로 설명

급수 한자
8급, 7급, 6급(전 3권)

- 급수 한자 8급, 7급, 6급 기출문제 완벽 분석
- 혼자서도 한자능력검정시험 완벽 대비

주	주제	제목	교과 연계
1주	세계 여러 나라의 문화	• 닮은 듯 다른 문화를 말하다 | 대화문 • 알로하! 하와이 | 기행문	사회 6-2 1. 세계 여러 나라의 자연과 문화
	지구의 운동	• 백야와 극야의 나라에서 | 편지글 • 계절 따라 바뀌는 별자리 | 설명문	과학 6-1 2. 지구와 달의 운동
	바람직한 삶의 태도	• 동물 농장 | 세계 명작 동화 • 바보 이반과 도깨비 | 세계 명작 동화	국어 6-1 8. 인물의 삶을 찾아서
	아름다운 글씨	• 옛 글씨체 | 설명문 • 캘리그라피의 매력 | 설명문	미술 6학년
	자연물처럼	• 숲 | 시 • 풀잎 2 | 시	국어 6-1 1. 비유하는 표현
2주	일상생활과 민주주의	• 지방 자치의 꽃, 지방 의회 | 설명문 • 다수결의 원칙은 항상 올바른가? | 토론	사회 6-1 2. 우리나라의 정치 발전
	여러 가지 기체	• 기체의 부피가 변해요 | 설명문 • 산소의 두 얼굴 | 설명문	과학 6-1 3. 여러 가지 기체
	추억과 그리움	• 진주가 된 가리비 | 창작 동화 • 꿈을 찍는 사진관 | 창작 동화	국어 6-2 1. 작품 속 인물과 나
	도전하는 용기	• 팝 아트의 시대를 연 앤디 워홀 | 전기문 • 감동을 주는 성악가, 안드레아 보첼리 | 전기문	도덕 6학년
	뿌린 대로 거둔다	• 리어 왕 | 희곡 • 놀부전 | 희곡	국어 6-1 연극. 함께 연극을 즐겨요
3주	경제와 생활	• 공정 무역에 대한 다른 시선 | 논설문 • 경제적 양극화를 해결하려면 | 제안하는 글	사회 6-1 3. 우리나라의 경제 발전
	식물의 구조와 기능	• 나이테를 보고 나무를 알아요 | 설명문 • 아마존 열대 우림을 지키자 | 논설문	과학 6-1 4. 식물의 구조와 기능
	날카로운 현실 비판	• 허생전 | 고전 소설 • 두껍전 | 고전 소설	국어 6-1 9. 마음을 나누는 글을 써요
	네트형 경쟁	• 누구나 즐겨요, 배드민턴 | 설명문 • 여자 배구, 일본에 역전승 | 기사문	체육 6학년
	신비로운 옛이야기	• 아름다운 수로 부인 | 설화 • 월명 스님의 신비한 노래 | 설화	국어 6-1 2. 이야기를 간추려요

주	주제	제목	교과 연계
4주	우리가 만들어 가는 미래	• 한반도 통일 미래 센터를 다녀와서 | 견학 기록문 • 지구촌 문제, 함께 해결해요 | 참여를 바라는 글	**사회 6-2** 2. 통일 한국의 미래와 지구촌의 평화
	일상생활과 전기	• 전기는 흐른다 | 설명문 • 전기를 아껴 써 주세요 | 논설문	**과학 6-2** 1. 전기의 이용
	슬픈 사랑 이야기	• 노트르담의 꼽추 | 세계 명작 동화 • 젊은 베르테르의 슬픔 | 세계 명작 동화	**국어 6-2** 8. 작품으로 경험하기
	우리의 노래, 민요	• 경기 민요의 세계 | 설명문 • 일을 할 때 부르는 노래 | 설명문	**음악 6학년**
	새 삶에 대한 소망	• 서시 | 시 • 우리가 눈발이라면 | 시	**국어 6-1** 1. 비유하는 표현
5주	조선	• 임진왜란 3대 대첩 | 백과사전의 글 • 청나라와 싸울 것인가, 말 것인가 | 역사 기록문	**사회 6-1** 1. 사회의 새로운 변화와 오늘날의 우리
	우리의 몸	• 헌혈로 사랑을 실천해요 | 안내문 • 인체의 화학 공장, 간 | 설명문	**과학 6-2** 4. 우리 몸의 구조와 기능
	소중한 사람	• 소나기 | 현대 소설 • 나비를 잡는 아버지 | 현대 소설	**국어 6-2** 2. 관용 표현을 활용해요
	훌륭한 리더	• 세종 대왕과 훈민정음 | 설명문 • 사랑하는 젊은이들에게 | 연설문	**도덕 6학년**
	도전과 용기	• 서유기 | 희곡 • 헤라클레스와 황금 사과 | 희곡	**국어 6-2** 연극. 함께 연극을 즐겨요
6주	일제 강점기	• 나라를 지키기 위한 노력 | 설명문 • 민족 말살 통치를 아시나요? | 설명문	**사회 6-1** 1. 사회의 새로운 변화와 오늘날의 우리
	에너지	• 작은 힘으로 큰 일을! | 설명문 • 여러 가지 힘 | 설명문	**과학 6-2** 5. 에너지와 생활
	자연을 벗 삼아	• 오우가(五友歌) | 시조 • 십 년을 경영하여 | 시조	**국어 6-1** 8. 인물의 삶을 찾아서
	세계의 아름다운 건축물	• 사그라다 파밀리아 성당 | 설명문 • 아름다운 무덤, 타지마할 | 설명문	**미술 6학년**
	삶의 의미	• 어린 날의 초상 | 수필 • 돌층계 | 수필	**국어 6-2** 5. 글에 담긴 생각과 비교해요

초능력

국어 독해

6 단계
학년

1 독해력이 무엇인가요?

독해는 '讀 읽을 독, 解 풀 해', 즉 글을 읽어서 그 뜻을 이해한다는 뜻의 말이에요. 따라서 독해력은 글을 읽는 능력을 뜻하지요. 독해력은 모든 공부의 기본입니다. 바르게 독해만 할 수 있다면 국어를 비롯해 수학, 사회, 과학과 같은 과목 공부도 그 내용을 정확하게 이해하고 문제를 해결할 수 있기 때문입니다.

2 독서를 많이 하면 독해력이 길러지나요?

꼭 그렇지만은 않습니다. 물론 독서는 독해력의 기본 바탕이지만, 무조건 책을 많이 읽는다고 독해력이 향상되는 것은 아닙니다. 평소 글의 중요 내용을 파악하고, 스스로 정리해 보는 습관을 가지는 것이 더 중요합니다. 또, 설명문, 논설문, 시, 동화 등 다양한 종류의 글을 매일 접하며 글의 앞뒤 맥락을 파악하고 감상하는 것이 필요합니다.

3 독해력을 기르려면 어떻게 해야 하나요?

첫째, 글의 종류에 맞는 독해 방법을 잘 알아야 합니다. 설명문, 논설문과 같은 글은 객관적인 정보나 글쓴이의 생각을 찾아보는 것이 중요합니다. 또, 시, 동화와 같은 글은 표현 방법이나 글쓴이의 마음을 이해하는 것이 중요합니다. 둘째, 처음 보는 낯선 내용의 글, 쉬운 글부터 어려운 글, 짧은 글부터 긴 글까지 꾸준히 독해 연습을 해야 합니다.

4 독해력을 기르면 어휘 능력, 글쓰기 능력도 키워지나요?

한 편의 글은 수많은 어휘가 의미 있게 모여 완성됩니다. 따라서 어휘의 뜻을 바르게 알고 있어야 독해를 제대로 할 수 있고, 글에 쓰인 다양한 어휘의 뜻을 알아 두면 자연스럽게 어휘 능력도 향상됩니다. 그리고 독해는 결국 하나의 핵심을 파악하는 것이 목적인 활동이므로, 글을 읽고 핵심 문장을 쓰는 글쓰기 능력도 함께 키울 수 있습니다.

그래서 초능력 국어 독해가 만들어졌습니다!

▶ "초능력 국어 독해"는 예비 초등 ~ 초등 6학년의 독해 수준에 맞게 단계별로 구성하여 권장 학년에 따라 학습할 수 있습니다. 독해력이 다소 부족한 경우에는 낮은 단계를 선택해 독해력을 다지기도 좋습니다. 또, 교과 연계 글을 수록하여 자연스럽게 사회, 역사, 과학, 국어, 예체능, 바슬즐 교과의 지식을 습득하고, 글을 읽는 능력까지 기르도록 하였습니다.

▶ "초능력 국어 독해"로 하루에 2개 지문을 독해, 6주 완성! 평소 긴 글을 읽기 싫어하는 친구도 60개의 폭넓은 소재로 쓰인 글을 30일이면 부담 없이 쉽고 재미있게 학습할 수 있습니다. 또, 글의 주제·구조·표현 방법·배경·인물 파악 등 다양한 유형의 독해 문제를 풀면서 중요 내용을 빠르고 정확하게 이해할 수 있습니다.

▶ "초능력 국어 독해"로 설명문, 논설문, 안내문, 광고문, 시, 창작 동화, 소설, 세계 명작 동화, 희곡, 수필 등 여러 갈래의 글을 접할 수 있습니다. 또, 사회, 역사, 과학, 문학, 인물, 예술, 스포츠 영역의 일곱 가지 주제별 글을 독해하며 배경지식까지 풍부하게 쌓을 수 있습니다.

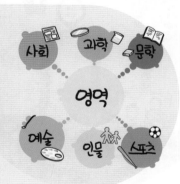

▶ "초능력 국어 독해"로 독해를 하기 위해 꼭 필요한 어휘와 자세히 알아 두면 좋은 어휘를 간단하고 재미있는 퀴즈로 풀며 어휘 실력을 쌓을 수 있습니다. 그리고 자신이 읽은 글의 핵심 내용을 마지막으로 정리해 보는 훈련을 반복적으로 하며 논리적인 글쓰기 능력까지 기를 수 있습니다.

학습하는 방법

글의 종류를 먼저 파악하고 그에 맞게
차분히 글을 읽으며 내용을 이해하세요.

하루 2개 지문 독해 도전

2

지문 분석 강의
QR 코드를 찍어 매일 새로운
지문의 분석 방법을 배우며
독해 연습을 꾸준히 하세요.

1
일

닮은 듯 다른 문화를 말하

사회
세계 여러 나라의
문화

어휘
- **음력** 지구 주위를 도
  는 달의 주기를 기준으
  로 만든 달력.
- **봉오도리** 남녀노소가
  모여 추는 춤. 조상들의
  영혼과 후손들이 즐겁
  게 어울려 춤을 춘다는
  의미를 가짐.
- **식문화(食 먹을 식, 文
  글월 문, 化 될 화)** 음식
  먹는 일과 관련한

진행자: 오늘 한국·중국·일본의 문화 전문가를 모시고 세 나라의
야기를 나누겠습니다. 먼저 세 나라에 모두 같은 의미를 지닌 명
한국 대표: 네, 바로 한국의 추석, 중국의 중추절, 일본의 오봉입니
15일로, 일가친척이 모여 조상의 덕을 기리며 차례를 지내고 성
추석날 반달 모양의 송편을 빚어서 먹고, 달맞이와 강강술래를 합
중국 대표: 중국의 중추절은 추석과 같이 음력 8월 15일로, 중국 시
게 감사하는 마음으로 달에게 제사를 지냅니다. 또, 달처럼 둥근
인 월병을 먹고, 달맞이나 등놀이를 하며 즐기지요.
일본 대표: 일본의 최대 명절 오봉은 양력 8월 15일로, 조상의 영
강과 행복을 기원하는 날입니다. 중추절과 마찬가지로 제사를
키미 당고라는 떡을 빚어 먹습니다. 또, 사람들은 모여서 봉재 봉
진행자: 세 나라 모두 명절에 조상을 생각하는 마음이 같
한국 대표: 세 나라 모두 국과 반찬을 상에 올려놓고 먹
대 한국 사람들은 밥과 국은 숟가락으로, 바
뜨기 편한 숟가락, 반찬을 집기 좋은

어휘 퀴즈

1 ㄱㅇ은 신에게 소원이
이루어지기를 간절히 바
라는 것이다.

☐ 기원   ☐ 근원

2 ㅅㅎ는 여러 가지 중에
서 특별히 좋아하는 것
이다.

☐ 상호   ☐ 선호

1

독해 미리보기

재미있는 그림을 보며 앞으로 읽게
될 글의 내용을 예상해 보세요.

3

지문 속 어휘 퀴즈

알쏭달쏭 초성 퀴즈를 풀며 중요하고
헷갈리기 쉬운 어휘의 뜻을 확인하세요.

다양하고 흥미로운 어휘 문제로
학습한 내용의 관련 어휘 실력까지 쌓으세요.

어휘로 한 주 마무리

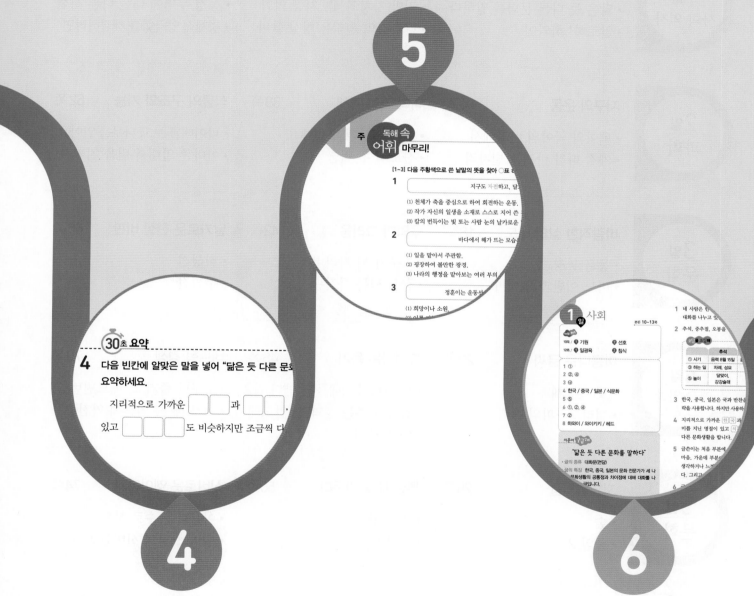

5

주 독해 속 **어휘** 마무리!

[1~3] 다음 주황색으로 쓴 낱말의 뜻을 찾아 ○표 &
1
지구도 자전하고, 달&

(1) 천체가 축을 중심으로 하여 회전하는 운동.
(2) 작가 자신의 일생을 소재로 스스로 지어 쓴 &
(3) 칼의 번득이는 빛 또는 사람 눈의 날카로운 &

2
바다에서 해가 뜨는 모습&

(1) 일을 맡아서 주관함.
(2) 굉장하여 볼만한 광경.
(3) 나라의 행정을 맡아보는 여러 부의 &

3
정훈이는 운동선&

(1) 희망이나 소원.

30초 요약

4 다음 빈칸에 알맞은 말을 넣어 "닮은 듯 다른 문&
요약하세요.

지리적으로 가까운 [ ]과 [ ],
있고 [ ] 도 비슷하지만 조금씩 다&

4

사회

본문 10~13쪽

10쪽 1 기원   2 선호
12쪽 3 일광욕   4 침식

1 ①
2 ④, ④
3 ④
4 한국 / 중국 / 일본 / 식문화
5 ⑤
6 ①, ②, ④
7 ②
8 하와이 / 와이키키 / 헤드

지문이 **궁금해**
"닮은 듯 다른 문화를 말하다"
· 글의 종류 대화문(면담)
· 글의 특징 한국, 중국, 일본의 문화 전문가가 세 나
문화생활의 공통점과 차이점에 대해 대화를 나
극입니다.

1 네 사람은 한
대화를 나누고 있&
2 추석, 중추절, 오봉을

[표] 추석
① 시기   음력 8월 15일&
③ 하는 일   차례, 성묘&
          달맞이,
⑤ 놀이   강강술래&

3 한국, 중국, 일본은 국과 반찬&
락을 사용합니다. 하지만 사용&
4 지리적으로 가까운 한국 과&
미를 지닌 명절이 있고 4&
다른 문화생활을 합니다.
5 글쓴이는 처음 부분에&
마음, 가운데 부분에&
생각하거나 느껴&
다. 그리고&
6 글&

6

핵심 내용 파악부터 요약까지

글을 제대로 읽었는지 독해 문제로 확인하고,
글의 핵심 내용을 담은 요약 글을 완성하세요.

친절한 정답 풀이

'독해 비법'과 '오답을 조심해'로
문제 풀이를 완벽하게 하세요.

"초능력 국어 독해"의
차례

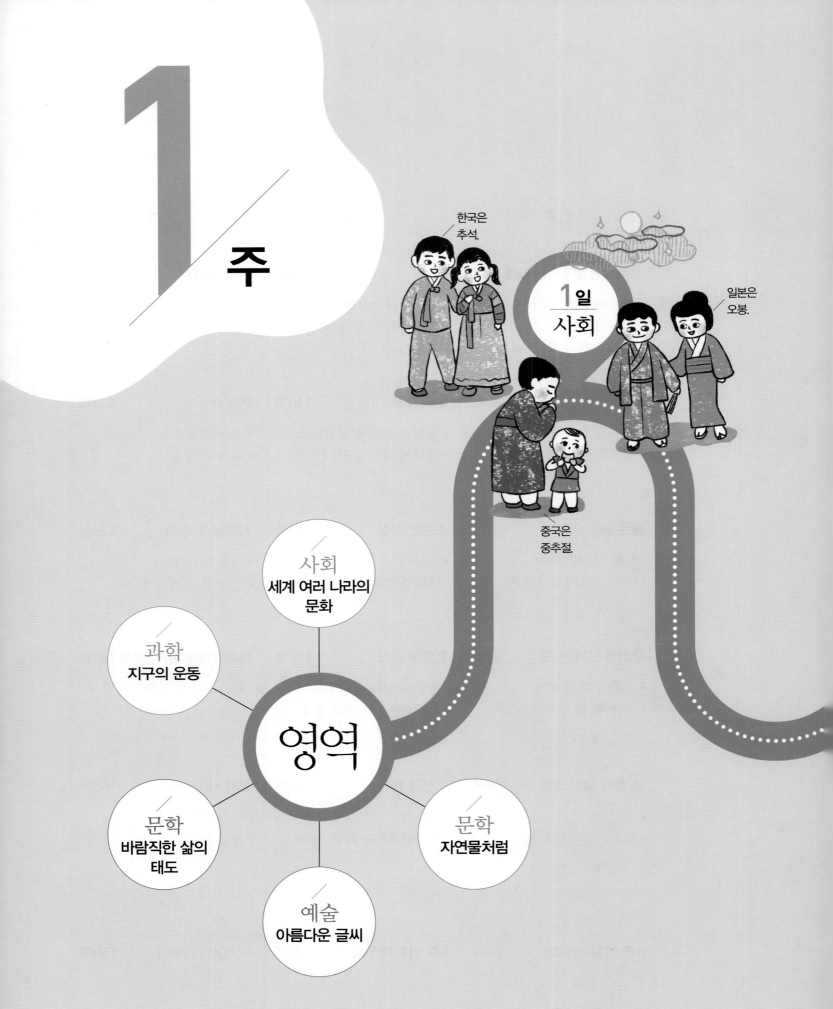

한국은 추석.

일본은 오봉.

중국은 중추절.

1일
사회

사회
세계 여러 나라의 문화

과학
지구의 운동

영역

문학
바람직한 삶의 태도

예술
아름다운 글씨

문학
자연물처럼

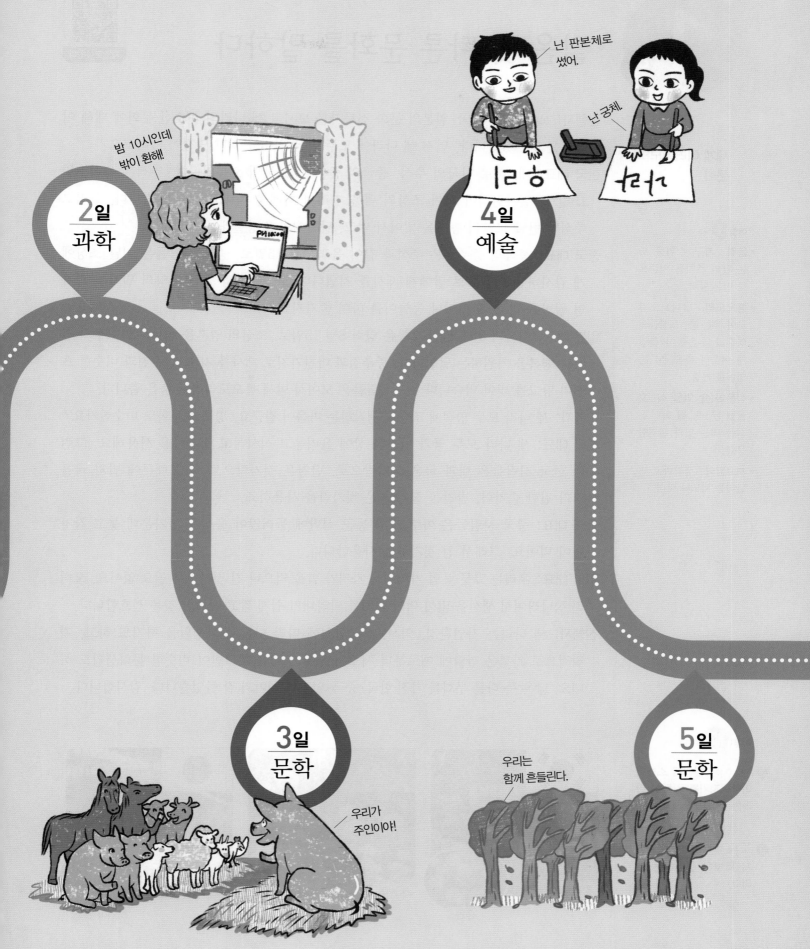

지문 분석 강의

닮은 듯 다른 문화를 말하다

사회
/ 세계 여러 나라의
문화

어휘 뜻

● **음력** 지구 주위를 도는 달의 주기를 기준으로 만든 달력.

● **봉오도리** 남녀노소가 모여 추는 춤. 조상들의 영혼과 후손들이 즐겁게 어울려 춤을 춘다는 의미를 가짐.

● **식문화(食** 먹을 식, **文** 글월 문, **化** 될 화) 음식을 먹는 일과 관련한 문화.

● **사고방식** 생각하고 판단하는 태도나 방식.

진행자: 오늘 한국·중국·일본의 문화 전문가를 모시고 세 나라의 비슷한 문화에 대해 이야기를 나누겠습니다. 먼저 세 나라에 모두 같은 의미를 지닌 명절이 있다고요?

한국 대표: 네. 바로 한국의 추석, 중국의 중추절, 일본의 오봉입니다. 추석은 음력 8월 15일로, 일가친척이 모여 조상의 덕을 기리며 차례를 지내고 성묘를 갑니다. 그리고 추석날 반달 모양의 송편을 빚어서 먹고, 달맞이와 강강술래를 합니다.

중국 대표: 중국의 중추절은 추석과 같이 음력 8월 15일로, 중국 사람들은 이날 조상에게 감사하는 마음으로 달에게 제사를 지냅니다. 또, 달처럼 둥근 모양의 밀가루 과자인 월병을 먹고, 달맞이나 등놀이를 하며 즐기지요.

일본 대표: 일본의 최대 명절 오봉은 양력 8월 15일로, 조상의 영혼을 위로하고 모두의 건강과 행복을 기원하는 날입니다. 중추절과 마찬가지로 제사를 지내고, 송편과 비슷한 츠키미 당고를 빚어 먹습니다. 또, 사람들은 모여서 밤새 봉오도리라는 춤을 춥니다.

진행자: 세 나라 모두 명절에 조상을 생각하는 마음이 같군요. 평소 식문화도 비슷한가요?

한국 대표: 세 나라 모두 국과 반찬을 상에 올려놓고 식사하고 젓가락을 사용해요. 그런데 한국 사람들은 밥과 국은 숟가락으로, 반찬은 젓가락으로 먹기 때문에 밥과 국을 뜨기 편한 숟가락, 반찬을 집기 좋은 젓가락을 사용하죠.

중국 대표: 중국 사람들은 아주 크고 둥근 식탁에 둘러앉아 음식을 한가운데 놓고 각자 덜어 먹어요. 그래서 긴 젓가락을 사용합니다.

일본 대표: 우리는 그릇을 입 가까이에 가져가 밥을 먹으니 긴 젓가락은 필요 없어요. 오히려 섬나라여서 생선을 많이 먹어 가시를 발라내기 쉽게 짧고 뾰족한 것을 선호합니다.

진행자: 세 나라는 자연환경, 역사, 사고방식에 따라 다른 문화생활을 하기도 하고, 지리적으로 가까운 까닭에 예로부터 서로의 생활 양식을 주고받아 비슷한 문화생활도 하네요. 닮은 듯 다른 문화를 가진 한국·중국·일본의 이야기 잘 들었습니다. 감사합니다.

어휘 퀴즈

❶ ㄱ ㅇ 은 신에게 소원이 이루어지기를 간절히 바라는 것이다.
☐ 기원　☐ 근원

❷ ㅅ ㅎ 는 여러 가지 중에서 특별히 좋아하는 것이다.
☐ 상호　☐ 선호

강강술래
송편

등놀이
월병

봉오도리
츠키미 당고

1 네 사람이 대화를 나눈 목적은 무엇인가요? (   )

① 한국, 중국, 일본의 문화를 비교하기 위해서

② 나라마다 다른 지형의 특징을 알려 주기 위해서

③ 세계 여러 나라의 명절 풍습을 소개하기 위해서

④ 비슷한 문화를 공유할 때의 문제점을 말하기 위해서

⑤ 자신의 나라 이야기를 통해 상대에게 깨달음을 주기 위해서

2 우리나라와 이웃 나라의 명절을 알맞게 정리한 것을 두 가지 고르세요. (,   )

	추석	중추절	오봉
① 시기	음력 8월 15일	양력 8월 15일	음력 8월 15일
② 의미	조상의 덕을 기림.	조상에게 감사함.	조상의 영혼을 위로함.
③ 하는 일	제사	차례, 성묘	제사
④ 음식	송편	월병	츠키미 당고
⑤ 놀이	달맞이, 등놀이	달맞이, 강강술래	봉오도리

3 이 대화를 통해 알 수 있는 사실로 알맞은 것을 찾아 기호를 쓰세요.

㉮ 지리적으로 가까운 나라일수록 전혀 다른 모습으로 생활한다.

㉯ 한국, 중국, 일본의 식문화는 공통점과 차이점을 가지고 있다.

㉰ 한국과 중국, 한국과 일본의 관계를 개선하려는 노력이 시급하다.

30초 요약

4 다음 빈칸에 알맞은 말을 넣어 "닮은 듯 다른 문화를 말하다"의 핵심 내용을 한 문장으로 요약하세요.

지리적으로 가까운 ☐☐ 과 ☐☐ , ☐☐ 은 같은 의미를 지닌 명절이

있고 ☐☐☐ 도 비슷하지만 조금씩 다른 문화생활을 합니다.

알로하! 하와이

사회
／세계 여러 나라의
문화

어휘 뜻

● 낙원(樂 즐길 락, 園 동
산 원) 아무 걱정이 없
이 행복하게 살 수 있는
곳.

● 휴양지(休 쉴 휴, 養 기
를 양, 地 땅 지) 편안
히 몸과 마음을 쉴 수
있는 곳.

● 버무린 여러 가지를
뒤섞어 만든.

● 스노클링 물안경과 오
리발, 스노클 등 간단한
장비를 갖춰 잠수를 즐
기는 스포츠.

지난 여름 방학, 우리 가족은 외삼촌의 초대를 받고 하와이에 있는 외삼촌 댁에 다녀왔다. 하와이로 떠나기 전, 나는 하와이의 풍경이 어떤 모습일지 상상해 보고 하와이가 지상 낙원으로 꼽히는 이유가 무엇일지 궁금해하며 떠나는 날만 기다렸다.

하와이는 화산 폭발로 이루어진 섬이다. 미국의 50번째 주로, 하와이에는 카우아이, 오아후, 몰로카이, 라나이, 마우이, 하와이 섬 등 6개의 주요 섬이 있다. 우리는 여덟 시간의 비행 끝에 오아후 섬에 있는 호놀룰루 공항에 도착했다. 알로하셔츠를 입은 공항 직원이 '알로하!'라고 인사하며 여행객들을 반갑게 맞아 주는 모습이 인상적이었다.

외삼촌 댁에 짐을 풀고 처음으로 간 곳은 와이키키 해변이었다. 하와이 하면 누구나 쉽게 떠올리는 곳인 와이키키 해변은 해수욕을 즐기는 사람과 수상 스포츠를 하는 사람, 일광욕을 하는 사람 등 많은 관광객으로 붐비고 있었다. 하와이가 세계적인 휴양지라는 것이 새삼 실감이 났다. 또, 오는 길에 '포케'라는 음식을 사 먹었다. '포케'는 참치를 깍두기처럼 썰어 양념에 버무린 음식인데, 우리나라의 회덮밥과 비슷해 보였다.

다음 날에 우리는 다이아몬드 헤드에 갔다. 다이아몬드 헤드는 오아후 섬 남동쪽 해안에 있는 화산인데, 바닷물의 침식으로 만들어진 절벽이 장관을 이루어 멋있었다. 외삼촌의 말씀에 따르면, 19세기 영국 선원들이 햇빛에 반짝이는 이곳 정상의 돌을 다이아몬드로 착각해 다이아몬드 헤드라는 이름이 붙여진 것이라고 한다.

셋째 날은 스노클링으로 유명한 하나우마 베이로 향했다. 스노클링으로 본 하나우마 베이의 물속은 다양한 색깔과 모양의 물고기들과 산호초로 가득했다. 그리고 물 밖으로 나와 마주한 하늘과 바다는 모두 짙은 코발트색으로 물들어 있어 감동적이었다. 하와이의 맑은 공기를 마음껏 들이마시며 깨끗한 자연환경의 소중함도 생각하게 되었다.

높은 파도와 아름다운 해변으로 많은 사람에게 사랑받는 하와이, 그곳으로의 여행은 나에게 선물과도 같은 시간이었다. 다음에 기회가 되면 카우아이, 마우이 등 하와이의 다른 섬에도 가 보고 싶어졌다.

어휘 퀴즈

❶ ㅇㄱㅇ은 병의 치료나
건강을 위해 몸을 드러내
놓고 햇빛을 쬐는 것이다.
☐ 애국열 ☐ 일광욕

❷ ㅊㅅ은 물이나 바람 등
에 땅이나 바위가 조금씩
씻겨 가거나 부스러지는
것이다.
☐ 초순 ☐ 침식

5 이 글에서 찾을 수 <u>없는</u> 내용은 무엇인가요? (   )

① 여행의 과정   ② 여행한 까닭
③ 여행의 전체 감상   ④ 여행을 떠나기 전의 마음
⑤ 여행지에서 느낀 아쉬운 점

6 글쓴이가 여행한 곳에 대한 설명으로 알맞은 것을 모두 고르세요. (,   ,   )

① 세계적인 휴양지이다.
② 화산 폭발로 이루어진 섬이다.
③ 19세기에 영국의 지배를 받았다.
④ '알로하!'라는 인사말을 사용한다.
⑤ 한국과 마주 닿아 있는 곳으로 공기가 맑은 곳이다.

7 이 글의 중요한 내용을 정리했습니다. 바르지 <u>않은</u> 내용은 무엇인가요? (   )

〈간 곳〉	〈보거나 들은 것〉	〈생각하거나 느낀 것〉
와이키키 해변	① 많은 관광객	② '포케'는 참치를 썰어 양념에 버무린 음식임.
다이아몬드 헤드	③ 지명의 유래	④ 바닷물의 침식으로 만들어진 절벽이 멋있음.
하나우마 베이	물속의 물고기들과 산호초	⑤ 깨끗한 자연환경의 소중함을 생각함.

30초 요약

8 다음 빈칸에 알맞은 말을 넣어 "알로하! 하와이"의 핵심 내용을 한 문장으로 요약하세요.

'나'는 지난 여름 방학에 가족과 함께 [　][　][　] 에 가서 '[　][　][　][　]

해변, 다이아몬드 [　][　] , 하나우마 베이'를 차례대로 여행하였습니다.

백야와 극야의 나라에서

과학
지구의 운동

어휘 뜻

● **무려** 생각한 것보다 훨씬 많게.

● **불면증** 밤에 잠을 자지 못하는 증세.

● **고작** 기껏 가능한 전부.

● **자전(自** 스스로 자, **轉** 구를 전**)** 지구 같은 천체가 축을 중심으로 하여 회전하는 운동.

한국의 친구들에게

안녕? 나는 핀란드에 사는 페트리야. 현재 핀란드의 전자시계는 밤 10시를 나타내고 있어. 그런데 하늘에는 해가 떠 있단다. 정말 놀랍지? 왜 이런 일이 생겼는지 알려 줄게.

핀란드는 지금 백야 기간이야. '백야'란 하루 종일 해가 지지 않고 밤에 어두워지지 않는 현상을 말해. 핀란드에서는 6월부터 8월까지는 하루에 무려 열아홉 시간이나 해가 떠 있단다.

백야가 나타나는 곳
밤
낮
핀란드의 여름 밤

백야 기간에는 몇 개월 동안 하루 종일 해가 떠 있으니 열매와 곡식들이 잘 익어. 특히 백야 기간에는 딸기 종류가 풍성하고 맛도 아주 좋아. 그리고 바깥이 환하니 집 안에서 전등을 켤 일이 없고, 태양 에너지를 충분히 만들어 사용할 수 있어 좋지.

하지만 백야 기간이라고 모든 게 좋지만은 않아. 하루 종일 햇빛이 내리쬐니까 항상 선글라스를 챙겨야 해. 또 늦은 시간에 잠자리에 누워도 낮잠 자는 기분이 들어서 불면증으로 고생하기 쉬워. 햇빛을 막아 주는 커튼이나 안대로 대비해야 돼.

핀란드에는 해가 뜨지 않아 하루 종일 캄캄한 '극야' 현상도 있어. 겨울이 되면 해를 고작 서너 시간만 볼 수 있단다. 해가 뜨지 않으니 기온이 영하 40도까지 내려가기도 해. 그래서 추운 겨울을 견디기 위해 핀란드에는 사우나가 발달했어.

백야와 극야가 나타나는 까닭은 지구의 자전축이 기울어져 있기 때문이야. 지구가 자전축이 기울어진 채로 자전하면서 태양 주위를 도니까 극지방에 가까운 지역들은 계속 낮이거나 계속 밤이 되는 것이지. 핀란드는 북극에 가까운 지역이란다. 그래서 한국이 여름일 때는 자전축이 태양 쪽으로 기울어서 핀란드에 백야가 나타나고, 한국이 겨울일 때는 자전축이 태양의 반대쪽으로 기울어서 핀란드에 극야가 나타나.

해가 지지 않는 여름을 느껴 보고 싶다면 핀란드로 꼭 한번 놀러 오렴!

20○○년 6월 25일

핀란드에서 페트리가

어휘 퀴즈

1 ㄷㅂ 는 앞으로 있을지도 모를 힘들거나 어려운 일을 겪지 않기 위해서 미리 준비하는 것이다.

☐ 대비   ☐ 단비

2 ㄱㅈㅂ 은 남극과 북극을 중심으로 한 그 주변 지역이다.

☐ 감자밭   ☐ 극지방

1 글쓴이가 읽는 이에게 설명하고 있는 현상을 두 가지 고르세요. (　, 　)

① 우박 　　　　　② 백야 　　　　　③ 극야
④ 오로라 　　　　⑤ 개기 일식

2 이 글의 내용을 이해한 것으로 바르지 <u>않은</u> 것은 무엇인가요? (　)

① 핀란드는 사우나 문화가 발달했다.
② 한국이 겨울일 때 핀란드에 극야가 나타난다.
③ 핀란드는 백야 기간에 하루 열아홉 시간 동안 해가 떠 있다.
④ 백야와 극야는 지구의 자전축이 기울어져 있기 때문에 나타난다.
⑤ 한국은 극지방에서 먼 지역이므로, 백야 현상과 극야 현상을 모두 볼 수 있다.

3 7월에 핀란드로 여행을 갈 친구에게 알려 줄 주의할 점은 무엇인가요? (　)

① 설익은 딸기를 많이 먹지 않도록 해.
② 꽁꽁 언 빙판길을 조심해서 걷도록 해.
③ 실내에서는 전등을 항상 켜 두도록 해.
④ 선글라스와 안대를 준비하는 것이 좋아.
⑤ 한국과 달리 한겨울 날씨이니 두꺼운 외투를 넉넉히 챙겨 가.

30초 요약

4 다음 빈칸에 알맞은 말을 넣어 "백야와 극야의 나라에서"의 핵심 내용을 한 문장으로 요약하세요.

　　　　　에서는 하루 종일 해가 지지 않고 밤에 어두워지지 않는 　　

현상과 해가 뜨지 않아 하루 종일 캄캄한 　　 현상을 볼 수 있습니다.

계절 따라 바뀌는 별자리

1 별자리란 같이 모여 있는 별의 무리로 밤 하늘에 어떤 형상을 이루는 듯이 보입니다. 아주 먼 옛날부터 사람들은 또렷하게 빛나는 별들을 서로 이어서 신화에 나오는 사람이나 동물의 이름을 붙여 별자리를 만들었습니다. 이렇게 별자리 이름을 만들어 두고 부르면

별을 쉽게 찾을 수 있고, 그 위치를 기억하는 데 도움이 되었습니다.

2 그런데 봄, 여름, 가을, 겨울에 잘 보이는 별자리는 각각 다릅니다. 원래 별자리는 저 녁 9시경에 남쪽 하늘을 보고 정합니다. 이처럼 같은 시간에 같은 곳을 바라보고 정하는 데 왜 계절 따라 잘 보이는 별자리가 바뀌는 걸까요?

지구는 태양을 중심으로 1년에 한 바퀴씩 도는 공전을 합니다. 실제로 별들은 제자리 에 있지만, 지구가 공전하면서 지구의 위치가 이동하기 때문에 계절별로 지구에서 보이 는 대표적인 별자리가 바뀌는 것이지요.

3 그렇다면 계절을 대표하는 별자리에는 무엇이 있을까요? 봄에는 사자자리, 처녀자 리, 목자자리 등, 여름에는 백조자리, 거문고자리, 전갈자리 등, 가을에는 페가수스자 리, 안드로메다자리, 물고기자리 등, 겨울에는 오리온자리, 큰개자리, 쌍둥이자리 등이 있습니다. 이 중에서 사자자리와 오리온자리에 얽힌 이야기를 알려 드리겠습니다.

사자자리 아주 먼 옛날, 황금 사자를 닮은 유성 하나가 그리스에 떨어졌습니다. 이 유성 은 사나운 사자로 변하여 사람들을 공포에 몰아넣었습니다. 이때 헤라클레스가 나타나 목숨을 건 싸움 끝에 사자의 목을 졸라 죽였습니다. 헤라클레스는 승리의 대가로 어떤 무기로도 뚫을 수 없는 사자의 가죽을 얻었고, 신들의 왕 제우스는 모든 사람이 헤라클 레스의 영웅적인 행동을 영원히 기억하도록 하기 위해 사자를 별자리로 만들었답니다.

오리온자리 오리온은 바다의 신 포세이돈의 아들이자 훌륭한 사냥꾼으로, 달의 여신이 자 사냥의 여신인 아르테미스와 사랑하는 사이였습니다. 그러나 아르테미스의 오빠인 아폴론은 오리온을 싫어했습니다. 그러던 어느 날, 아폴론은 먼 바다에서 사냥을 하고 있는 오리온을 발견하고는 동생인 아르테미스에게 화살 맞히기 내기를 하자고 했습니 다. 아르테미스는 그가 오리온인 줄도 모르고 사냥의 여신답게 오리온의 머리를 명중시 켰습니다. 나중에 사실을 알게 된 아르테미스는 큰 슬픔에 빠졌고, 제우스는 아르테미 스의 슬픔을 달래 주기 위해 오리온을 별자리로 만들었습니다.

5 이 글에서 중심이 되는 낱말을 찾아 ◯표 하세요.

| 밤하늘 | 신화 | 지구 | 별자리 |

6 글 **1**~**3**에서 사용한 설명 방법을 찾아 선으로 이으세요.

(1) 글 **1** •　　　　　• ㉮ 정의: 별자리의 뜻을 분명하게 밝혀 씀.

(2) 글 **2** •　　　　　• ㉯ 예시: 계절별 대표적인 별자리의 예를 들어 씀.

(3) 글 **3** •　　　　　• ㉰ 분석: 계절별로 별자리가 다른 까닭을 자세히 씀.

7 다음 그림과 관련 있는 것을 •보기•에서 모두 찾아 기호를 쓰세요.

•보기•
㉮ 사자자리　　　㉯ 오리온자리　　　㉰ 봄의 별자리　　　㉱ 겨울의 별자리
㉲ 제우스가 오리온을 잃은 아르테미스의 슬픔을 달래 주기 위해 만든 것
㉳ 제우스가 사람들이 헤라클레스의 영웅적인 행동을 기억하도록 하기 위해 만든 것

(1)

(2)

30초 요약

8 다음 빈칸에 알맞은 말을 넣어 "계절 따라 바뀌는 별자리"의 핵심 내용을 한 문장으로 요약하세요.

별의 무리인 ☐☐☐ 는 지구가 태양을 중심으로 ☐☐ 을 하기 때문에 ☐☐ 별로 다르게 보이는 것으로, 계절마다 ☐☐ 하는 별자리가 있습니다.

3일 동물 농장

조지 오웰

지문 분석 강의

문학

바람직한 삶의 태도

존스는 모질기는 했지만 능력 있는 농장 주인이었습니다. 그러나 어떤 소송에서 지는 바람에 돈을 잃고 난 뒤로는 일은 전혀 안 하고 날마다 술만 퍼마셨습니다.

농장의 일꾼들마저 게으름을 피워서 밭에는 잡초가 무성했고, 지붕에서는 물이 샜으며, 동물들은 제대로 먹지 못했습니다.

6월, 건초를 베어야 할 때가 되었습니다. '성 요한 축일(6월 24일)' 전날, 존스는 윌링던에 있는 술집에서 술을 진탕 마시고 그다음 날 점심때가 되어서야 농장으로 돌아왔습니다. 그날 일꾼들은 동물들에게 먹이도 주지 않고 토끼 사냥을 떠나 버렸습니다.

존스는 집으로 돌아오자마자 소파에 널브러져 곯아떨어졌습니다. 결국 동물들은 그날 아침부터 저녁까지 아무것도 먹지 못했습니다.

동물들은 더 이상 참을 수 없었습니다. 암소 한 마리가 뿔로 곡식 창고를 부수자, 다른 동물들도 우르르 몰려 들어가 굶주린 배를 채우기 시작했습니다.

바로 그때, 존스가 잠에서 깼습니다. 그는 사냥에서 방금 돌아온 일꾼 네 명과 함께 곡식 창고로 뛰어들어가 정신없이 채찍을 휘둘렀습니다.

배고픈 동물들은 분노했습니다. 동물들은 일제히 존스와 일꾼들을 뿔로 받고 뒷발로 걷어찼습니다. 일은 걷잡을 수 없이 커져만 갔습니다.

존스는 동물들이 이러는 모습을 한번도 본 적이 없었습니다. 채찍만 휘둘러도 말을 잘 듣던 동물들이 더 이상 참지 못하고 폭동을 일으킨 것이었습니다.

겁에 질린 존스와 일꾼들은 동물들에게 쫓겨 큰길 쪽으로 정신없이 도망쳤습니다. 존스 부인도 가방을 챙겨 들고 허둥지둥 농장을 빠져나갔습니다. 모지즈도 '까악까악' 울어 대며 뒤쫓아 날아갔습니다.

㉠『동물들은 농장의 정문을 닫고 다섯 개의 빗장을 단단히 걸었습니다. 동물들은 순식간에 얻은 행운이 믿어지지 않았습니다.

"이제 메이너 농장 전부가 우리 것이야! 우리가 주인이 된 거라고!"』

어휘 뜻

● 소송 법률에 따라 판결을 해 달라고 법원에 청구하는 일.

● 무성(茂 우거질 무, 盛 성할 성)했고 풀이나 나무 등이 우거져 있었고.

● 폭동(暴 사나울 폭, 動 움직일 동) 여럿이 무리를 이루어 갑자기 폭력으로 사회의 질서를 어지럽히는 일.

어휘 퀴즈

1 ㄱㅊ 는 짐승의 먹이로 쓰는, 베어서 말린 풀이다.

☐ 건초   ☐ 과채

2 ㅂㄴ 은/는 몹시 화를 내는 것이다.

☐ 비난   ☐ 분노

작품의 전체 줄거리

메이너 농장의 동물들에게 '인간은 적이다! 동물들이여, 반란을 일으켜라.'라는 수퇘지 메이저 영감의 메시지가 전해짐.

수록지문 어느 날, 동물들은 굶주림에 지친 나머지 인간들을 몰아내고 모든 동물이 평등한 사회를 건설하여 '동물 농장'이라는 이름을 붙임.

풍차 건설 계획을 놓고 지도자인 돼지 스노볼과 나폴레옹이 서로 싸우다가 결국 나폴레옹이 스노볼을 쫓아내고 마음대로 다스림.

나폴레옹을 비롯한 돼지들은 인간이 그랬듯 다른 동물들을 괴롭혔고, 결국 두 다리로 선 채 다른 동물들에게 채찍을 휘두르며 타락함.

1 다음 ·보기·에서 설명한 인물은 누구인지 쓰세요.

┌─보기──────────────────────┐
· 메이너 농장의 주인이다.
· 자신의 욕심만 챙기고 동물들을 굶기고 괴롭히다 그들에게 쫓겨
  났다.
└───────────────────────────┘

2 동물들이 한 일과 관련 깊은 속담은 무엇인가요? (   )

① 우물 안 개구리.
② 늙은 소 콩밭으로 간다.
③ 호랑이도 제 말 하면 온다.
④ 지렁이도 밟으면 꿈틀한다.
⑤ 원숭이도 나무에서 떨어진다.

3 ㉠『　　』다음에 바로 이어질 내용으로 알맞은 것은 무엇인가요? (   )

① 존스가 잔치를 열어 동물들을 초대했습니다.
② 동물들이 매일같이 일꾼들을 그리워하였습니다.
③ 존스와 일꾼들이 새로운 곳에서 행복하게 살았습니다.
④ 존스 부인이 차린 과수원에 돼지들이 우르르 찾아왔습니다.
⑤ 동물들은 신이 나서 펄쩍 뛰고, 풀밭에서 뒹굴고, 흙냄새를 맡았습니다.

30초 요약

4 다음 빈칸에 알맞은 말을 넣어 "동물 농장"의 핵심 내용을 한 문장으로 요약하세요.

　　　　　은 존스와　　　들의 괴롭힘에 시달리다가 폭동을 일으켜 존스,

일꾼들, 존스 부인까지　　밖으로 내쫓았습니다.

바보 이반과 도깨비

레프 니콜라예비치 톨스토이

어느 날 저녁, 세몬과 타라스는 이반의 집으로 달려갔습니다.

"이반, 나는 왕이 되었단다. 하지만 병사들이 좀 모자라는구나. 병사들을 더 만들어 주지 않겠니?"

세몬은 당연히 이반이 만들어 줄 거라고 생각했습니다. 하지만 이반은 고개를 가로저었습니다.

"이반, 약속했잖니? 원하면 더 만들어 주겠다고."

"형님, 약속을 지킬 수 없어요. 나는 더 이상 병사를 만들지 않기로 했어요."

"이런 바보 같은 녀석. 스스로 한 약속을 지키지 않다니! 이유를 말해 봐!"

화가 난 세몬은 버럭 소리를 질렀습니다.

"형님의 군대가 사람들을 죽였기 때문에 병사들을 만들지 않겠다는 거예요."

"전쟁을 하면 사람이 죽는 게 당연하지. 희생이 있어야만 나라를 세울 수 있는 법이야!"

"저는 그런 거 몰라요. 다만 며칠 전 한 아주머니가 관을 끌고 가면서 슬피 우는 것을 봤어요. 아주머니에게 왜 그러시냐고 물어봤더니 형님의 군대가 전쟁에서 아주머니의 남편을 죽였다고 했어요. 내가 요술로 병사들을 만들어 준 것은 사람을 죽이라고 만든 것이 아니라 노래를 부르라고 만든 거였어요. 그 후로 저는 더 이상 병사들을 만들지 않겠다고 다짐했어요."

이번에는 타라스가 이반에게 금화를 만들어 달라고 말했습니다. 하지만 이반은 이번에도 고개를 가로저었습니다.

"안 돼요. 이제 더는 금화를 만들지 않을 거예요. 얼마 전 이웃 마을 아저씨네 아이들이 저를 찾아와 우유를 달라고 하더군요. 나는 무슨 일이냐고 물었지요. 그랬더니 형님이 시킨 대로 하인이 와서 암소를 끌고 갔다는 거예요. 돈을 제때 갚지 못했다고 말이에요. 그래서 그때부터 금화도 만들지 않기로 했어요."

작품의 전체 줄거리

옛날 어느 마을, 한 농부에게 세몬, 타라스, 이반이라는 세 아들이 있었는데 이반은 바보지만 착한 청년임.

도깨비들이 이반네 형제를 모두 골려 주려 했지만, 욕심 많은 세몬과 타라스를 골탕 먹이는 데만 성공함.

수록 지문 이반은 도깨비들을 물리쳐 요술 부리는 방법을 알게 됐지만 남에게 피해 주는 일은 하지 않음.

이반은 도깨비들에게 얻은 것으로 공주의 병을 고쳐 임금이 되고, 세몬과 타라스는 빈털터리가 됨.

5 이 글의 구성 요소에 알맞게 선으로 이으세요.

(1) 인물 •

(2) 시간적 배경 •

(3) 공간적 배경 •

• ㉮ 이반의 집

• ㉯ 어느 날 저녁

• ㉰ 세몬, 타라스, 이반

6 다음 중 가장 나중에 일어난 일은 무엇인가요? (   )

① 세몬과 타라스가 이반에게 달려감.

② 타라스가 이반에게 금화를 만들어 달라고 함.

③ 세몬이 이반에게 병사들을 더 만들어 달라고 함.

④ 이반은 세몬의 군대가 사람들을 죽였기 때문에 병사 만들기를 거절함.

⑤ 이반은 타라스가 돈 문제로 이웃 집의 암소를 끌고 갔기 때문에 금화 만들기를 거절함.

7 이 글에 대한 감상을 알맞게 말한 친구를 찾아 ○표 하세요.

(1) 동생을 사랑하는 세몬과 타라스의 마음을 병사와 금화에 각각 비유한 점이 인상적인 이야기야. ☐

(2) 요술을 부릴 줄 알면서도 남에게 해가 되는 행동을 하지 않는 이반을 보고, 선량하게 살아야겠다고 생각했어. ☐

30초 요약

8 다음 빈칸에 알맞은 말을 넣어 "바보 이반과 도깨비"의 핵심 내용을 한 문장으로 요약하세요.

이반은 ☐☐과 ☐☐가 다른 사람들에게 나쁜 짓을 한 것을 알고는 더 이상 ☐☐들과 ☐☐를 만들지 않기로 했습니다.

옛 글씨체

/ 아름다운 글씨

어휘 뜻

● **목판**(木 나무 목, 版 책 판) 인쇄를 하기 위해서 글이나 그림을 새긴 나무판자.

● **획** 글씨나 그림에서, 붓 따위로 한 번 붓을 움직여 그은 선이나 점.

● **단아하며** 단정하고 아담하며.

● **친필** 손수 쓴 글씨.

● **학술적**(學 배울 학, 術 재주 술, 的 과녁 적) 학문과 기술에 관한 것.

서예는 붓에 먹물을 찍어서 하얀 종이 위에 글씨를 쓰는 예술입니다. 서예를 하면, 글씨를 예쁘게 쓰는 일에 그치지 않고 자신의 감정도 표현할 수 있고 글씨를 쓴 사람을 잘 나타낼 수도 있습니다.

한글 글씨체는 인쇄용으로 사용되던 판본체와 궁궐에서 발달한 궁체가 있습니다. 각 글씨체의 특징을 자세히 살펴봅시다.

먼저 판본체는 한글 최초의 글씨체입니다. 판본체는 목판 인쇄를 위한 글씨체로, 글자의 모양은 사각형입니다. 그리고 획의 굵기는 일정하며 획의 방향이 수평이나 수직을 이룹니다. 판본체는 글씨와 글자간의 간격이 일정하고, 글자 모양이 반듯한 사각형이어서 장엄하고 무게가 있는 느낌을 줍니다.

반면 궁체는 조선 시대 궁궐에서 쓰기 시작한 글씨체로, 글자 모양이 여러 가지이고 판본체보다 획의 굵기나 방향 변화가 다양하고 자유로운 편입니다. 특히 궁체는 한글 편지로 많이 쓰여져 전해집니다. 조선 시대 남성들은 주로 한문을 사용했기 때문에 궁궐 내 궁녀를 비롯한 여성들이 한글로 편지를 쓸 때 궁체를 사용한 것입니다. 이처럼 궁체는 여성들이 사랑한 글씨체였기 때문에 아무래도 판본체에 비해 글자 모양이 곱고, 단아하며 우아한 느낌을 줍니다.

▲ 판본체

▲ 궁체

얼마 전, 문화재청이 국외에서 수집한 68점의 자료에 왕실에서 작성한 한글 편지와 책 등의 여러 서예 작품이 포함되어 있어 화제가 되었습니다. 조선의 마지막 공주인 덕온 공주(1822~1844)가 친필로 옮겨 적은 『자경전기』와 『규훈』 등을 통해 아름다운 한글 궁체의 모습을 볼 수 있습니다. 덕온 공주의 깔끔한 궁체는 예술적, 학술적 가치를 높이 평가받고 있습니다.

판본체와 궁체의 특징을 비교해 보니, 우리 옛 글씨체의 아름다움을 직접 느껴 보고 싶지 않나요? 서울 용산구의 국립 한글 박물관을 찾아 판본에 쓰인 『훈민정음』부터 조선 중기 이후 화려한 꽃을 피운 왕실의 궁체까지 가까이에서 직접 만나 보길 추천합니다.

① ㅇ ㅅ 는 글·그림·사진 등을 종이에 그대로 나타나도록 찍는 것이다.
□ 입시 □ 인쇄

② ㄱ ㅊ 는 귀중하게 여길 만한 성질이나 중요한 것이다.
□ 가치 □ 경치

22 / 국어 독해 6단계

1 이 글에서 설명한 글씨체를 두 가지 쓰세요.

(1) 한글 최초의 글씨체인 (   )

(2) 조선 시대 궁궐에서 쓰기 시작한 글씨체인 (   )

2 궁체에 대한 설명으로 알맞은 것을 모두 고르세요. (,   ,   )

① 여성들이 사랑한 글씨체이다.

② 목판 인쇄를 위한 글씨체이다.

③ 단아하고 우아한 느낌을 준다.

④ 주로 한문으로 편지를 쓸 때 사용한 글씨체이다.

⑤ 덕온 공주가 옮겨 적은 『자경전기』와 『규훈』에서 궁체의 모습을 볼 수 있다.

3 이 글의 짜임을 생각하며 빈칸에 알맞은 내용을 쓰세요.

		판본체	궁체
공통점		한글 글씨체입니다.	
차이점	글자 모양	(1)	여러 가지입니다.
	획의 굵기와 방향	획의 굵기가 일정하며 획의 방향이 수평이나 수직을 이룹니다.	(2)

🕐**30초 요약**

4 다음 빈칸에 알맞은 말을 넣어 "옛 글씨체"의 핵심 내용을 한 문장으로 요약하세요.

한글 글씨체는 인쇄용으로 사용되던 ☐☐☐와 궁궐에서 발달한 ☐☐

가 있는데, 두 글씨체는 글자 ☐☐이나 ☐의 굵기와 ☐☐이 서로 다르기

때문에 주는 느낌도 다릅니다.

캘리그라피의 매력

어휘 뜻

● **조형미**(造 지을 조, 形 모양 형, 美 아름다울 미) 예술적으로 만든 것의 아름다움.

● **우연성** 우연히 이루어짐. 또는 그런 일.

● **연연**(戀 그리워할 연, 戀 그리워할 연)**하지** 집착하여 미련을 가지지.

● **생동감**(生 날 생, 動 움직일 동, 感 느낄 감) 생기 있게 살아 움직이는 듯한 느낌.

● **성취감**(成 이룰 성, 就 이룰 취, 感 느낄 감) 목적한 것을 이루었다는 느낌.

1 글씨체만 보고도 그 글자의 뜻을 느낄 수 있을까요? 상상할 수도 없는 일이라고요? 하지만 낱말에서 떠오르는 느낌을 자신만의 글씨체로 표현하는 글씨 예술이 있습니다. 그것은 바로 캘리그라피입니다.

캘리그라피는 아름다운 서체라는 뜻의 그리스어 'Kalligraphia'에서 유래한 것으로, 영어로 'Calligraphy'(Calli: 아름다움, Graphy: 서체)라 씁니다. 간단히 말해서 손으로 쓴 아름답고 개성 있는 서체라는 뜻입니다.

2 『캘리그라피와 전통 서예는 붓을 쥐는 방법이나 팔을 움직이는 방법 등과 같은 글쓰기의 기본 방법이 있고, 조형미를 추구하는 점이 ㉠비슷합니다. ㉡하지만 전통 서예는 규칙을 지키는 것을 중요하게 생각하고, 캘리그라피는 작가의 개성을 강조하는 점이 ㉢서로 다릅니다.』 이러한 점에서 캘리그라피의 첫 번째 특징으로 우연성을 중시하고, 작가의 감정을 자유로운 방식으로 표현하는 것을 꼽을 수 있습니다.

그리고 캘리그라피는 글씨의 느낌을 살리기 위해 먹이나 붓뿐만 아니라 칫솔, 스펀지, 나무젓가락, 이쑤시개 등 다양한 도구를 사용합니다. 또, 글을 쓰는 재료에 연연하지 않고 독창적으로 생동감을 살려 표현하는 것도 캘리그라피의 특징입니다.

3 이처럼 간단한 도구를 사용해서 작가 고유의 글씨를 만들어 내는 캘리그라피 활동은 큰 성취감과 만족감을 줍니다. 또, 캘리그라피를 쓰며 집중력을 향상시키고 스트레스를 해소하여 몸과 마음을 안정시키는 효과도 있습니다.

4 오늘날 자신만의 개성을 중요하게 생각하고, 손으로 무엇인가를 만들어 내는 것을 좋아하는 사람이 늘고 있습니다. 이러한 흐름에 따라 캘리그라피의 활용 범위도 점차 넓어지고 있습니다. 드라마와 영화 포스터, 가수들의 앨범이나 책의 표지, 가게의 간판에서도 캘리그라피를 쉽게 찾을 수 있습니다.

5 처음에는 캘리그라피를 취미로 시작하지만 점차 실력을 쌓아 직업으로 선택하는 경우도 많다고 합니다. 이 글을 읽는 여러분도 캘리그라피 작가가 되어 그림을 그리듯 아름답게 글씨를 표현하는 캘리그라피의 매력을 느껴 보세요.

어휘 퀴즈

1 ㅎ ㅅ 는 좋지 않은 상태를 없애는 것이다.
☐ 형세　☐ 해소

2 ㅂ ㅇ 는 어떤 활동이나 상태가 벌어질 수 있는 정해진 시간이나 공간, 한계이다.
☐ 방위　☐ 범위

붓으로 쓴 캘리그라피 ▶

5 글의 제목에서 '매력'이 뜻하는 것과 거리가 먼 것은 무엇인가요? (   )

① 개성   ② 우연성

③ 성취감   ④ 생동감

⑤ 획일화된 방식

6 ㉠~㉢의 말로 보아, 『　』부분의 글의 짜임은 무엇인가요? (   )

① 순서 짜임   ② 분석 짜임

③ 이야기 짜임   ④ 비교와 대조 짜임

⑤ 문제와 해결 짜임

7 이 글의 구조에 맞는 내용을 찾아 선으로 이으세요.

(1)	처음	**1** •	• ㉮	캘리그라피의 뜻
(2)		**2** •	• ㉯	캘리그라피의 특징
(3)	가운데	**3** •	• ㉰	캘리그라피 활동 권유
(4)		**4** •	• ㉱	캘리그라피의 활용 범위
(5)	끝	**5** •	• ㉲	캘리그라피 활동의 효과

30초 요약

8 다음 빈칸에 알맞은 말을 넣어 "캘리그라피의 매력"의 핵심 내용을 한 문장으로 요약하세요.

　　　　□으로 쓴 아름답고 개성 있는 서체라는 뜻의 □□□□는 우연성을 중시하고, 작가의 □□을 자유로운 방식으로 생동감을 살려 표현하는 등의 특징이 있어 활용 범위가 넓어지고 있습니다.

숲

강은교

지문 분석 강의

문학
／ **자연물처럼**

어휘 뜻
● **젓는다** 손이나 머리를
가볍게 이리저리 계속
해서 움직인다.

나무 하나가 흔들린다.
나무 하나가 흔들리면
나무 둘도 흔들린다.
나무 셋도 흔들린다.

이렇게 이렇게

㉠『나무 하나의 꿈은
나무 둘의 꿈
나무 둘의 꿈은
나무 셋의 꿈.』

나무 하나가 고개를 젓는다.
옆에서
나무 둘도 고개를 젓는다.
옆에서
나무 셋도 고개를 젓는다.
아무도 없다.
아무도 없이
나무들이 흔들리고
고개를 젓는다.

이렇게 이렇게
함께.

어휘 퀴즈

❶ ㉠은 이루고 싶은 희망
이나 마음속 바람이다.
☐ 꿩   ☐ 꿈

1 제목과 글을 다시 보고, 이 시의 중심 글감을 찾아 쓰세요.

(1) ☐☐ .... '사람'을 뜻함.

(2) ☐ .... '사람들이 살아가는 세상'을 뜻함.

2 ㉠「 」부분이 의미하는 것은 무엇인가요? (   )

① 나무는 함께 움직일 수 없다.

② 숲속에 장애물이 많으니 조심하자.

③ 나무 하나의 꿈이 곧 여러 나무의 꿈이 된다.

④ 여러 사람의 꿈보다 단 한 사람의 꿈이 중요하다.

⑤ 꿈은 이루기 어려운 것이니 오래 고민하고 정하자.

3 다음 •보기•와 같이 '나무'를 다른 대상으로 바꾸어 이 시의 1~2연을 지어 쓰세요.

•보기•

철새 한 마리가 날개를 편다.
철새 한 마리가 날개를 펴면
철새 두 마리도 날개를 편다.
철새 세 마리도 날개를 편다.

땅을 박차고 힘껏

30초 **요약**

4 다음 빈칸에 알맞은 말을 넣어 "숲"의 핵심 내용을 한 문장으로 요약하세요.

☐에서 함께 흔들리며 꿈을 나누고 ☐☐를 짓는 ☐☐들처럼 우리도 더불어 함께 살면 좋겠습니다.

풀잎 2

박성룡

풀잎은
퍽도 아름다운 이름을 가졌어요.
우리가 '풀잎'이라고 ㉠그를 부를 때는,
우리들의 입 속에서는
㉡푸른 휘파람 소리가 나거든요.

바람이 부는 날의 풀잎들은
왜 저리 몸을 흔들까요.
소나기가 오는 날의 풀잎들은
왜 저리 또 몸을 퉁퉁거릴까요.

그러나 ㉢풀잎은
퍽도 아름다운 이름을 가졌어요.
우리가 '풀잎', '풀잎' 하고 자꾸 부르면,
우리의 몸과 맘도 어느덧
푸른 풀잎이 돼 버리거든요.

5 이와 같은 글의 특징으로 알맞지 <u>않은</u> 것은 무엇인가요? (   )

① 같은 말이 반복된다.   ② 함축적으로 표현한다.

③ 장면을 떠올리기 쉽다.   ④ 음악처럼 느껴지게 하는 '운율'이 있다.

⑤ 글쓴이와 시 속 말하는 이의 의견이 정반대이다.

6 ㉠~㉢의 표현 방법을 알맞게 설명한 것을 찾아 기호를 쓰세요.

> ㉮ ㉠: 풀잎을 사람처럼 표현한 것이다.
> ㉯ ㉡: '푸른'은 귀에 들리는 듯한 느낌을 주고, '휘파람 소리'는 눈에 보이는 듯한 느낌을 준다.
> ㉰ ㉢: 이 글에서 반복되는 문장으로, 소나기를 맞은 풀잎이 흔들리는 모습을 생생하게 나타낸 것이다.

[   ]

7 이 글과 다음 글의 공통점은 무엇인가요? (   )

나는 풀잎이 좋아, 풀잎 같은 친구 좋아 바람하고 엉켰다가 풀 줄 아는 풀잎처럼 헤질 때 또 만나자고 손 흔드는 친구 좋아.	나는 바람이 좋아, 바람 같은 친구 좋아 풀잎하고 헤졌다가 되찾아 온 바람처럼 만나면 얼싸안는 바람, 바람 같은 친구 좋아. — 정완영, 「풀잎과 바람」

① 말하는 이가 여러 명이다.   ② 딱딱하고 어두운 분위기이다.

③ '바람'을 차가운 것으로 표현했다.   ④ 친구에게 미안한 마음을 노래했다.

⑤ '풀잎'을 긍정적 대상으로 보고 있다.

30초 요약

8 다음 빈칸에 알맞은 말을 넣어 "풀잎 2"의 핵심 내용을 한 문장으로 요약하세요.

☐☐☐☐ 이름을 가진 ☐☐ 과 같이 아름답게 살고 싶습니다.

[1~3] 다음 주황색으로 쓴 낱말의 뜻을 찾아 ○표 하세요.

1

> 지구도 자전하고, 달도 자전한다.

(1) 천체가 축을 중심으로 하여 회전하는 운동.　　　　　(　)

(2) 작가 자신의 일생을 소재로 스스로 지어 쓴 전기.　　　(　)

(3) 칼의 번득이는 빛 또는 사람 눈의 날카로운 빛을 이르는 말.　(　)

2

> 바다에서 해가 뜨는 모습은 정말 장관이다.

(1) 일을 맡아서 주관함.　　　　　　　　　　　　　(　)

(2) 굉장하여 볼만한 광경.　　　　　　　　　　　　(　)

(3) 나라의 행정을 맡아보는 여러 부의 최고 책임자.　　　(　)

3

> 정훈이는 운동선수가 되겠다는 꿈을 지니고 노력한다.

(1) 희망이나 소원.　　　　　　　　　　　　　　　(　)

(2) 이룰 가능성이 아주 적은 헛된 기대.　　　　　　　(　)

(3) 잠이 든 동안 실제인 것처럼 경험하게 되는 정신적 현상.　(　)

1주의 어휘

뜻을 정확하게 알고 있는 것에 ○표, 뜻이 헷갈리는 것에 △표, 뜻을 전혀 모르는 것에 ✔표 하세요.

1일
문화 ☐
장관 ☐
인상 ☐

2일
자전 ☐
백야 ☐
대가 ☐

3일
무성하다 ☐
폭동 ☐
희생 ☐

4일
조형미 ☐
개성 ☐
성취감 ☐

5일
꿈 ☐
젓다 ☐
어느덧 ☐

[4~7] 다음에서 설명한 낱말은 무엇인지 초성을 포함하여 완성하세요.

4

> 풀이나 나무 등이 우거져 있다.

ㅁ ㅅ ㅎ ㄷ

5

> 밤에 어두워지지 않는 현상. 또는 그런 밤.

ㅂ ㅇ

6

> 팔·다리·고개 등을 이리저리 흔들거나 휘두르다.

ㅈ ㄷ

7

> 여럿이 무리를 이루어 갑자기 폭력으로 사회의 질서를 어지럽히는 일.

ㅍ ㄷ

[8~10] 다음 낱말이 들어갈 문장을 찾아 선으로 이으세요.

8 희생 •

9 개성 •

10 성취감 •

• ㉮ 그는 매일 _____ 있는 화려한 옷차림이다.

• ㉯ 올해는 목표를 이루어 _____을 느껴보고 싶다.

• ㉰ 외할머니의 사랑과 _____ 덕분에 나는 건강하게 자랄 수 있었다.

[11~12] 다음에 제시된 뜻과 예문을 참고하여 낱말을 완성하세요.

11 ㅈ ㅎ ㅁ : 예술적으로 만든 것의 아름다움.

㉮ 전통 서예는 _____를 추구한다.

12 ㅁ ㅎ : 한 사회의 예술·문학·도덕·종교 등의 정신적 활동의 바탕.

㉮ 우리 조상은 일본의 고대 _____ 발달에 큰 영향을 끼쳤다.

[13~15] 다음 •보기•에서 밑줄 그은 낱말의 뜻을 찾아 번호를 쓰세요.

┌─ 보기 ─────────────────────────────┐
① 모르는 동안에 벌써.
② 아름답고 품위가 있음.
③ 노력이나 희생을 통해 얻는 결과.
④ 멀지 않게 서로 떨어져 있는 사람이나 사물 사이의 거리.
⑤ 무엇을 직접 보거나 듣거나 겪어서, 그것이 마음에 주는 느낌.
└───────────────────────────────────┘

13 처음 본 그의 웃음은 친절한 <u>인상</u>을 주었다. (   )

14 이 학교로 전학을 온지 <u>어느덧</u> 2년이 넘었다. (   )

15 자신이 원하는 것을 이루기 위해서는 그만큼의 <u>대가</u>를 치러야 하는 법이다. (   )

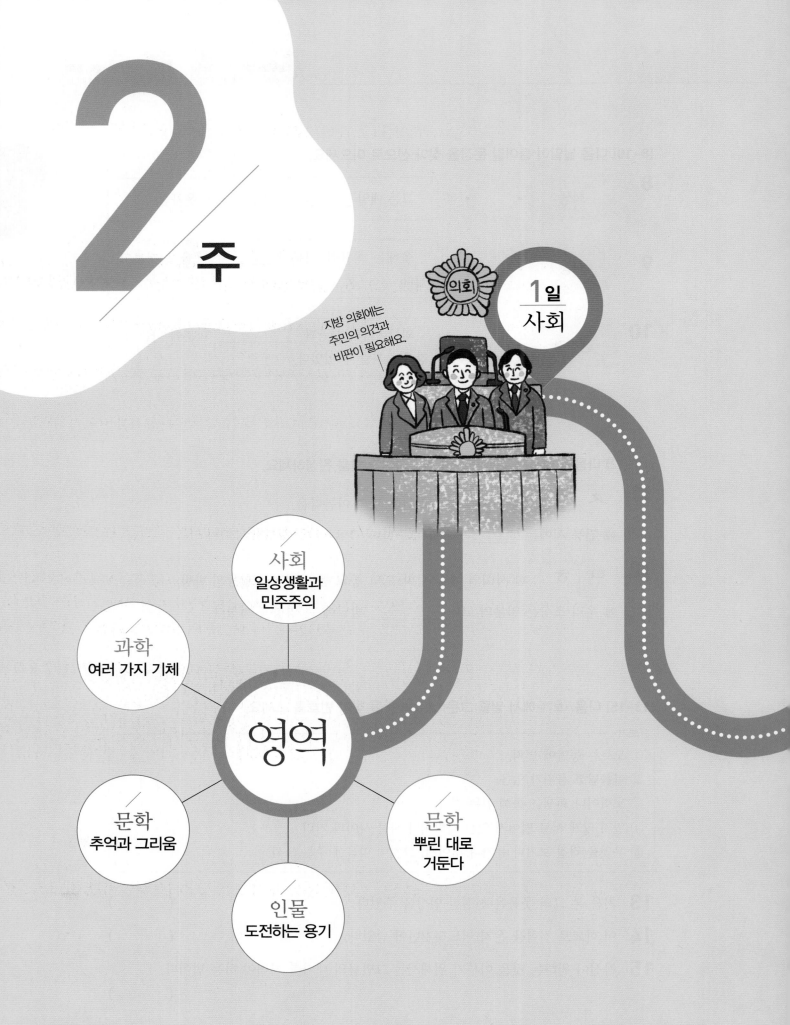

2주

1일
사회

의회

지방 의회에는 주민의 의견과 비판이 필요해요.

사회
일상생활과 민주주의

과학
여러 가지 기체

영역

문학
추억과 그리움

인물
도전하는 용기

문학
뿌린 대로 거둔다

날개 없이
어떻게 날았나?

2일
과학

기체의 부피가
커져서.

보고 싶던
순이가 사진에!

3일
문학

너희가 나에게
이럴 수 있냐?

흥!

수프 캔도
예술이
될 수 있어.

4일
인물

5일
문학

1일 지방 자치의 꽃,

사회
/ 일상생활과
민주주의

우리나라는 지방 자치 제도를 실시하고 있습니다. 지방 자치 제도란, 자신이 사는 지역을 주민이 스스로 다스리는 제도를 말합니다. 이 제도를 실시하기 위해 존재하는 곳이 바로 지방 의회랍니다. 지방 의회는 지역의 주민을 대신하여 그 지역의 중요한 일을 의논하고 결정하는 주민 대표 기관입니다.

우리나라의 지방 의회는 크게 광역 의회와 기초 의회로 나눌 수 있습니다. 광역 의회는 특별시와 광역시, 도에 설치하고, 기초 의회는 시·군·구에 설치합니다. 그리고 지방 의회는 지방 선거를 통해 지역의 주민들이 직접 뽑은 의원들로 구성합니다. 시의원이나 군의원, 구의원 등을 주민들의 손으로 뽑는 것입니다. 그다음, 의장과 부의장을 중심으로 맡은 일에 따라 경제 위원회, 복지 위원회 등 여러 위원회로 구성합니다.

지방 의회에서 하는 일은 무엇일까요? 첫째, 지방 의회는 그 지역의 중요한 일을 의논하여 방향을 결정합니다. 이것을 의결권이라고 하는데, 지방 의회의 가장 중요한 권한입니다. 지방 의회는 지역의 살림살이에 필요한 예산을 확인하고 결정하는 일, 재산을 구입할 것인가 팔 것인가를 결정하는 일 등을 하는 것입니다.

둘째, 지방 의회는 지방 자치 단체의 법령인 조례를 그 지역 상황에 알맞게 만들거나 고치는 일을 합니다. 조례는 지역 주민들의 생활에 직접적으로 영향을 미치기 때문에 지방 자치 단체의 자치 법규 중에서도 가장 중요하다고 할 수 있습니다.

셋째, 지방 의회는 집행 기관이 의회의 결정 사항이나 주민들이 바라는 행정 업무를 잘하고 있는지 감시하고 확인하는 일을 합니다. 예산을 낭비하지 않는지, 지역 주민의 희망 사항을 잘 반영하고 있는지 등을 직접 점검하는 것입니다. 지방 의회는 이를 위해서 시장이나 군수, 공무원 등을 의회에 불러 자료 제출을 요구하고 질문할 수 있습니다.

지방 의회는 지방 자치의 꽃이라고 합니다. 지방 의회가 성공하려면 주민의 다양한 의견과 비판이 필요합니다. 지방 의회에서 하는 일에 관심을 기울이고 참여합시다.

어휘 뜻
● 광역(廣 넓을 광, 域 구역 역) 넓은 구역이나 범위.
● 권한(權 권력 권, 限 한정할 한) 어떤 사람이나 기관의 권리나 권력이 미치는 범위.
● 조례 지방 자치 단체가 법령의 범위 안에서 지방 의회의 의결을 거쳐 그 지방의 사무에 관하여 제정하는 법.
● 집행 실제로 시행함.

어휘 퀴즈
1 ㅇㅅ은 국가나 기관에서 수입과 지출을 미리 계획하는 것이다.
　□ 연산　　□ 예산
2 ㄱㅅ는 단속하기 위해 주의 깊게 살피는 것이다.
　□ 감시　　□ 고수

서울특별시 의회

1 글의 내용을 대표하는 제목을 생각할 때, [   ] 에 들어갈 알맞은 말은 무엇인가요?

(　　　　)

① 시민 의식　　　　　② 지방 의회　　　　　③ 주민 참여 역사

④ 풀뿌리 민주주의　　⑤ 의원이 갖춰야 할 덕목

2 이 글의 내용으로 알맞은 것이면 ○표, 알맞지 <u>않은</u> 것이면 × 표를 하세요.

(1) 기초 의회는 특별시와 광역시, 도에 설치한다.　　　　　　　　(　　　)

(2) 조례는 지역 주민들의 생활에 영향을 미치지 못한다.　　　　　(　　　)

(3) 지방 의회가 성공하려면 주민의 다양한 의견과 비판이 필요하다.　(　　　)

(4) 지방 의회는 지방 선거를 통해 지역 주민들이 뽑은 의원들로 구성한다.　(　　　)

(5) 지방 의회는 지역의 주민을 대신하여 그 지역의 중요한 일을 의논하고 결정한다.

(　　　)

3 이 글의 구조에 맞게 빈칸에 알맞은 내용을 쓰세요.

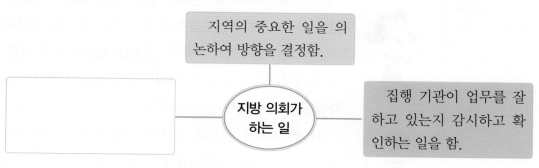

지역의 중요한 일을 의논하여 방향을 결정함.

지방 의회가 하는 일

집행 기관이 업무를 잘하고 있는지 감시하고 확인하는 일을 함.

30초 요약

4 다음 빈칸에 알맞은 말을 넣어 "지방 자치의 꽃, [   ]"의 핵심 내용을 한 문장으로 요약하세요.

지방 [ ][ ]를 통해 지역의 주민들이 직접 뽑은 의원들로 구성하는 [ ][ ]

는 지역의 [ ][ ]을 대신하여 그 지역의 중요한 일을 의논하여 방향을

결정하는 등의 여러 가지 일을 합니다.

다수결의 원칙은 항상 올바른가?

어휘 뜻

● **정책**(政 다스릴 정, 策 계책 책) 사회적인 문제를 해결하거나 정치적 목적을 실현하기 위한 방법.

● **합리적**(合 합할 합, 理 다스릴 리, 的 과녁 적) 이치에 어긋나지 않는 것.

● **가정**(假 거짓 가, 定 정할 정)**하고** 어떤 일을 밝히기 위해 임시로 사실인 것처럼 인정하고.

● **확률** 실제로 생길 수 있는 정도. 또는 그것을 나타내는 수치.

사회자 : '다수결의 원칙'이란, 민주주의 사회에서 선거를 치르거나 정책을 결정할 때, 다수의 의견이 소수의 의견보다 합리적일 것이라고 가정하고 다수의 의견을 선택하는 방법입니다. 오늘은 '다수결의 원칙을 따라야 한다.'는 주제로 토론해 보겠습니다. 찬성하는 의견부터 발표해 주십시오.

승우 : 다수결의 원칙은 민주적 의사 결정을 위한 매우 합리적인 제도이므로 따라야 한다고 생각합니다. 양보와 타협이 어려운 문제의 경우 다수결의 원칙은 좋은 해결 방법이 되지요. 다수결의 원칙을 따르면 문제를 쉽고 빠르게 결정할 수 있어요. 그리고 다수의 판단은 소수의 판단보다 합리적일 확률이 높습니다.

정인 : 다수결의 원칙을 반드시 따를 필요는 없습니다. 소수의 의견일지라도 얼마든지 정당하고 올바를 수 있는데, 다수결만 좇다보면 소수의 좋은 의견이 무시될 수 있습니다. 소수의 의견을 배려하지 않는 다수결의 원칙은 민주주의라 할 수 없으므로, 소수의 권리를 존중하고 소수의 의견을 최대한 반영하도록 노력하는 것이 더 중요합니다.

민아 : 맞습니다. 다수결의 원칙을 항상 따를 필요는 없습니다. 우리는 많은 사람이 선택한 의견이 무조건 올바른 것은 아님을 생각해야 합니다. 사실 대부분의 사람들은 많은 사람이 결정한 것이라 하면 일단 안정을 얻고, 그 의견에 의지하려고 합니다. 하지만 다수결에 참여한 사람이 문제 사항을 정확하게 알지 못하면 잘못된 판단을 할 수도 있으니 주의해야 합니다.

사회자 : 다양한 의견을 말씀해 주셔서 감사합니다. 다수결의 원칙은 민주주의의 기본 원리인 것은 틀림없습니다. 하지만 다수결의 논리에 무조건 따르기보다는, 충분한 대화와 토론으로 의견이 다른 사람과의 합의점을 찾는 자세를 갖추는 것이 더욱 필요합니다.

어휘 퀴즈

❶ ㅂㄹ 는 도와주거나 보살펴 주려고 마음을 쓰는 것이다.

☐ 보류   ☐ 배려

❷ ㄱㄹ 는 어떤 일을 자기 마음대로 할 수 있는 올바른 자격이다.

☐ 권리   ☐ 관리

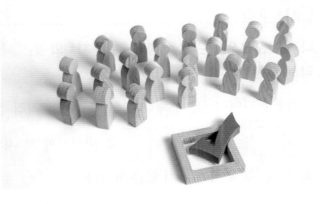

5 이 토론의 목적은 무엇인가요? (   )

① 민주주의 정책을 결정하는 방법 마련하기

② 다수결의 원칙을 지키기 위해 해야 할 일 찾기

③ 다수결의 원칙이 처음 만들어진 유래를 소개하고 설득하기

④ 소수의 의견이 다수의 의견보다 합리적인 것이라고 가정하기

⑤ '다수결의 원칙을 따라야 한다.'라는 주제에 대해 찬성과 반대의 의견 나누기

2주
·
1일

6 다음 •보기•에서 승우와 정인이의 주장과 근거를 찾아 기호를 쓰세요.

┌─ •보기• ───┐

㉮ 다수결의 원칙을 따라야 한다.

㉯ 다수결의 원칙을 반드시 따르지 않아도 된다.

㉰ 다수결만 좇다보면 소수의 좋은 의견이 무시될 수 있기 때문이다.

㉱ 다수결의 원칙을 따르면 문제를 쉽고 빠르게 결정할 수 있기 때문이다.

└──┘

⑴ 승우: (   )   ⑵ 정인: (   )

7 민아의 주장을 추가로 뒷받침하기에 알맞은 근거는 무엇인가요? (   )

① 다수결의 원칙은 완전무결하기 때문이다.

② 다수의 판단이 소수의 판단보다 합리적이기 때문이다.

③ 다수결의 원칙을 따라야 더 많은 사람이 이익을 얻기 때문이다.

④ 타협이 어려울수록 여러 사람이 선택한 의견을 따르는 것이 좋기 때문이다.

⑤ 다수결에 참여한 사람이 가진 정보가 부족하면 판단력이 흐려질 수 있기 때문이다.

30초 요약

8 다음 빈칸에 알맞은 말을 넣어 "다수결의 원칙은 항상 올바른가?"의 핵심 내용을 한 문장으로 요약하세요.

'☐☐☐의 ☐☐을 따라야 한다.'라는 주제로 한 토론에서 ☐☐는 찬성하는 의견을, 정인이와 민아는 ☐☐하는 의견을 펼쳤습니다.

지문 분석 강의

기체의 부피가 변해요

과학
/ 여러 가지 기체

어휘 뜻

● **기체**(氣 기운 기, 體 몸체) 일정한 모양이나 부피가 없고 널리 퍼지려는 성질이 있어 자유롭게 떠서 돌아다니는 물질.

● **부피** 넓이와 높이를 가진 물건이 공간에서 차지하는 크기.

● **압력**(壓 누를 압, 力 힘력) 누르는 힘.

● **버너** 가스나 알코올 등을 연료로 사용하는 휴대용 가열 기구.

물질은 왜 고체, 액체, 기체의 세 가지 모습으로 변할까요? 그것은 바로 온도 때문이에요. 대부분의 물질은 열을 받아 온도가 높아지면 '고체 → 액체 → 기체'로 변하고, 반대로 열을 빼앗겨 온도가 낮아지면 '기체 → 액체 → 고체'로 변한답니다.

우리 주변에는 산소, 이산화 탄소, 질소 등 여러 가지 기체가 있습니다. 이러한 기체는 다른 물질과 마찬가지로 일정한 공간을 차지하는데, 이것을 기체의 부피라고 합니다. 그런데 온도에 따라 물질이 변하는 것처럼 온도에 의해 기체의 부피도 변합니다. 압력이 일정할 때, 온도가 높아지면 기체의 부피는 증가하고, 온도가 내려가면 기체의 부피는 감소합니다.

우리 주변에서 온도에 의해 기체의 부피가 변하는 성질을 이용한 경우를 쉽게 찾을 수 있습니다. 먼저, 타이어를 살펴봅시다. 여름철에는 타이어에 공기를 약간 적게 넣습니다. 여름에 기온이 올라가면 타이어 안에 있는 공기의 부피가 늘어나기 때문입니다. 반대로 겨울철에는 여름보다 타이어에 공기를 조금 더 넣습니다. 겨울에 기온이 낮아지면 타이어 안에 있던 공기의 부피가 줄어들기 때문입니다.

하늘을 나는 열기구도 기체의 부피 변화를 이용한 것입니다. 열기구의 공기 주머니 아래쪽에는 버너가 있는데, 이 버너의 불을 켰다 껐다 하면서 공기 주머니 안에 있는 기체의 부피를 조절하는 것입니다. 버너의 불을 켜서 공기 주머니 안의 공기를 데우면 공기의 부피가 늘어납니다. 그러면 열기구가 가벼워져 하늘로 떠오르게 됩니다. 반대로 버너의 불을 끄면 공기가 식으면서 부피가 줄어들어 열기구가 아래로 내려오게 됩니다.

마지막으로 페트병의 모습을 생각해 볼까요? 페트병에 담긴 물을 따라 마신 뒤 냉장고에 넣어 두면 페트병이 찌그러져 있는 경우가 있습니다. 이것은 냉장고의 찬 기운 때문에 페트병 속에 있는 기체의 부피가 줄어들었기 때문입니다. 그런데 다시 페트병을 냉장고 밖에 꺼내 둔 채 시간이 지나면 페트병 속에 있는 기체의 부피가 늘어나 찌그러졌던 페트병이 다시 원래의 모양으로 돌아옵니다.

어휘 퀴즈

❶ ㄱㅊ 는 일정한 모양과 부피가 있으며 쉽게 변형되지 않는 물질이다.
□ 고체 □ 기체

❷ ㅇㄷ 는 따뜻함과 차가움의 정도나 그것을 나타내는 수치이다.
□ 온도 □ 양도

1 이 글에서 중점적으로 설명한 것은 무엇인가요? (　　　)

① 온도를 낮추는 물질
② 압력과 고체의 관계
③ 고체와 다른 기체의 힘
④ 액체와 기체의 무게를 바꾸는 방법
⑤ 온도에 따른 기체의 부피 변화

2 이 글의 내용을 바르게 이해하여 말한 친구를 두 명 고르세요. (　　 , 　　)

① 건우: 산소, 이산화 탄소, 질소는 고체야.
② 미리: 기체는 다른 물질과 달리 일정한 공간을 차지하지 못해.
③ 채현: 하늘을 나는 열기구는 기체의 부피 변화를 이용한 것이야.
④ 서율: 여름철, 타이어에 공기를 넣을 때는 평상시보다 아주 많이 넣어야 해.
⑤ 선우: 페트병을 냉장고에 넣어 두면 찬 기운 때문에 페트병 속 기체의 부피가 줄어 들어.

3 다음 문제 상황을 해결할 수 있는 방법은 무엇인가요? (　　　)

> 문제 상황: 고무공의 바람이 빠져서 찌그러짐.

① 고무공을 잘게 자른다.
② 고무공을 낮게 던진다.
③ 고무공에 뜨거운 물을 붓는다.
④ 고무공을 냉장고에 계속 넣어 둔다.
⑤ 높은 곳에서 고무공을 아래로 떨어뜨린다.

🕐 **30초 요약**

4 다음 빈칸에 알맞은 말을 넣어 "기체의 부피가 변해요"의 핵심 내용을 한 문장으로 요약하세요.

온도가 높아지면 기체의 부피는 [　][　] 하고 온도가 내려가면 기체의 부피는 [　][　] 하는데, 타이어, [　][　][　], 페트병의 모습을 보면 이 성질을 이해할 수 있습니다.

산소의 두 얼굴

과학
/ **여러 가지 기체**

어휘 뜻

● **대기** 지구를 둘러싸고 있는 모든 물질.

● **과다(過** 지날 과, **多** 많을 다)**하게** 너무 많게.

● **증후군** 직접적인 원인이 무엇인지 분명하지 않은 채 한꺼번에 나타나는 여러 가지 병의 증세.

● **갈변(褐** 갈색 갈, **變** 변할 변) 과일이나 채소 따위를 칼로 깎았을 때, 그 부분이 갈색으로 변하는 일.

우리는 나무가 많은 숲에 가면 상쾌한 기분이 들어요. 그 이유는 숲에는 산소가 많기 때문이에요. 대기 중에 있는 산소는 대부분 식물의 광합성 작용으로 만들어져요. 그럼 산소에 대해 알아볼까요?

사람과 동물은 산소를 이용해 숨을 쉬고, 살아가는 에너지를 얻어요. 따라서 산소는 지구상에 없어서는 안 될 존재예요. 만약 산소가 없다면 동물도 사람도 숨을 쉬지 못해 결국 죽고 말 거예요.

산소는 물질이 잘 타게 도와주는 성질이 있어서 금속을 자르거나 붙일 때에 사용해요. 또, 상처가 난 무릎에 과산화 수소수라는 약을 바르면 과산화 수소가 혈액을 만나 산소와 물로 분해되는데, 이때 나온 산소는 세균들이 살지 못하게 해요. 산소가 소독하는 역할을 하는 것이지요. 이처럼 산소는 우리 생활에서 다양하게 쓰입니다.

그렇다면 이렇게 우리가 생활하는 데에 필요한 존재인 산소는 좋은 영향만 주는 걸까요? 사실 산소는 많이 마신다고 좋은 것만은 아니랍니다. 우리의 피 속에는 산소와 이산화 탄소가 적당하게 들어 있어야 하는데, 산소를 과다하게 들이마시면 흥분 상태에 빠지거나 정신을 잃게 돼요. 이것을 과호흡 증후군이라고 하지요. 이러한 산소의 특성을 잘 알아 두고, 산소를 너무 많이 들이마시지 않도록 주의해야겠지요?

그리고 산소는 다른 물질을 변화시키기도 해요. 이것을 '산화'라고 해요. 사과나 감자, 고구마 등을 깎아서 오래 두면 색깔이 갈색으로 변하는 것을 볼 수 있어요. 이 갈변 현상은 공기 중의 산소 때문에 일어나는 현상이에요. 식품이 산소를 만나 산화되면 단백질, 지방 등의 성분이 파괴되어 맛과 향이 떨어져요. 육류가 산화되어 검붉게 변하거나 튀김 겉의 색이 변하고 맛이 떨어지는 것도 같은 원리지요. 또, 쇠로 된 물건에 녹이 스는 것도 산화 때문이에요. 쇠가 산소와 만나면 점점 녹이 슬면서 부러질 정도로 약해져요. 쇠가 녹슬지 않게 하려면 쇠에 페인트를 칠하거나 쇠를 테이프 등으로 감아 산소와 만나지 못하게 해야 한답니다.

어휘 퀴즈

❶ ㅂㅎ 는 화합물을 둘 이상의 간단한 구성 물질로 나누는 것이다.

☐ 보호　　☐ 분해

❷ ㅅㅎ 는 화학에서 어떤 물질이 산소와 화합하는 것이다.

☐ 산화　　☐ 수화

5 글의 제목을 "산소의 두 얼굴"이라 붙인 까닭은 무엇일까요? (   )

① 산소가 산화될 때 일어나는 두 가지 현상을 알려 주려고
② 산소와 이산화 탄소의 비슷한 점과 다른 점을 소개하려고
③ 산소를 과다하게 들이마셨을 때의 얼굴 모습을 표현하려고
④ 과산화 수소수가 두 가지 물질로 분해되는 것을 말해 주려고
⑤ 산소가 좋은 점과 나쁜 점을 둘 다 가지고 있다는 것을 설명하려고

6 다음 •보기•에서 산소의 쓰임으로 알맞지 <u>않은</u> 것을 찾아 기호를 쓰세요.

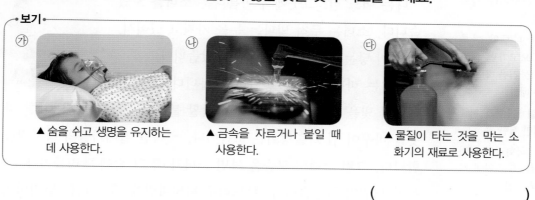

•보기•

㉮ ▲ 숨을 쉬고 생명을 유지하는 데 사용한다.

㉯ ▲ 금속을 자르거나 붙일 때 사용한다.

㉰ ▲ 물질이 타는 것을 막는 소화기의 재료로 사용한다.

(   )

7 철봉에 녹이 생기지 않게 하려면 어떻게 하는 것이 좋을지 쓰세요.

(   )

30초 요약

8 다음 빈칸에 알맞은 말을 넣어 "산소의 두 얼굴"의 핵심 내용을 한 문장으로 요약하세요.

　□□는 □을 쉴 때, 용접할 때, 소독할 때와 같이 우리 생활에서 다양하게

쓰이지만 과다하게 들이마시면 □□□ 증후군을 일으킬 수도 있고, □

로 식품을 변질시키거나 쇠로 된 물건을 녹슬게 하는 단점도 있습니다.

진주가 된 가리비

박숙희

지문 분석 강의

어휘 뜻

● **밀물** 바닷물이 일정한 때에 해안으로 밀려 들어오는 현상.

● **공연(空** 빌 공, **然** 그럴 연)**히** 까닭이나 필요가 없이.

● **나룻배** 나루와 나루 사이를 오고가면서 사람이나 물건을 건네주는 작은 배.

● **바위너설** 바위가 삐죽삐죽 내민 험한 곳.

● **개머위** 국화과의 여러해살이풀. 5~7월에 하얀 색 꽃이 핌.

텅 빈 갯벌에 찰방찰방 밀물이 밀려듭니다. 나는 언제부터인지 밀물 때가 되면 공연히 마음이 설렙니다. 해님이 서녘 하늘에 ㉠꿈같이 고운 노을을 물들여 놓고 가는 저녁 무렵이면 더욱 그렇습니다.

"끼룩, 끼이룩." / 갈매기의 휘파람 신호가 들려오면, 나는 더 이상 참지 못하고 엄마 몰래 집을 빠져 나오지 않을 수 없습니다. 파도 나룻배를 타고 내가 잘 가는 곳은 멀리 ㉡조개같이 올망졸망 엎드린 마을이 보이는 갯벌가에 몸을 반쯤 내놓고 굴껍데기를 다 닥다닥 붙인, 유난히 키가 큰 바위너설입니다.

나는 어느 날, 그곳에서 아름다운 소녀를 보았습니다. 소녀는 무척 빛나는 눈을 가지고 있어서, 그 눈이 닿는 곳은 무엇이든 빛이 났습니다.

소녀는 바다를 무척 좋아하나 봅니다. 소녀는 해님이 빛을 거두고 산 능선에서 활활 불이 붙는 광경이나, 푸른 바닷물이 황금 물결로 옷을 바꾸어 입고 출렁이는 모습이나, ㉢하얀 갈매기들의 춤사위를 정신없이 바라보곤 합니다. 그런 소녀의 모습을 보면 소녀가 꼭 그 속에 빨려들어가 그 풍경과 하나가 되는 듯한 느낌이 들었습니다. 부드러운 바닷바람에 긴 머리를 날리며 알맞게 물이 빠진 갯벌 위를 걷는 모습은 꼭 아름다운 그림을 보는 것 같았습니다. 내가 엄마 몰래 바깥나들이를 하게 된 것도 곰곰 헤아려 보면 그 소녀를 보았기 때문입니다.

소녀는 꼭 해질 무렵이면 산책을 나왔습니다. 그런데 오늘은 어찌된 셈인지 소녀가 보이지 않았습니다. 소녀가 잘 앉곤 하는 용머리바위 아래엔 집게들이 집을 이고 ㉣엉금엉금 기어가고 있을 뿐이었습니다. 나는 발꿈치를 들고 개머위가 피어 있는 비단 모래벌판까지 살펴보았지만, 칼바람만 윙윙 울고 있을 뿐이었습니다. 웬일일까요? 병이 난 걸까요? 나는 온몸의 기운이 소르르 빠졌습니다.

그러자 빛나던 모든 풍경들이 초라하게 변하기 시작했습니다. 소녀가 좋아하던 게들의 행진이나 비단을 깔아 놓은 듯 부드러운 모래벌판도, 어여샤 어여샤 그물을 당기는 어부들의 싱싱한 음성도, 오늘은 어쩐지 시시하기만 했습니다.

작품의 전체 줄거리

| 수록 지문 밀물 때가 되면 가리비인 '나'는 바위너설에 감. 그곳에서 만난 소녀의 눈이 닿는 곳은 무엇이든 빛이 나 아름다움. | 그런데, 소녀가 보이지 않자 빛나던 모든 풍경이 초라하게 변하고 시시해짐. '나'는 소녀를 그리워하며 가슴앓이를 함. | '나'는 달님과 이야기를 나누다가 자신이 소녀를 마지막으로 본 날, 소녀가 던진 모래알을 우연히 삼켰다는 것을 떠올림. | 모래알이 움직일 때마다 '나'는 아프고 괴로웠지만 참고 이겨 냄. 마침내 '나'는 진주를 갖게 되고, 소녀를 다시 만남. |

1 '나'에 대한 설명으로 알맞지 <u>않은</u> 것은 무엇인가요? (　　　　)

① 긴 머리를 날리며 해질 무렵에 산책을 하였다.

② 소녀를 본 이후로, 엄마 몰래 바깥나들이를 하였다.

③ 파도 나룻배를 타고 유난히 키가 큰 바위너설에 자주 갔다.

④ 밀물 때가 되면 아름다운 소녀를 볼 수 있다는 기대감에 마음이 설렜다.

⑤ 소녀가 보이지 않던 날, 바닷가의 풍경이 초라하게 보이고 모든 게 시시하게 느껴졌다.

2주·3일

2 ㉠~㉣ 중 다음 설명과 관련 있는 것을 모두 찾아 기호를 쓰세요.

> '~같이', '~처럼', '~듯이'와 같은 말을 써서 두 대상을 직접 견주어 표현하였다.

(　　　　　　　)

3 이 글에 대한 생각이나 느낌을 알맞게 말한 친구를 모두 찾아 ○표 하세요.

바다의 풍경이 그림을 그리듯이 선명하게 표현되어 있어서 인상적이야.

'푸른 바닷물이 황금 물결로 옷을 바꾸어 입고'라는 말을 보니, 저녁 해가 바다에 비쳐 반짝이는 모습이 떠올랐어.

용·머리바위 뒤에 몰래 숨어 있던 소녀가 '나'에게 들키게 될까 봐 조마조마한 마음이 계속 들었어.

(1) (　　　) 　(2) (　　　) 　(3) (　　　)

🕐 **30초 요약**

4 다음 빈칸에 알맞은 말을 넣어 "진주가 된 가리비"의 핵심 내용을 한 문장으로 요약하세요.

'☐'(가리비)는 바위너설에서 본 한 소녀를 좋아했는데, ☐☐가 보이지 않자 실망하여 지금까지 빛나던 모든 ☐☐들이 초라하게 변했다고 생각했습니다.

꿈을 찍는 사진관

강소천

문학
/ 추억과 그리움

어휘 뜻
- **아룀** 어떤 내용을 말씀드려 알림.
- **제꺽** 어떤 일을 아주 시원스럽게 빨리 해치우는 모양.

당신이 있는 방 한구석에 종이 한 장과 만년필 한 개가 놓여 있습니다. 당신은 그 종이에 그 파란 잉크로 당신이 만나고 싶은 이와의 지난날의 추억의 한 토막을 써서, 그걸 가슴속에 넣고 오늘 밤 주무십시오. 내일 날이 밝으면 당신은 지난밤에 본 꿈과 꼭 같은 사진을 가지고 집으로 돌아갈 수가 있을 겁니다.

한 가지 미안한 것은, 이곳은 산중이어서 손님들에게 대접할 음식이 준비되어 있지 못합니다. 미안하지만 하룻밤 그냥 주무셔 주십시오. — 꿈을 찍는 사진관 아룀

나는 종이쪽에 이렇게 썼습니다.

살구꽃 활짝 핀 내 고향 뒷산 — 따스한 봄볕을 쬐며, 잔디 위에서 같이 놀던 순이, 노랑 저고리에 하늘빛 치마 — 할미꽃을 꺾어 들고 봄노래 부르던 순이 — 오늘 밤 정말 우리는 만날 수 있을까?

아직 해가 지기에는 시간이 좀 남아 있을는지 모릅니다. 그러나 내가 글 쓴 종이를 가슴에 품고 방바닥에 눕자, 방은 그만 캄캄해졌습니다.

참말 신기한 일입니다. 그러나 나는 잠이 오질 않았습니다. 샘처럼 솟아오르는 지난날의 추억들.

정말 내가 민들레와 할미꽃을 좋아하는 까닭은 순이 때문이었는지도 모릅니다.

순이의 그 노랑 저고리가 어쩌면 그때 내 마음에 그렇게도 예뻐 보였을까요?

㉠"순아! 오늘은 정말 네게 꼭 할 말이 있어. 감추려고 했지만, 역시 알려 주는 게 좋을 거야. 그렇지만 순아, 울어서는 안 돼! 응?" / "무슨 얘기냐? 어서 말해 줘!"

"정말 안 울 테냐?" / "울긴 왜 우니? 못나게……."

"그래! 픽 하면 우는 건 바보야. 울지 마라, 응? 저어……."

"참, 네가 바보구나. 왜 제꺽 말을 못 하니? 아이 갑갑해! 어서 말해 봐!"

"저어, 말이지, 이건 정말 비밀이야. 우리 아버지도 어머니도 그랬어. 아무에게도 미리 얘기해서는 안 된다고. 그렇지만 난 네게는 숨길 수 없어. 우리는 며칠 있으면 삼팔선을 넘어 서울로 이사를 간단다. 여기서야 살 수가 있어야지. 지난해 8월 광복이 되었다고 미칠 듯 즐거워했지만, 우리는 토지와 집까지 다 빼앗기지 않았어, 지주라고."

어휘 퀴즈

❶ ㄱㅂ은/는 1945년 8월 15일에 우리나라가 일본으로부터 국권을 다시 찾은 일이다.
☐ 광복 ☐ 국보

❷ ㅈㅈ는 자신이 소유한 토지를 남에게 빌려주고 돈을 받는 사람이다.
☐ 재주 ☐ 지주

작품의 전체 줄거리

어느 봄날, '나'는 뒷동산에 올랐다가 안내 간판을 따라 꿈을 찍는 사진관을 찾아감. | **수록지문** '나'는 사진관의 주인에게서 책을 받아 읽고, 꿈을 찍는 방법을 알게 됨. | '나'는 순이와의 추억을 꿈으로 꾸고, 열두 살 순이와 함께 찍힌 사진을 받음. | 이튿날, 사진관에서 받은 사진이 노란 민들레꽃 카드로 바뀐 사실을 알게 됨.

5 이 글에서 '내'가 처한 상황을 찾아 기호를 쓰세요.

> ㉮ 여름날, 순이와 함께 뒷산에서 사진을 찍었다.
>
> ㉯ 꿈을 찍는 사진사를 만나 직접 쓴 편지를 전했다.
>
> ㉰ 꿈을 찍는 사진관에서 순이와의 추억을 종이쪽에 썼다.

6 순이에 대한 '나'의 마음으로 알맞은 것은 무엇인가요? (   )

① 미움   ② 질투   ③ 무시

④ 동정   ⑤ 그리움

7 ㉠『   』부분을 통해 알 수 있는, 앞으로 이어질 내용으로 가장 알맞은 것은 무엇인가요?

(   )

① '나'는 부모님과 떨어져 살게 된다.

② 순이는 자주 화를 내는 '나'를 싫어하게 된다.

③ '나'의 가족은 비밀리에 서울로 이사를 가게 된다.

④ '나'는 순이를 바보라 생각해서 같이 놀지 않는다.

⑤ 광복이 되어 '나'와 순이가 삼팔선을 넘어가지 않는다.

🕐30초 요약

8 다음 빈칸에 알맞은 말을 넣어 "꿈을 찍는 사진관"의 핵심 내용을 한 문장으로 요약하세요.

'나'는 [   ]을 찍는 [   ][   ][   ]에서 꾸고 싶은 꿈을 쓴 종이를 가슴에 품고 잠이 들었고, 고향에서 [   ][   ]와 겪었던 추억을 떠올려 꿈으로 꾸었습니다.

팝 아트의 시대를 연 앤디 워홀

지문 분석 강의

인물
/ 도전하는 용기

어휘 뜻

● 실크 스크린 나무나 금속의 테에 붙인 비단, 나일론, 스테인리스 스틸 등의 가는 구멍을 통하여 잉크나 물감을 판 아래 놓인 소재에 직접 인쇄하는 것.

● 팝 아트 일상생활에서 찾은 소재로 전통적인 예술 개념을 깨뜨리는 미술 운동.

● 경계(境 지경 경, 界 지경 계) 서로 다른 두 지역이 만나는 지점.

큼직한 붓으로 물감을 풀어요. 좋아하는 색이면 무엇이든 상관없어요. 붓으로 물감을 쿡 찍어서 손바닥 위에 쓱쓱 발라요. 그리고 하얀 도화지 위에 손바닥을 꾹 눌러 찍어요. 이제 도화지 구석에 이름만 쓰면 훌륭한 그림 완성!

즐거운 미술 시간을 꿈꾸는 화가, 앤디 워홀의 작품이 탄생하는 과정입니다.

앤디 워홀은 1928년 미국의 펜실베이니아주 피츠버그에서 태어났어요. 어린 시절 몸이 약했던 워홀에게 그림은 유일한 친구였지요. 집안은 가난했지만 어머니는 워홀이 그림을 그릴 수 있도록 아낌없이 지원해 주었습니다. 특이하게 워홀은 수학이나 과학을 공부하는 공과 대학을 졸업했어요. 하지만 학교를 졸업하고 디자이너로 일했고, 결국엔 화가가 됩니다.

워홀은 실크 스크린 기법을 이용하여 통조림 수프 깡통이나 콜라병, 유명인의 초상화를 제작했어요. 또, 일상생활에서 쉽게 볼 수 있는 것들을 소재로 작품을 만들었지요. 만화의 한 컷, 신문에 나온 사진의 한 장면, 영화의 포스터 등을 이용해 실험적인 작품을 여럿 만들어냈습니다. 이처럼 워홀은 남들이 하지 않는 방법으로 작품을 많이 만들어 새로운 미술 운동인 팝 아트의 시대를 열었습니다.

"이게 무슨 훌륭한 그림이야? 꼭 아이들 장난 같잖아."

어떤 사람들은 워홀의 그림을 보고 이렇게 말하기도 했습니다. 하지만 워홀은 모든 사람이 보고 좋아할 수 있는 아주 쉽고 재미있는 그림을 그리고 싶어 했어요.

"누구든지 내 작품을 보고 즐길 수 있다면 저는 기쁩니다."

워홀은 마음속에 있는 생각을 그림이나 글, 노래로 나타낸 것이라면 무엇이든 예술이 될 수 있다고 생각했어요. 창조 정신을 잊지 않고 산다면 누구나 예술가가 될 수 있다는 뜻이죠. 그리고 워홀은 그림을 박물관에만 걸어 놓을 것이 아니라 길거리에서도 볼 수 있게 하자고 했어요. 그래야 누구나 보고 즐거워할 수 있으니까요.

워홀의 대표 작품으로『캠벨 수프 통조림』,『금빛 마릴린 먼로』,『자화상』등이 있어요. 워홀은 대중 미술과 순수 미술의 경계를 무너뜨리고, 영화와 광고, 디자인 등 시각 예술 전반에서 새로운 변화를 이끌어 낸 인물로 평가받고 있어요.

어휘 퀴즈

❶ ㅈㅇ 은/는 무엇 또는 어떤 일을 뒷받침하여 돕는 것이다.
☐ 지원   ☐ 종이

❷ ㄷㅈ 은 대다수의 사람이다.
☐ 단절   ☐ 대중

1 이와 같은 글을 읽는 방법으로 가장 알맞은 것은 무엇인가요? (　　　)

① 분위기에 맞게 운율을 느끼며 읽는다.

② 주장에 대한 근거가 적절한지 판단하며 읽는다.

③ 글에 제시된 정보가 사실인지 아닌지 정확성을 판단하며 읽는다.

④ '발단, 전개, 절정, 결말'로 이어지는 사건의 전개 과정을 파악하며 읽는다.

⑤ 인물이 한 일이 무엇인지 살펴보고, 인물의 말과 행동에서 본받을 만한 점을 찾으며 읽는다.

2 워홀이 작품을 만든 방법을 두 가지 고르세요. (　　, 　　)

① 순수 미술의 원칙을 고집했다.

② 만화로 표현하는 것에만 집중했다.

③ 실크 스크린 기법을 이용해 제작했다.

④ 일상생활에서 보기 어려운 것들을 소재로 선택했다.

⑤ 사진, 포스터 등을 이용해 실험적인 작품을 만들었다.

3 워홀의 가치관으로 알맞은 것은 무엇인가요? (　　　)

① 전통적인 삶의 방식을 지켜야 한다고 생각한다.

② 경제적인 이익을 많이 얻는 것을 목표로 삼는다.

③ 나라나 사회보다 개인을 우선하는 삶을 추구한다.

④ 많은 사람과 함께 즐기는 예술을 중요하게 여긴다.

⑤ 기회가 있을 때 망설이다가 놓치면 후회한다고 믿는다.

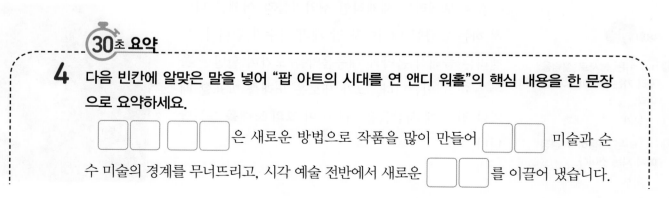

30초 요약

4 다음 빈칸에 알맞은 말을 넣어 "팝 아트의 시대를 연 앤디 워홀"의 핵심 내용을 한 문장으로 요약하세요.

　□□□□ 은 새로운 방법으로 작품을 많이 만들어 □□ 미술과 순수 미술의 경계를 무너뜨리고, 시각 예술 전반에서 새로운 □□ 를 이끌어 냈습니다.

감동을 주는 성악가, 안드레아 보첼리

인물
/ 도전하는 용기

어휘 뜻

- **겸손(謙 겸손할 겸, 遜 겸손할 손)하게** 남을 존중하고 자기를 내세우지 않게.
- **테너** 노래를 부를 때 남자의 가장 높은 소리. 또는 그 소리로 노래하는 사람.
- **팝 페라** 팝(Pop)과 오페라(Opera)를 합한 말. 오페라 선율을 기반으로 대중음악 스타일을 접목한 음악.

어휘 퀴즈

1 ㄴㄱ 는 농사로 살림을 꾸려 가는 가정이나 그 집이다.
   ☐ 농가   ☐ 내과

2 ㅍㅂ 는 싸움이나 경쟁에서 지는 것이다.
   ☐ 포부   ☐ 패배

안드레아 보첼리는 이탈리아 토스카나주의 작은 농가에서 태어났습니다. 보첼리는 태어났을 때부터 앞이 잘 보이지 않았습니다.

보첼리의 부모님은 아들에게 항상 이야기했습니다.

"최선을 다해라. 최선을 다한 후에도 패배를 한다면 그땐 겸손하게 패배를 인정하고 받아들여라."

이 말을 깊이 새기며 보첼리는 항상 씩씩하게 생활했습니다. 그래서 친구들은 그의 눈이 잘 보이지 않는다는 것을 까맣게 잊고 지냈습니다.

열두 살 되던 해, 보첼리는 축구를 하다 머리를 다쳤습니다. 그 뒤로 보첼리는 앞을 전혀 볼 수 없게 되었습니다.

"⬚⬚⬚⬚⬚⬚⬚⬚ ㉠ ⬚⬚⬚⬚⬚⬚⬚. 앞이 보이지 않아도 할 수 있는 일은 많단다. 네가 좋아하는 음악도 눈에 보이지 않지만 사람들을 감동시키잖니!"

부모님의 말씀을 듣고 보첼리는 힘을 얻었습니다.

"난 노래를 잘하니까 가수가 되어야지."

보첼리는 음악을 공부하고 싶었습니다. 하지만 음악 학교에서는 앞을 볼 수 없는 그를 받아 주지 않았습니다. 음악 학교에 갈 수 없게 된 보첼리는 그 대신 법과 대학에 갔습니다. 하지만 음악을 포기할 수 없었던 보첼리는 저녁 때면 식당에서 피아노를 치며 노래를 불렀습니다.

"저 사람은 음악 학교에서 공부한 사람보다 노래를 더 잘하는걸."

보첼리의 노래를 들은 사람들은 한결같이 이렇게 말했습니다.

어느 날, 보첼리는 코렐리라는 유명한 음악가가 재능 있는 사람을 뽑아 음악을 가르치려 한다는 소식을 들었습니다. 보첼리는 코렐리를 찾아갔고, 코렐리를 찾아온 수많은 사람 중에 제자로 뽑혔습니다. 비록 앞은 볼 수 없지만 음악을 사랑하는 마음과 최선을 다하는 보첼리의 자세에 코렐리가 깊은 감동을 받았기 때문입니다.

결국 보첼리는 세계적인 성악가들과 어깨를 나란히 하는 훌륭한 테너이자 팝 페라 가수가 됩니다. 보첼리는 클래식 음악과 대중음악을 오가며 활발한 활동을 하고 있습니다. 그가 새로운 노래를 발표할 때마다 전 세계 사람들은 기뻐하며 그의 노래를 듣는답니다.

5 이 글에서 소개한 '보첼리'에 대한 설명으로 알맞은 것을 모두 고르세요.

(,   ,   )

① 이탈리아 토스카나주에서 태어났다.

② 유명한 음악가 코렐리의 제자로 뽑혔다.

③ 가수가 되고 싶었지만 노래를 잘하지 못해 좌절했다.

④ 음악 학교에서 음악 공부를 하여 훌륭한 테너가 되었다.

⑤ 열두 살에 축구를 하다 머리를 다친 다음 시력을 완전히 잃었다.

2주 · 4일

6 앞뒤 내용으로 보아, ⃞ ㉠ ⃞ 에 들어갈 알맞은 말은 무엇인가요? (   )

① 편견에 빠져라　　　　② 안목을 키워라

③ 용기를 가져라　　　　④ 여유 있는 삶을 살아라

⑤ 다른 사람과 조화를 이루어라

7 보첼리의 삶이 전하는 교훈은 무엇인가요? (   )

① 다른 세대의 문화를 존중하자.

② 재능을 빨리 발견하여 실력을 키우자.

③ 클래식 음악에 대한 선입견을 버리자.

④ 친구와 스승을 소중히 여기고 감사하자.

⑤ 어려운 상황을 극복하려는 용기를 가지고 최선을 다하자.

🕐 **30초 요약**

8 다음 빈칸에 알맞은 말을 넣어 "감동을 주는 성악가, 안드레아 보첼리"의 핵심 내용을 한 문장으로 요약하세요.

안드레아 보첼리는 ⃞⃞ 를 다쳐 앞을 전혀 볼 수 없게 되었지만 ⃞⃞ 을 포기하지 않고 노력하여 훌륭한 ⃞⃞ 이자 팝 ⃞⃞ 가수가 되었고, 전 세계 사람들의 사랑을 받고 있습니다.

5일

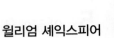

리어 왕

월리엄 셰익스피어

문학

/ 뿌린 대로
거둔다

어휘 뜻

● **대군**(大 클 대, 軍 군사 군) 병사가 많은 군대.

● **호령**(號 부르짖을 호, 令 하여금 령) 윗사람이 큰 목소리로 하는 명령이나 꾸짖는 말.

● **영토**(領 거느릴 영, 土 땅 토) 한 나라의 통치권이 미치는 지역.

● **인정머리** 남을 생각하는 따뜻한 마음을 낮추어 이르는 말.

● **무심**(無 없을 무, 心 마음 심)**한** 남의 일에 관심을 두지 않는.

고너릴: (싸늘한 눈빛으로 버릇없이) 아버지, 언니와 함께 언니의 성에서 사세요. 그리고 언니 말에 따라 기사의 수를 반으로 줄이고, 얌전히 생활하세요.

리어 왕: (잔뜩 화가 나) 뭐, 얌전히 생활하라고? (애써 기막힌 표정을 지우고 큰딸을 바라보며 다정하게) 리건, 나는 백 명의 기사와 더불어 이곳에서 너와 함께 살고 싶단다.

리건: (딴청을 피우며) 글쎄요. 기사의 수를 스무 명쯤으로 줄인다면 모를까…….

리어 왕: ㉠(실망한 얼굴로 작은 딸을 돌아보며) 고너릴, 너의 성으로 돌아가야겠구나. 너는 그래도 오십 명의 기사는 허용한다고 했으니.

고너릴: (처음 듣는 말이라는 듯이) 천만의 말씀이에요. 이제는 다섯 명도 안 돼요.

리어 왕: (혼잣말로 작게) 얼마 전까지만 해도 백만 대군을 호령했는데 이제 오십 명의 기사조차 거느리지 못하게 되다니……. (주먹으로 가슴을 치며) 아! 내가 두 딸의 달콤한 말에 속았구나. 리건과 고너릴이 나를 목숨보다도 더 깊이 사랑한다고 말했던 것은 내 영토와 재산을 갖기 위한 거짓말이었어.

제3장

㉡중간막이 내리고 조명이 꺼졌다가 다시 켜지며 성 밖을 비춘다. 무서운 폭풍우가 휘몰아치는 밤, 리어 왕이 성 문을 두드리지만 두 딸은 리어 왕을 안으로 들이지 않는다.

리어 왕: (슬픈 표정을 지으며 힘없이) 왕국의 수많은 성을 다스리던 내가 이제는 비 피할 곳조차 없다니! ㉢인정머리 없는 딸들과 함께 사느니, 차라리 폭풍우 속을 헤매는 것이 낫겠어. (캄캄한 어둠 속으로 말을 몰고 간다.)

리건, 고너릴: (무심한 듯한 말투로) 사고가 나도 우린 몰라. 아버지가 제 발로 나갔으니.

천둥소리는 더욱 요란하게 들려오고, 비바람은 더 심해진다. 리어 왕은 마치 딸들에게 받았던 설움을 다 토해내려는 듯 미친 듯이 말한다.

리어 왕: ㉮(큰 목소리로 하늘을 향해 소리치며) 바람아, 이 더러운 땅을 모조리 바다로 날려 버려라! 은혜를 저버린 자들을 모조리 쓸어 가거라!

어휘 퀴즈

❶ ㅍㅍㅇ는 세찬 바람과 함께 세차게 쏟아지는 비이다.
☐ 폭풍우 ☐ 파파야

❷ ㅇㅎ는 남에게 베푸는 매우 고마운 일이다.
☐ 은혜 ☐ 영화

작품의 전체 줄거리

노쇠한 리어 왕이 자신을 가장 사랑하는 딸에게 많은 영토를 물려주기로 하자, 큰딸과 둘째 딸이 리어 왕만을 사랑한다고 거짓말을 함.

리어 왕은 아첨한 딸들에게 영토와 재산을 모두 주고, 정직하게 말한 막내딸에게는 불같이 화를 냄. 막내딸은 프랑스 왕에게 시집감.

수록 지문 리어 왕은 믿었던 큰딸과 둘째 딸에게 온갖 구박과 모욕을 당해 미쳐 떠돌게 됨. 막내딸이 이 소식을 듣고 리어 왕을 찾아 옴.

뒤늦게야 리어 왕은 막내딸의 진심을 알게 되지만, 딸들이 차례로 죽게 됨. 리어 왕은 막내딸의 죽음에 충격을 받고 세상을 떠남.

1 희곡의 구성 요소에 알맞게 ㉠~㉢을 구분하여 선으로 이으세요.

(1) [㉠] ・　・㉮ [해설] ・　・① [무대 모습을 설명함.]

(2) [㉡] ・　・㉯ [대사] ・　・② [인물이 하는 말을 나타냄.]

(3) [㉢] ・　・㉰ [지문] ・　・③ [인물의 표정과 행동을 지시함.]

2주 · 5일

2 이 글에서 리어 왕의 감정 변화를 알맞게 정리한 것은 무엇인가요? (　　　)

① 서운함. → 기쁨. → 괴로움.

② 절실함. → 행복함. → 쓸쓸함.

③ 즐거움. → 우울함. → 뿌듯함.

④ 화가 남. → 실망함. → 서글픔.

⑤ 겁이 남. → 기대함. → 신이 남.

3 ㉮ 부분이 인상적인 까닭은 무엇인가요? (　　　)

① 리어 왕이 하늘에 감사해하는 마음이 감동적이어서

② 고너릴의 모습이 눈앞에 보이듯 생생하게 그려져서

③ 리어 왕이 다양한 꾸며 주는 말을 사용한 것이 재미를 주어서

④ 리어 왕이 리건 앞에서 무릎을 꿇고 용서를 비는 모습이 상상이 되어서

⑤ 리어 왕이 자신의 결정을 후회하며 분노하는 마음이 실감 나게 표현되어서

30초 요약

4 다음 빈칸에 알맞은 말을 넣어 "리어 왕"의 핵심 내용을 한 문장으로 요약하세요.

[　][　][　]은 [　][　]과 고너릴에게 많은 기사를 거느리며 함께 살고 싶다

며 애원했지만 외면받았고, 폭풍우가 휘몰아치는 [　]에 멀리 떠나게 됩니다.

놀부전

고성욱

문학
／ 뿌린 대로
거둔다

흥부도 따라 일어서자 조명이 꺼진다. 무대 어두워진다. 무대가 다시 밝아지면 무대 한가운데는 놀부네 집 마당이다. 달덩이 같은 탐스러운 박을 놓고 하인 둘이 양쪽에 앉아 톱질을 하며 박을 탄다. 곁에 하인들이 둘러서 있고, 놀부와 놀부 아내 흐뭇한 표정으로 바라본다.

하인들: 톱질하세 톱질하세

슬근슬근 톱질하세

어기여라 이 박 열면

금은보화 곡식 비단

온갖 살림 쏟아진다

마구마구 쏟아진다

하인들: 자, 첫째 박이오!

"펑." 하는 소리와 함께 박이 갈라지며 흰 연기가 솟아오른다. 꽹과리 소리가 불안하게 쟁쟁거린다. 갑자기 비명 소리와 함께 하인들 우왕좌왕한다. 소리가 사라지면서 이윽고 무대가 어두워진다. 잠시 뒤, 무대 왼쪽 천장에서 조명이 동그랗게 떨어진다. 동네 빨래 터. 아낙네들 셋이 두런거린다.

아낙네 1: 첫째 박이 갈라지고 뭐가 나왔대?

아낙네 2: 무시무시하게 생긴 장사들이 한 무리 나왔다는구먼.

아낙네 3: 몽둥이와 올가미를 들고.

아낙네 2: 이상한 주머니도 하나 가지고 왔다면서?

아낙네 3: 놀부네 집에 있던 돈과 금은보화를 그 주머니에 전부 쓸어 넣은 뒤에야 사라졌다는구먼.

아낙네 1: 저런, 천벌을 받은 거야.

아낙네 2: 아무렴, 하늘이 알고 땅이 아는데……

아낙네 3: 그렇게 심술을 부리더니……

어휘 뜻

● 탄다 톱으로 무엇을 두 쪽으로 가른다.

● 슬근슬근 물체가 서로 맞닿아 가볍게 스치며 자꾸 비벼지는 모양.

● 쟁쟁거린다 쇠붙이 따위가 맞부딪쳐 맑게 울리는 소리가 잇따라 난다.

● 비명(悲 슬플 비, 鳴 울 명) 일이 매우 위급하거나 몹시 두려움을 느낄 때 지르는 소리.

● 우왕좌왕(右 오른쪽 우, 往 갈 왕, 左 왼쪽 좌, 往 갈 왕)한다 이리저리 왔다 갔다 하며 일이 나 나아가는 방향을 종잡지 못한다.

어휘 퀴즈

❶ ㄱ ㅇ ㅂ ㅎ 은/는 금, 은, 옥, 진주 따위의 매우 귀중한 물건이다.

☐ 곡예비행 ☐ 금은보화

❷ ㅊ ㅂ 은 하늘이 내리는 큰 벌이다.

☐ 초복 ☐ 천벌

작품의 **전체 줄거리**

제비 다리를 고쳐 주고 복을 받은 흥부를 보고, 놀부는 일부러 제비 다리를 부러뜨린 다음 그 다리를 고쳐 줌.

놀부는 제비가 준 박씨를 심었고, 박이 주렁주렁 열림. 놀부가 흥부를 찾아가 어떤 박이 복을 줬는지 물어봄.

수록 지문 놀부가 하인을 시켜 박을 타니 무시무시하게 생긴 장사들, 험상궂게 생긴 각설이패, 흉측한 괴물들이 차례로 나와 벌을 줌.

흥부는 심술을 부려 큰 벌을 받은 놀부에게 함께 살자고 함. 놀부 부부는 죄를 뉘우치고, 흥부 부부와 손을 잡고 흥부 집으로 향함.

5 이 글의 특징으로 알맞지 <u>않은</u> 것은 무엇인가요? (　　　　)

① 연극을 하기 위해 쓴 글이다.

② 인물의 행동을 직접 나타낸다.

③ 인물의 말은 큰따옴표로 나타낸다.

④ 대사를 통해 인물의 마음을 짐작할 수 있다.

⑤ 나오는 인물이나 무대의 모습을 설명하는 '해설'이 있다.

2주

5일

6 이 글의 내용과 관련 있는 사자성어는 무엇인가요? (　　　　)

① 붕우유신(朋友有信): 벗 사이의 도리는 믿음에 있음.

② 결초보은(結草報恩): 죽은 뒤에라도 은혜를 잊지 않고 갚음.

③ 일거양득(一擧兩得): 한 가지 일을 하여 두 가지 이익을 얻음.

④ 군계일학(群鷄一鶴): 여러 평범한 사람들 가운데 뛰어난 한 사람이 있음.

⑤ 권선징악(勸善懲惡): 착한 일을 권장하고 못되고 악한 일을 하면 벌을 줌.

7 이 글을 읽고 짐작한 내용을 바르게 말한 것을 찾아 기호를 쓰세요.

㉮ 놀부의 다른 박에서는 금은보화가 쏟아져 나올 것 같아.

㉯ 놀부가 그동안 얼마나 심술을 많이 부렸을지 짐작이 가.

㉰ 꽹과리 소리는 놀부에게 행복한 일이 일어날 것을 알린 거야.

㉱ 무시무시하게 생긴 장사들이 주머니를 가지고 온 까닭은 놀부에게 온갖 살림을 갖다 주기 위해서였어.

⏱️**30초 요약**

8 다음 빈칸에 알맞은 말을 넣어 "놀부전"의 핵심 내용을 한 문장으로 요약하세요.

하인들이 　　　의 첫째 박을 타자 몽둥이와 올가미, 이상한 　　　　를 든 　　　이 한 무리 나와서 돈과 금은보화를 전부 쓸어 갔습니다.

문학 53

[1~3] 다음 주황색으로 쓴 낱말의 뜻을 찾아 ○표 하세요.

1

> 나는 시 한 토막도 외우지 못했다.

(1) 토막을 낸 물건을 세는 말.   (   )

(2) 좀 크게 잘라 낸 물체의 덩어리.   (   )

(3) 말, 글, 노래 등의 짤막한 한 부분.   (   )

2

> 매연으로 대기 중에 위험 물질이 늘어나고 있다.

(1) 큰일을 할 만한 뛰어난 인재.   (   )

(2) 지구를 둘러싸고 있는 모든 공기.   (   )

(3) 때나 기회가 생기기를 기다리는 것.   (   )

3

> 하늘을 나는 열기구는 기체의 부피를 이용한 것이다.

(1) 비행기의 몸통.   (   )

(2) 마음이 편하지 아니하여 생기는 체증.   (   )

(3) 일정한 모양이 없고 자유롭게 움직이는 물질.   (   )

2주의 어휘

뜻을 정확하게 알고 있는 것에 ○표, 뜻이 헷갈리는 것에 △표, 뜻을 전혀 모르는 것에 ✓표 하세요.

1일
권한 ☐
참여 ☐
토론 ☐

2일
물질 ☐
기체 ☐
대기 ☐

3일
풍경 ☐
추억 ☐
토막 ☐

4일
기법 ☐
예술 ☐
감동 ☐

5일
허용 ☐
영토 ☐
모조리 ☐

[4~7] 다음에서 설명한 낱말은 무엇인지 초성을 포함하여 완성하세요.

4

지난 일에 대한 생각.

ㅊ   ㅇ

5

예술 작품을 만드는 기술.

ㄱ   ㅂ

6

서로 의견이 맞지 않는 어떤 문제를 놓고 여럿이 모여서 찬성과 반대로 나누어 논의하는 것.

ㅌ   ㄹ

7

생각하고 느끼는 바를 아름다운 형식으로 표현하거나 창조하는 것. 음악이나 미술 등이 포함됨.

ㅇ   ㅅ

[8~10] 다음 낱말이 들어갈 문장을 찾아 선으로 이으세요.

8 영토   •

  • ㉮   독도는 우리 _____임에 틀림없다.

9 물질   •

  • ㉯   눈이 쌓인 은빛의 겨울 _____을/를 보았다.

10 풍경   •

  • ㉰   우리 주위의 물체는 _____(으)로 이루어져 있다.

2주
·
5일

[11~12] 다음에 제시된 뜻과 예문을 참고하여 낱말을 완성하세요.

11 ㅁ ㅈ ㄹ : 하나도 빠짐없이 모두.

  ㉤ 상자 속의 사과가 _____ 썩어 있었다.

12 ㅊ ㅇ : 여러 사람이 같이하는 어떤 일에 함께 일하는 것.

  ㉤ 전교생은 방학 동안 봉사 활동에 적극 _____합시다.

[13~15] 다음 •보기•에서 밑줄 그은 낱말의 뜻을 찾아 번호를 쓰세요.

┌─ •보기• ─────────────────────────────┐
① 상품을 시장으로 내보내는 것.
② 어떤 일을 허락하여 받아들이는 것.
③ 강하게 느끼어 마음에 변화를 일으키는 것.
④ 도와주거나 보살펴 주려고 마음을 쓰는 것.
⑤ 일정한 범위 안에서 쓸 수 있는 권력이나 권리.
└─────────────────────────────────────┘

13 이번 일요일부터는 외출이 <u>허용</u>된다고 들었다.   (   )

14 좋은 내용의 영화를 보면 누구나 <u>감동</u>을 느끼게 된다.   (   )

15 그는 이번 일은 자기의 <u>권한</u> 밖의 것이므로 도와줄 수 없다고 했다.   (   )

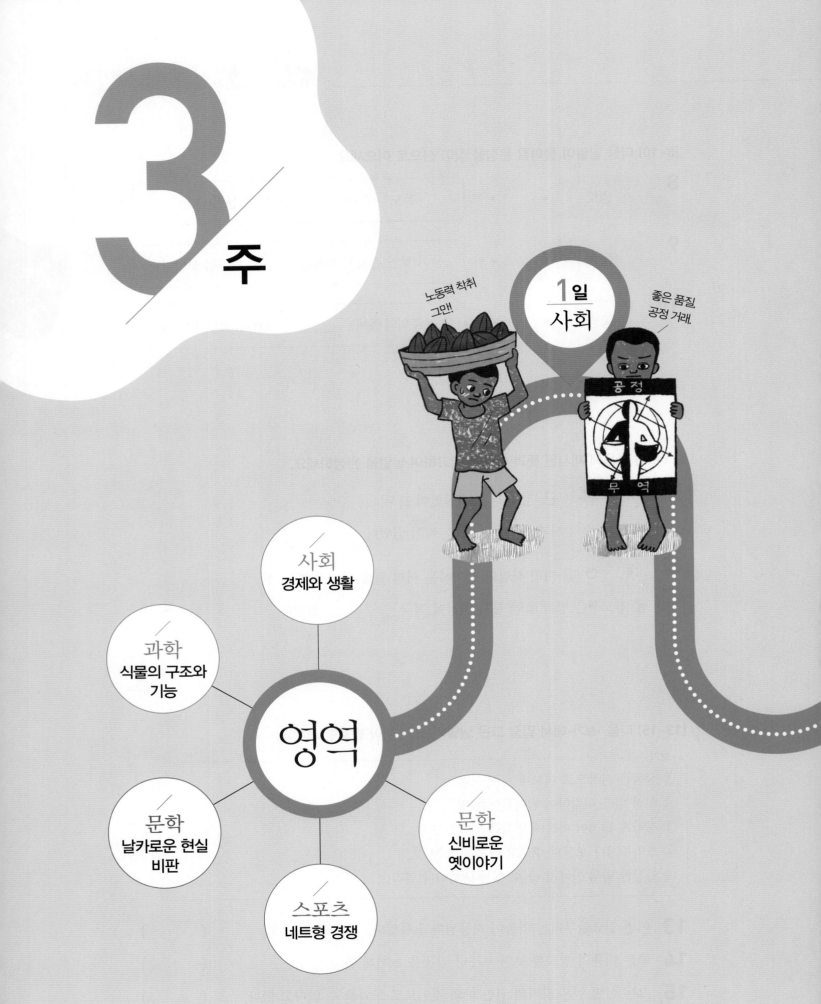

3주

노동력 착취 그만!

1일
사회

좋은 품질, 공정 거래.

공 정

무 역

사회
경제와 생활

과학
식물의 구조와
기능

영역

문학
날카로운 현실
비판

스포츠
네트형 경쟁

문학
신비로운
옛이야기

공정 무역에 대한 다른 시선

지문 분석 강의

사회
/ 경제와 생활

가 따뜻한 손길, 공정 무역

초콜릿의 주원료인 카카오는 서아프리카 지역에서 약 70%가 생산된다. 그런데 카카오 재배 농장에서 열매를 따는 일은 주로 아이들이 한다. 이 아이들은 하루에 열다섯 시간 동안 혹독한 노동을 하고도 초콜릿 판매 가격의 0.02% 수준을 밑도는 적은 돈만 받는다. 실제로 일한 사람보다 중간에서 상품 거래를 하는 사람이 몇십 배의 이익을 얻고, 초콜릿을 만들어 파는 기업이 큰 이윤을 남기기 때문이다.

이러한 불공평한 구조를 바로잡기 위해 공정 무역이 생겼다. 공정 무역은 생산자의 노동에 정당한 대가를 내주면서 소비자에게 좋은 제품을 공급하는 것을 목적으로 둔다. 때문에 공정 무역을 통해 여러 개발 도상국의 생산자들에게 최저 가격을 보장해 주고, 그들을 적극 지원해 줄 수 있는 것이다.

공정 무역의 제품은 수공예품이나 커피, 코코아 등 일부 품목에서 시작되었지만 최근에는 설탕, 와인은 물론 면 제품, 청바지에 이르기까지 다양해졌다. 공정 무역 제품을 구입함으로써 가난한 나라의 사람들에게 도움을 주는 따뜻한 손길을 내밀어 보자.

나 공정 무역, 바르게 이루어지려면

나라와 나라 사이에 상품이나 기술, 서비스 등을 사고파는 행위를 무역이라고 한다. 하지만 무역을 하는 과정에서 때로는 불공정한 경우가 발생한다. 공정 무역은 불공정한 무역으로 발생하는 부의 쏠림과 노동력 착취 등의 문제를 해결하기 위한 사회 운동으로 시작되었다.

그런데 우리가 공정 무역 제품을 하나씩 살 때마다 생산자들은 굶주림에서 벗어나고 있는 걸까? 기업이 공정 무역 제품을 판매하여 얻은 이익을 생산자들에게 제대로 돌려주지 않는다면 우리의 노력은 물거품이 될 것이다. 따라서 공정 무역이 투명하게 이루어지고 있는지 수시로 확인하는 절차가 필요하다. 또, 더 많은 생산자가 공정 무역으로 이익을 얻을 수 있도록 끊임없이 고민해야 한다.

그리고 공정 무역의 취지만 생각하고 제품을 무조건 구입하지 말고, 신중하게 검토 후 구입해야 한다. 제품의 품질이 떨어지는데, 비싼 값을 내며 구입할 필요가 없다. 이것은 공정 무역 제품도 우수성을 확보해야 한다는 뜻이다.

1 글 **가**와 **나**의 중심 글감은 무엇인가요? (　　　　)

① 상품 수출　　　　② 공정 무역　　　　③ 가격 결정
④ 제품의 품질　　　⑤ 기업과 소비자

2 글 **가**와 **나**의 내용으로 알맞은 것은 무엇인가요? (　　　　)

① 글 **가**: 공정 무역을 하면 소비자만 이익을 얻는다.
② 글 **가**: 공정 무역은 소비자의 노동에 정당한 대가를 내주는 것이 목적이다.
③ 글 **나**: 무역은 나라와 나라 사이에 상품이나 기술, 서비스 등을 사고파는 행위이다.
④ 글 **나**: 공정 무역이 생긴 취지가 좋으므로 공정 무역 제품을 무조건 많이 사야 한다.
⑤ 글 **가**와 **나**: 공정 무역의 제품은 아직까지 수공예품, 커피, 코코아 등 일부 품목만 만들어지고 있다.

3 다음은 글 **가**와 **나** 중 어떤 글에 대한 평가인지 쓰세요.

(1)
　'물거품', '고민', '신중하게' 등의 표현을 사용해 공정 무역이 바르게 이루어지기 위해 생각해야 함을 강조하였다.

(　　　　　　　　)

(2)
　'따뜻한 손길', '지원', '도움' 등 밝고 긍정적인 표현을 사용해 공정 무역의 희망적인 내용을 강조하였다.

(　　　　　　　　)

⏱30초 요약

4 다음 빈칸에 알맞은 말을 넣어 "공정 무역에 대한 다른 시선"의 핵심 내용을 한 문장으로 요약하세요.

글 **가**는 □□□□으로 개발 도상국의 생산자들을 지원해 줄 수 있으니

공정 무역 제품을 구입하자고 했고, 글 **나**는 공정 무역의 투명성을 확인하며 공정 무

역 제품을 신중하게 □□ 후 구입하자고 했습니다.

경제적 양극화를 해결하려면

1
일

사회
／ 경제와 생활

어휘 뜻

• **소득** 일한 결과로 얻은 정신적·물질적 이익.

• **IMF 사태** 1997년 경제 위기가 닥치자 우리나라가 국제 통화 기금(IMF)으로부터 부족한 외환을 빌리고, 관리를 받게 된 일.

• **실업** 일할 기회를 얻지 못하거나 일자리를 잃는 것.

• **고용** 삯을 받고 남의 일을 해 줌.

• **환원** 본디 상태로 돌아가게 함. 되돌림.

가 '개천에서 용 난다'라는 속담을 들어본 적이 있나요? 변변하지 못한 집안에서 훌륭한 인물이 나왔다는 뜻의 말입니다. 하지만 오늘날 사람들은 더 이상 개천에서 용이 나올 수 없다고 한답니다. 경제적 양극화 때문이지요.

나 경제적 양극화란, 잘사는 사람과 그렇지 못한 사람의 소득이나 재산의 차이가 심하게 커진 상태를 이르는 말입니다. 우리 한국 사회는 1997년 IMF 사태 이후 실업과 고용 불안으로 중산층이 무너지면서 경제적 양극화가 시작되었습니다.

다 통계청 조사 결과에 따르면 2018년 4분기(10~12월)에 고소득층과 저소득층의 소득 차이가 가장 크게 벌어졌습니다. 2018년 4분기에 소득이 상위 20%인 가구는 한 달 평균 932만 4천원을 벌었고, 소득이 하위 20%인 가구는 한 달 평균 123만 8천원을 벌었습니다. 그런데 전년도 같은 기간과 비교하면 상위 20% 가구는 소득이 10.4% 정도 늘어난 반면 하위 20% 가구는 소득이 17.7%나 줄었습니다. 저소득층은 갈수록 소득이 줄어들고, 고소득층은 갈수록 소득이 늘어나는 현상입니다.

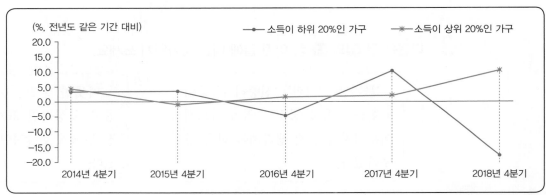

▲ 가구당 월평균 소득이 늘어나거나 줄어드는 비율 ■출처: 통계청, 2018.

라 경제적 양극화는 사회, 교육 등 다른 분야의 양극화를 불러오기도 합니다. 또, 경제적 양극화는 중산층은 빈곤층으로 떨어뜨리고, 빈곤층은 중산층으로 이동할 수 없게 합니다. 결국 경제 활동의 중심이 되는 중산층을 약화시키는 문제를 가져옵니다.

마 경제적 양극화 문제를 해결하기 위해 모두가 함께 노력해야 합니다. 먼저, 국가는 저소득자, 실업자, 노인과 같은 사회적 약자를 위한 제도나 정책을 많이 만들어야 합니다. 그 예로 생계비·양육비·학비·주거 지원, 좋은 일자리 마련 등이 있습니다. 다음으로 기업은 사업으로 얻은 이익을 사회에 환원해야 합니다. 기업이 지속적으로 만드는 기부 문화는 심각한 경제적 양극화 문제를 해결하는 데 큰 보탬이 됩니다. 끝으로 개인은 더불어 잘사는 것의 중요성을 공감하고, 작은 실천부터 해야 합니다. 어려운 이웃을 돕는 봉사 활동에 참여하거나 용돈을 모아 성금을 내는 등 누구나 쉽게 시작할 수 있습니다.

어휘 퀴즈

❶ ㅈㅅㅊ은 한 사회에서 재산을 가진 정도가 중간에 속하는 사람들이다.
☐ 집성촌 ☐ 중산층

❷ ㅂㄱㅊ은 한 사회에서 가난하여 살기 어려운 사람들이다.
☐ 빈곤층 ☐ 불가침

5 다음 •보기•에서 '경제적 양극화'에 대한 설명으로 알맞지 <u>않은</u> 것을 찾아 기호를 쓰세요.

•보기•

㉮ 우리나라의 경우 2018년 4분기부터 시작된 현상이다.

㉯ 경제 활동의 중심이 되는 중산층을 약화시키는 문제를 가져온다.

㉰ 사회적 약자를 위한 제도나 정책을 만들어 해결할 수 있는 문제이다.

(   )

3주·1일

6 이 글에서 사용한 설명 방법이 <u>아닌</u> 것은 무엇인가요? (   )

① 통계청 조사 결과 도표를 사용했다.

② '개천에서 용 난다'라는 속담을 인용했다.

③ 경제적 양극화의 뜻을 분명하게 정하여 밝혔다.

④ 다른 나라의 경제적 양극화 현상을 조사하여 실었다.

⑤ 경제적 양극화를 해결하기 위한 방법을 예를 들어 설명했다.

7 이 글을 '처음 – 가운데 – 끝' 부분으로 알맞게 나눈 것은 무엇인가요? (   )

	처음	가운데	끝
①	가	나	다, 라, 마
②	가	나, 라	다, 마
③	가	나, 다, 라	마
④	나	가	다, 라, 마
⑤	가, 나, 다	라	마

30초 요약

8 다음 빈칸에 알맞은 말을 넣어 "경제적 양극화를 해결하려면"의 핵심 내용을 한 문장으로 요약하세요.

☐☐ 적 양극화는 우리나라의 경우 실업과 ☐☐ 불안으로 중산층이 무너지면서 시작되어 점점 심해지고 있는 현상으로, 경제적 양극화를 해결하기 위해 국가,

☐☐ , ☐☐ 이 함께 노력해야 합니다.

나이테를 보고 나무를 알아요

지문 분석 강의

과학
/ 식물의 구조와
  기능

어휘 뜻
- **양분(養** 기를 양. **分** 나눌 분) 생물이 살아가기 위해 필요한 영양 성분.
- **분열(分** 나눌 분. **裂** 찢을 열)해서 하나의 세포 또는 개체가 여럿으로 갈라져서.
- **왕성(旺** 왕성할 왕. **盛** 성할 성)하여 매우 활발하고 기운차.

1 나무의 튼튼한 기둥인 줄기를 가로로 자르면 보이는 것은 무엇일까요? 바로 나이테예요. 나이테는 나무에서 원 모양의 선이 진하게 여러 개 그어진 부분을 말하며 일 년에 하나씩 생긴다고 알려져 있습니다.

2 나이테는 나무 줄기의 구조 및 기능과 밀접한 관련이 있어요. 나무 줄기 속에는 물과 양분이 이동하는 길인 '물관'과 '체관'이 있고, 줄기를 굵게 만드는 '형성층'이 있어요.

3 봄과 여름에는 형성층의 세포들이 매우 활발하게 분열해서 세포의 성장 속도가 빠르고 세포 수가 많아집니다. 그래서 연한 색을 띠며 넓은 면적을 차지합니다. 하지만 가을이 지나 겨울이 되면 형성층의 세포들이 천천히 분열해서 세포의 성장 속도가 느리고 세포 수는 적어집니다. 그래서 짙은 색을 띠며 좁은 면적을 차지하지요. 이처럼 계절에 따라 세포 분열 속도와 성장 속도가 다르기 때문에 나이테가 생기는 것입니다.

4 이러한 나이테의 생성 원리에 비추어 보면, 봄부터 겨울까지의 형성층이 자란 모습을 합하면 한 해 동안 나무가 자란 양이 된다는 점을 알 수 있습니다. 그래서 우리는 나무의 나이테를 세어 보고 나무의 나이가 몇 살인지 짐작해 볼 수 있는 것입니다.

5 이뿐만 아니라 나이테로 나무가 어떻게 자랐는지도 알 수 있습니다. 나이테를 자세히 살펴보면 나이테의 폭이 넓은 것도 있고, 폭이 좁은 것도 있어요. 나이테 폭이 넓은 것은 그해 비가 많이 오고 햇빛이 잘 들었기 때문에 세포 분열이 왕성하여 나무가 많이 자랐다는 뜻을 나타냅니다. 반면에 나이테 폭이 좁은 것은 그해 가뭄이 심하게 들어 비가 적게 오고 햇빛이 잘 들지 않았기 때문에 나무가 자라기 힘들었다는 뜻을 나타냅니다. 이처럼 우리는 나이테를 보고 나무가 자란 당시의 강수량이나 햇빛, 기온, 바람 등의 기후까지 짐작할 수 있습니다.

어휘 퀴즈

1 ㅁㅈ 은/는 일정한 평면이나 곡면의 넓이이다.
  ☐ 모자　☐ 면적

2 ㄱㅅㄹ 은/는 일정한 기간 동안 일정한 곳에 비나 눈의 형태로 떨어지는 물의 양이다.
  ☐ 고사리　☐ 강수량

나이테

봄~여름

가을~겨울

1 이 글의 핵심 내용은 무엇인가요? (   )

① 줄기는 나무의 튼튼한 기둥이다.

② 식물의 세계는 계절의 변화와 관련성이 높다.

③ 나이테는 폭이 넓은 것도 있고, 좁은 것도 있다.

④ 겨울이 되면 형성층의 세포들이 천천히 분열한다.

⑤ 나이테를 보면 나무의 나이와 나무가 자란 환경을 알 수 있다.

2 다음 그림과 가장 관련이 있는 문단은 무엇인가요? (   )

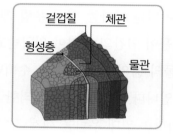

① **1**   ② **2**

③ **3**   ④ **4**

⑤ **5**

3 이 글을 읽은 학생의 반응으로 알맞은 것은 무엇인가요? (   )

① 나이테를 보고 나무가 자란 당시의 기후를 알 수 있구나.

② 겨울에는 세포가 활발하게 분열하니까 나이테가 생기지 않는 거야.

③ 나이테를 보고 나무가 향한 방향과 나무의 종류까지 알 수 있다니 대단해.

④ 일 년 내내 나무가 똑같은 속도로 자란다면 나이테는 수없이 많이 생길 거 같아.

⑤ 한 해 동안 나무가 자란 양을 알고 싶으면 봄부터 여름까지의 형성층이 자란 모습을 합해 보면 되겠어.

30초 요약

4 다음 빈칸에 알맞은 말을 넣어 "나이테를 보고 나무를 알아요"의 핵심 내용을 한 문장으로 요약하세요.

계절에 따라 세포 ☐☐ 속도와 성장 속도가 달라서 생기는 ☐☐☐를 보면, 나무의 ☐☐를 짐작해 볼 수 있고, ☐☐가 어떻게 자랐는지도 알 수 있습니다.

아마존 열대 우림을 지키자

일

2

과학
/ **식물의 구조와 기능**

어휘 뜻

● **열대(熱** 더울 열, **帶** 띠 대) 지구 위에서 적도 부근이고 연평균 기온이 섭씨 20도 이상인, 매우 더운 지역.

● **삼림(森** 수풀 삼, **林** 수풀 림) 나무가 우거진 숲.

● **시도(試** 시험 시, **圖** 그림 도) 어떤 목적을 이룰 수 있는지 알아내려고 해 보는 것.

● **복원(復** 회복할 복, **元** 으뜸 원) 망가진 것을 원래의 상태나 모양으로 돌아가게 하는 것.

열대 우림은 일 년 내내 기온이 높고 비가 많은 지역에서 발달하는 삼림입니다. 그중 아마존 열대 우림은 브라질, 페루, 콜롬비아 등 9개 나라에 걸쳐 있는 땅으로, 다양한 광물이 묻혀 있는 보물 창고입니다. 그런데 여러 나라가 아마존 열대 우림 개발을 시도해 문제입니다. 우리는 아마존 열대 우림을 지켜 내야 합니다. 그 까닭은 무엇일까요?

첫째, 아마존 열대 우림은 지구에서 발생한 이산화 탄소를 흡수하고 산소를 제공해 줍니다. 그래서 아마존 열대 우림을 '지구의 허파'라고 부르기도 합니다. 실제로 아마존 열대 우림은 전 세계 열대 우림의 절반 이상을 차지하고, 지구에서 만들어지는 산소의 약 $\frac{1}{3}$ 정도를 생산하는 곳입니다. 그런데 계속되는 아마존 열대 우림 개발로 나무가 사라지면서 나무에서 나오는 산소가 점점 줄어들어 인간의 생명이 위협받고 있습니다.

둘째, 아마존 열대 우림은 수많은 동식물의 삶의 터전입니다. 수백만 종의 동물과 식물이 아마존 열대 우림에 살고 있기 때문입니다. 유네스코는 이러한 아마존 열대 우림의 가치와 중요성을 인정하여 2000년에 아마존 열대 우림을 세계 자연 유산으로 지정하기도 했습니다. 하지만 무분별한 개발로 지금도 1분당 축구장 3개의 넓이만 한 아마존 열대 우림이 사라지고 있어 매일 100여 종에 이르는 동식물이 멸종 위기에 놓입니다.

셋째, 아마존 열대 우림은 한번 파괴하면 복원하기가 어렵습니다. 한번 파괴된 우림을 다시 조성하는 데는 수백 배의 비용이 들고, 벌목으로 사라진 나무를 다시 키우는 데까지 최소 10년 이상의 시간이 필요합니다. 이 점을 잊은 채 우리 인간은 광물이나 목재를 얻기 위해, 농경지나 도로를 건설하기 위해 끊임없이 아마존 열대 우림 개발을 하고 있습니다.

다행히 전 세계적으로 아마존 열대 우림을 지켜야 한다는 목소리가 높아지고 있습니다. 아마존 열대 우림이 지금의 속도로 점차 사라지게 되면 지구의 온도가 올라가는 속도는 두 배나 빨라질 수 있다고 합니다. 아마존 열대 우림을 지키는 노력, 함께합시다.

어휘 퀴즈

❶ ㄱㅁ 은 땅과 물속에 섞여 있는 자연 상태의 물질로, 철, 금, 은 등이 있다.
☐ 고목　☐ 광물

❷ ㅌㅈ 은 생활의 근거지이다.
☐ 터전　☐ 타작

5 다음 중 아마존 열대 우림과 관련이 <u>적은</u> 말은 무엇인가요? (　　　　)

① 보물 창고　　　　　② 지구의 허파　　　　　③ 세계 자연 유산
④ 동식물의 삶의 터전　　⑤ 찬란한 문명이 꽃피는 곳

6 아마존 열대 우림 개발의 부작용을 모두 고르세요. (　　,　　,　　)

① 파괴된 우림을 복원하는 비용과 시간이 많이 든다.
② 지구의 온도가 올라가는 속도가 점점 느려지게 한다.
③ 철광석, 구리, 아연 등의 광물을 너무 많이 매장시킨다.
④ 나무가 사라지면서 나무에서 나오는 산소가 점점 줄어들고 있다.
⑤ 수많은 동식물이 살아갈 곳을 잃게 되어 동식물이 멸종 위기에 놓일 수 있다.

7 이 글의 짜임을 생각하며 표의 빈칸에 알맞은 내용을 써넣으세요.

서론
　문제: 여러 나라가 아마존 열대 우림 개발을 시도하고 있습니다.
　주장:

본론
　근거 1: 아마존 열대 우림은 지구에서 발생한 이산화 탄소를 흡수하고 산소를 제공해 줍니다.
　근거 2:
　근거 3: 아마존 열대 우림은 한번 파괴하면 복원하기가 어렵습니다.

결론
　마무리: 아마존 열대 우림을 지키는 노력, 함께합시다.

30초 요약

8 다음 빈칸에 알맞은 말을 넣어 "아마존 열대 우림을 지키자"의 핵심 내용을 한 문장으로 요약하세요.

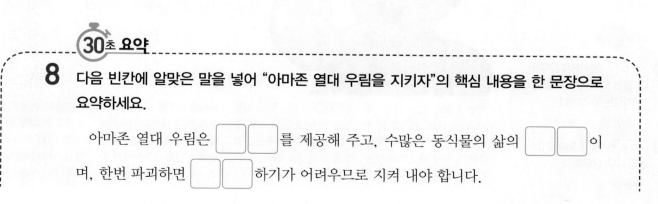

아마존 열대 우림은 　　　를 제공해 주고, 수많은 동식물의 삶의 　　　이며, 한번 파괴하면 　　　하기가 어려우므로 지켜 내야 합니다.

3일

허생전

원작: 박지원, 옮김: 정우봉

지문 분석 강의

문학
/ 날카로운
현실 비판

어휘 뜻

● **비굴**(卑 낮을 비, 屈 굽힐 굴)**해** 줏대가 없고 떳떳하지 못해.

● **기색** 마음속의 생각이나 감정이 얼굴이나 행동에 나타나는 것.

● **말총** 말꼬리털. 옛날 양반들의 갓을 만드는 재료로 씀.

● **갓** 조선 시대에 남자가 머리에 쓰던, 말총으로 테를 넓고 둥글게 만든 모자.

변 부자는 껄껄 웃으며 말했다.

"대체로 사람들이 남에게 무엇인가를 빌리려고 할 때엔 반드시 갚겠다는 둥, 자기를 믿어 달라는 둥 말이 많게 마련이다. 얼굴엔 급하고 조마조마한 빛이 있고 비굴해 보이기까지 하지. 그런데 아까 그 손님은 비록 차림새는 초라하지만, 할 말만 간단하게 말했다. 태도는 당당하고 얼굴엔 부끄러운 기색이 전혀 없었다. 그것으로 보아 그 사람은 뭔가 큰일을 할 사람인 듯하다. 그러니 나 역시 그를 믿고 돈을 내준 것이지."

변 부자에게 만 냥의 돈을 빌린 허생은 집으로 가지 않고 안성으로 갔다. 안성은 경기도와 충청도가 만나는 곳이고, 충청도와 전라도와 경상도로 들어가는 길목이라 온 나라의 물건이 모이는 곳이었다. 허생은 안성에 머물면서 감, 배, 석류, 귤, 유자 등의 과일을 사 모으기 시작했다. 허생이 시장에서 부르는 값의 두 배를 쳐 주자, 모두 그에게 과일을 팔았다. 그는 사 모은 과일을 창고에 차곡차곡 쌓아 두었다. 이렇게 모든 과일을 사 모아 창고에 쌓아 두자, 온 나라가 발칵 뒤집혔다. 잔치를 치르거나 제사를 지내려 해도 과일을 구할 수가 없어서였다. 온 나라는 과일을 구하려는 사람들로 아우성이었다.

허생에게 비싼 값으로 과일을 넘긴 장사꾼들은 허둥지둥 허생에게 몰려왔다. 허생이 과일을 팔지 않으려 하자 값은 계속 올라갔다. 얼마 후 허생은 산 값의 열 배의 값으로 과일을 팔아 큰돈을 벌었다. 허생은 길게 한숨을 쉬며 말했다.

"㉠어허, 겨우 만 냥의 돈으로 온 나라의 과일 값을 올렸으니, 우리나라의 형편을 알 만하구나. 이번에는 칼, 호미, 베, 명주, 솜 등을 사야겠다."

허생은 그런 물건들이 귀한 제주도로 내려가 그것들을 비싸게 팔았다. 번 돈으로는 제주도의 특산물인 말총을 모두 사들였다.

"이제 온 나라 사람들이 갓을 구하지 못해 난리가 날 것이다."

과연 얼마 지나지 않아, 갓 값이 하늘 높은 줄 모르고 올랐다. 값이 보통 때의 열 배가 됐을 때, 허생은 모아둔 말총을 팔았다.

어휘 퀴즈

❶ ㅇㅇㅅ은 여럿이 저마다 힘껏 외치거나 악을 쓰며 떠드는 소리이다.
☐ 유연성 ☐ 아우성

❷ ㅎㅍ은 일이 되어 가는 상황이나 상태이다.
☐ 하필 ☐ 형편

작품의 전체 줄거리

양반 허생은 글만 읽고, 아내의 바느질로 생계를 이어 감. 어느 날, 허생은 도적질이라도 해서 배를 채우자는 아내의 말에 밖으로 나감.	**수록지문** 허생은 변 부자를 만나 만 냥을 빌려 과일 장사와 말총 장사로 큰돈을 벌었음. 그 돈으로 허생은 무인도를 사게 됨.	허생은 도적을 모아 섬에서 살게 하여 나라를 평화롭게 함. 섬에서 장사로 번 돈 중 오십만 냥은 도적들에게 주고, 나머지는 바닷속에 버림.	육지에서 허생은 변 부자의 소개로 이 대장을 만나 청나라를 이길 세 가지 방법을 말함. 이 대장이 모두 못한다고 답하자 화를 내고 사라짐.

1 이 이야기에서 말하는 이는 누구인가요? (   )

① 허생
② 작가
③ 변 부자
④ 장사꾼들
⑤ 제주 도민

2 허생이 한 일과 관련 있는 사자성어는 무엇인가요? (   )

① 주경야독(晝耕夜讀): 낮에는 농사짓고 밤에는 공부한다.
② 회자정리(會者定離): 사람은 만나면 누구나 헤어지기 마련이다.
③ 사상누각(沙上樓閣): 기초가 튼튼하지 못하면 오래 견디지 못한다.
④ 매점매석(買點賈惜): 물건값이 오를 것을 예상하여 한꺼번에 사서 쌓아 둔다.
⑤ 자승자박(自繩自縛): 자기가 한 말과 행동에 자기 자신이 옭혀 곤란하게 된다.

3 다음 ·보기· 내용을 참고할 때, ㉠ 말의 숨은 뜻으로 알맞은 것을 찾아 ○표 하세요.

·보기·

「허생전」은 조선 후기에 실학자 박지원이 쓴 한문 소설이다. 박지원은 「허생전」에서 당시 양반들이 조선이 처한 상황을 알지 못하고, 새로운 문물과 사상을 따라가지도 못하는 무능함을 강하게 비판한다. 또 주인공 허생의 말과 행동을 통해 양반들로 인해 고통받는 백성이 잘살 수 있는 나라가 되려면 무엇이 필요한지를 생각하게 한다.

(1) 이 나라의 취약한 경제 구조를 보니 한숨이 나오는구나. 백성들의 생활을 안정시키려면 어떤 방법이 필요할까?   (   )

(2) 백성들이 농사짓는 법을 몰라 돈을 벌지 못하는 모습을 보니 답답하구나. 농사를 지어 만 냥을 벌 수 있는 재주와 지혜를 빨리 깨우치게 해야겠어.   (   )

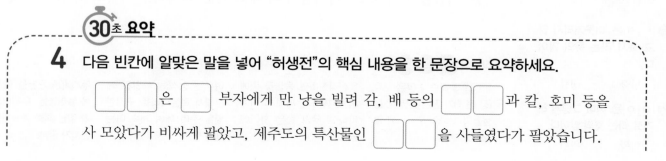

30초 요약

4 다음 빈칸에 알맞은 말을 넣어 "허생전"의 핵심 내용을 한 문장으로 요약하세요.

☐☐ 은 ☐ 부자에게 만 냥을 빌려 감, 배 등의 ☐☐ 과 칼, 호미 등을 사 모았다가 비싸게 팔았고, 제주도의 특산물인 ☐☐ 을 사들였다가 팔았습니다.

두껍전

옮김: 민현숙

어휘 뜻

● **호패** 조선 시대 열여섯 살 이상의 남자가 차던 길쭉한 패로, 이름과 생년월일이 적혀 있음.

● **황하강** 중국 서부에서 북부로 흐르는 강. 중국에서 두 번째로 큰 강.

● **자리다툼** 좋은 지위나 자리를 차지하려고 다투는 일.

토끼가 장 선생의 잔치에 초대된 손님을 돌아보며 입을 열었습니다.

"내 일찍이 들은 바에 의하면 대궐에서는 벼슬이 최고요, 마을에서는 뭐니 뭐니 해도 나이가 제일이라 하더이다. 그러니 쓸데없는 일로 서로 다투지 말고 나이 많은 순서대로 앉는 자리를 정하도록 합시다."

그 말에 기다렸다는 듯 노루가 허리를 구부리고 냉큼 뛰어들었습니다.

"듣던 중 반가운 소리요. 내가 나이가 많아 이렇게 허리가 굽었으니, 맨 윗자리에 앉는 게 마땅하오."

말을 마친 노루는 암탉처럼 느리게 앙금앙금 걸어 윗자리에 턱 하니 앉았습니다.

'저놈이 한낱 허리 굽은 것을 핑계로 나이 많은 체하니, 나라고 못 하란 법 있을까?'

조용히 생각한 여우가 턱수염을 쓰다듬으며 거침없이 말했습니다.

"이 수염을 보면 모르겠소? 수염이 이렇게 하얗게 세었으니 누가 뭐래도 내가 어른이지."

노루가 지지 않고 대꾸했습니다.

"당신이 나이가 그렇게 많다고 하니, 어느 해에 태어났는지 호패나 좀 봅시다."

이렇게 되자 여우도 물러서지 않고 태연하게 말했습니다.

"내가 젊었을 때 술에 취해서 어느 대감마님 지나는 길을 가로지른 적이 있었소. 그때 호패를 빼앗겨 돌려받지 못했소이다. 하지만 그 시절 나와 알고 지낸 사람들이 나더러 힘이 세다며 황하강 물 넘치는 걸 좀 막아 보라고 하였소. 자, 내 나이가 얼마인지 대강 알겠지요? 나는 이러하거늘 당신은 도대체 어느 해에 태어났습니까?"

여우가 톡 쏘자, 이왕 거짓말하기로 마음먹은 노루는 눈 하나 깜짝하지 않고 그럴듯하게 둘러댔습니다.

"그 정도로 상대가 되겠나? 나로 말할 것 같으면 이 세상이 처음 만들어질 때 하늘 여기저기에 별 박는 일을 했지. 보나 마나 나이 많기로 치면 나를 당할 자가 어디 있겠소?"

이때 두꺼비가 여우와 노루가 서로 자리다툼하는 걸 가만히 지켜보고 있다가 속으로 중얼거렸습니다.

'흥, 저놈들이 거짓으로 나이를 꾸며 대고 있군. 그렇다면 나라고 못 할 것도 없지.'

어휘 퀴즈

❶ ㄴㅋ 은 '머뭇거리지 않고 즉시.'라는 뜻의 말이다.

☐ 넝쿨   ☐ 냉큼

❷ ㅇㅇ 은 '이미 그렇게 하기로.'라는 뜻의 말이다.

☐ 이왕   ☐ 왕왕

작품의 전체 줄거리

수록 지문 벼슬을 얻은 노루(장 선생)가 잔치를 열자, 동물들이 찾아와 윗자리에 앉으려고 다툼.

옥신각신하던 동물들 중에서 두꺼비가 제일 나이가 많다고 우겨 높은 자리에 앉음.

여우는 상석을 빼앗긴 게 분해서 하늘나라를 구경한 일을 꾸며 대며 계속 아는 체를 함.

두꺼비는 근본을 따지는 말을 늘어놓음. 두꺼비와 여우가 잘난 척을 계속하는 사이 잔치가 끝남.

5 동물들이 갈등을 겪고 있는 까닭은 무엇인가요? (   )

① 서로 높은 자리에 앉고 싶어서

② 장 선생의 병을 고칠 방법을 찾지 못해서

③ 잔치 음식을 먼저 먹는 순서를 정하고 싶어서

④ 처음 만난 이에게 나이를 밝힐 것인지 고민되어서

⑤ 아이와 어른이 예의를 지키지 않고 말다툼을 해서

6 노루와 여우의 성격으로 알맞은 것을 모두 고르세요. (,   ,   )

① 겸손하다.   ② 욕심이 많다.

③ 다정다감하다.   ④ 잔꾀를 부린다.

⑤ 허풍이 심하다.

7 자신이 이 이야기 속 인물이라면 문제 상황을 어떻게 해결할 것인지 쓰세요.

• 저라면 _____

할 것입니다. 왜냐하면, _____

_____

_____

때문입니다.

30초 요약

8 다음 빈칸에 알맞은 말을 넣어 "두껍전"의 핵심 내용을 한 문장으로 요약하세요.

☐ 선생의 잔치에 초대된 동물들은 서로 맨 ☐ 자리에 앉겠다고 자리다툼을 하

면서 거짓으로 자신의 ☐ ☐ 를 꾸며 말했습니다.

누구나 즐겨요, 배드민턴

지문 분석 강의

어휘 뜻

● **동호인**(同 같을 동, 好 좋을 호, 人 사람 인)
어떤 것에 대하여 서로 취미가 같아서 함께 어울리는 사람.

● **네트** 배구·배드민턴 따위에서 코트 중앙에 수직으로 가로질러, 양쪽 편을 구분하는 그물.

● **라켓** 테니스·배드민턴·탁구 따위에서 공이나 셔틀콕을 치는 기구.

● **셔틀콕** 배드민턴 경기에 사용하는 공.

우리는 공원에서 배드민턴을 치는 가족 단위의 사람들을 쉽게 볼 수 있습니다. 배드민턴은 우리나라 생활 체육 종목으로 많은 수의 동호인을 가지고 있습니다. 어디에서든 즐길 수 있고, 규칙이 간단하여 누구든지 쉽게 배울 수 있기 때문에 사랑받는 것입니다.

배드민턴이 언제 어디에서 시작된 것인지 현재 정확하게 알려지진 않았습니다. 다만, 배드민턴이 인도의 뭄바이 가까이에서 유행하던 민속 경기에서 유래하였다고 전해지고 있습니다. 그 뒤로 인도에 머물러 있던 영국군 장교가 영국으로 돌아가 배드민턴 지방을 중심으로 이 운동을 널리 알렸고, 배드민턴 지방의 이름을 따라 운동의 이름도 배드민턴이 되었다고 합니다.

배드민턴은 한 명 또는 두 명이 네트를 사이에 두고 라켓으로 셔틀콕을 떨어뜨리지 않고 네트 너머로 주고받는 경기입니다. 이때 상대 선수가 셔틀콕을 받지 못하면 셔틀콕을 쳐 넘긴 쪽이 점수를 얻습니다. 배드민턴은 세 경기를 하는 것을 원칙으로 하며 두 경기에서 먼저 이기면 승리합니다. 또, 한 경기는 21점을 먼저 얻는 편이 이깁니다. 이때, 20:20 동점인 경우에는 2점을 연속 득점한 편이 이깁니다.

배드민턴 경기를 할 때에는 셔틀콕을 집중해서 보고 움직이는 것이 중요합니다. 먼저 셔틀콕을 원하는 방향으로 정확하게 보내려면 셔틀콕을 끝까지 보면서 셔틀콕이 라켓의 중앙에 닿도록 쳐야 합니다. 또, 셔틀콕을 정확하게 받으려면 셔틀콕을 바라보다가 셔틀콕이 날아오는 방향을 빨리 판단한 후에 발을 움직여 받기 좋은 위치에서 셔틀콕을 받습니다.

배드민턴 경기를 하면 달리기와 도약, 몸의 회전 등을 포함한 전신 운동을 할 수 있으므로 체력과 지구력을 기를 수 있습니다. 또한 배드민턴 경기는 빠르게 진행되기 때문에 민첩성도 기를 수 있습니다. 오늘 저녁, 가족이나 친구와 함께 배드민턴을 하며 스트레스를 해소해 보는 건 어떨까요?

어휘 퀴즈

① ㅈ ㄱ ㄹ 은 오랫동안 버티며 견디는 힘이다.
☐ 지구력 ☐ 젓가락

② ㅁ ㅊ ㅅ 은 어떤 일이나 상황에 대처하는 행동이 재빠른 성질이다.
☐ 민첩성 ☐ 마찰성

▲ 머리 위로 오는 셔틀콕 치기

▲ 허리 아래로 오는 셔틀콕 치기

1 이 글에서 다룬 중요 내용이 <u>아닌</u> 것은 무엇인가요? (   )

① 배드민턴의 유래   ② 배드민턴의 효과   ③ 셔틀콕을 다루는 방법
④ 배드민턴의 경기 방법   ⑤ 라켓을 바르게 잡는 방법

2 배드민턴의 경기 규칙으로 알맞은 것을 모두 고르세요. (,   ,   )

① 라켓을 한 번이라도 떨어뜨린 편이 진다.
② 한 경기에서 21점을 먼저 얻는 편이 이긴다.
③ 세 경기 중 두 경기에서 먼저 이기는 편이 승리한다.
④ 20:20 동점일 때에는 2점을 연속으로 득점한 편이 승리한다.
⑤ 상대 선수가 셔틀콕을 받지 못하면 셔틀콕을 쳐 넘긴 쪽이 점수를 잃는다.

3 이 글을 읽고 배드민턴 경기를 가장 바르게 한 친구는 누구인지 쓰세요.

셔틀콕을 정확하게 받으려고 움직이지 않고 처음에 선 자리에 그대로 서서 라켓만 움직였어.

나율

네트 너머로 온 셔틀콕에 집중하면서 셔틀콕이 라켓의 중앙에 닿게 하여 쳐 냈어.

도진

상대가 오른쪽에 있으면 오른쪽으로, 왼쪽에 있으면 왼쪽으로 셔틀콕을 보내 잘 받게 했어.

설아

(   )

🕐 **30초 요약**

4 다음 빈칸에 알맞은 말을 넣어 "누구나 즐겨요, 배드민턴"의 핵심 내용을 한 문장으로 요약하세요.

한 명 또는 두 명이 셔틀콕을 □□ 너머로 주고받는 배드민턴은 □□ 을 집중해서 보고 움직이는 것이 중요한 운동으로, □□ 과 지구력, 민첩성을 기를 수 있어 좋습니다.

여자 배구, 일본에 역전승

스포츠
/ 네트형 경쟁

어휘 뜻

● **세트** 경기의 한 판.

● **수장(首** 머리 수, **長** 장수 장) 어떤 기관이나 단체의 우두머리.

● **기량(技** 재주 기, **倆** 재주 량) 기술상의 재주.

● **서브에이스** 서브한 공을 상대편이 받지 못하여 득점하는 일.

● **스파이크** 배구에서 네트 가까이 띄운 공을 상대편 코트로 세게 내리치는 공격.

● **속공** 지체함이 없이 재빠르게 공격하는 것.

진행자의 도입

대한민국 여자 배구 대표 팀이 오늘 오후 인도네시아에서 열린 20○○ 아시안 게임 조별 예선 1차전에서 일본에 3:1로 승리했습니다. 자세한 소식, △△△ 기자가 전합니다.

기자의 보도

기자: 우리 대표 팀은 1세트를 일본에 19:25로 내 주었습니다. 하지만 남은 세트를 연이어 따 내면서 결국 한국으로 승리를 가져왔습니다. 대표 팀의 수장을 모셔 직접 이야기를 들어 보겠습니다.

기자: 1세트를 시작하고 나서 선수들이 불안한 모습을 많이 보였는데 선수들에게 어떤 격려를 해 주셨습니까?

감독: 지금까지 꾸준히 연습해 온 대로, 짜임새 있는 수비를 펼치자고 말했습니다. 또, 주전 선수들에게 자신감을 가지고 공격력을 발휘해 보라고 말했습니다. 이 말에 선수들이 원래 기량을 빨리 되찾아 2세트를 25:15로 이겨 주어 다행입니다.

〈경기 요약〉

세트	1	2	3	4	5
한국	19	25	25	25	0
일본	25	15	17	22	0

〈경기 최고 기록 선수〉

득점	블로킹	수비
강○○	송◇◇	윤□□

기자: 일본이 대한민국에게 2세트를 내 준 이후, 주도권은 완전히 대한민국으로 넘어왔고, 긴장한 나머지 3세트에서도 일본의 수비 범실이 계속해서 이어졌습니다.

결국 대한민국 대표 팀은 서브에이스와 강력한 스파이크로 3세트에서 25:17로 일본을 가볍게 이겼습니다. 그리고 마지막 4세트에서 일본의 속공을 막아 내며 25:22로 승리를 거두었습니다.

시민 1: 오늘 1세트를 보면서 마음을 졸였는데, 2세트부터 편안한 마음으로 응원했어요.

시민 2: ㉠우리 대한민국 여자 대표 팀이 최고의 상태를 유지해 카자흐스탄도 넘고, 꼭 8강에 진출하기를 기대합니다!

어휘 퀴즈

❶ ㅂㅅ은 평범한 실수(실책)이다.

☐ 범실　☐ 보상

❷ ㅈㅊ은 활동이나 세력을 넓히기 위해 일정한 방면으로 나아가는 것이다.

☐ 접촉　☐ 진출

기자의 마무리

기자: ㉡대한민국은 오늘 일본과의 경기에서 승리하여 8강에 한 발 가까이 다가섰습니다.

대한민국은 9일 오전 8시 30분, A조 조별 예선 2차전을 치르게 됩니다. 동아 뉴스 △△△입니다.

5 다음 설명과 관련 있는, 텔레비전 뉴스의 구성 요소를 •보기•에서 찾아 쓰세요.

소제목   요약문   기자의 보도   기자의 마무리

(1) 전체 내용을 요약하거나 핵심 내용을 강조한다.   (   )

(2) 시청자의 이해를 도우려고 면담 자료, 통계 자료 등으로 설명한다.

(   )

6 이 텔레비전 뉴스에서 제시한 사실이 <u>아닌</u> 것은 무엇인가요? (   )

① 대한민국 대표 팀이 총 4세트 중 3세트를 이겼다.

② 대한민국은 9일 오전 8시 30분, A조 조별 예선 2차전을 치르게 된다.

③ 1세트를 시작하고 나서 대한민국 선수들이 불안한 모습을 많이 보였다.

④ 일본 대표 팀이 4세트에서 속공을 보여 대한민국 대표 팀을 3점 차이로 이겼다.

⑤ 대한민국 여자 배구 대표 팀이 아시안 게임 조별 예선 1차전에서 일본에 승리했다.

7 ㉠과 ㉡에 나타난 뉴스의 관점을 알맞게 파악한 것은 무엇인가요? (   )

① 대한민국의 남은 경기에 긍정적이다.

② 우리 대표 팀의 8강 진출을 우려하는 입장이다.

③ 계속되는 대한민국의 수비 실수에 관심이 높다.

④ 일본과의 경기에서 아쉬운 점이 많아 걱정이 앞선다.

⑤ 카자흐스탄과 대한민국의 승부에 중립적인 입장이다.

30초 요약

8 다음 빈칸에 알맞은 말을 넣어 "여자 배구, 일본에 역전승"의 핵심 내용을 한 문장으로 요약하세요.

대한민국 여자 [ ][ ] 대표 팀이 오늘 오후 인도네시아에서 열린 아시안 게임 조별 예선 1차전에서 [ ][ ]에 [ ] : [ ]로 역전승을 거두어 8강에 한 발 가까이 다가섰습니다.

5일

아름다운 수로 부인

옮김: 신동훈

문학
／신비로운
옛이야기

어휘 뜻

● **위태(危** 위태할 위, **殆**
위태할 태)**로워** 보기
에 위험하고 불안해.

● **유유히** 여유 있고 태
연하게.

● **그윽한** 마음에 주는
느낌이 깊고 평안한.

● **너나없이** 너와 나를
가릴 것 없이 마찬가지
로. 모두.

"아름다운 분이여, 제 노래를 한번 들어 주시렵니까?"
수로 부인이 고개를 끄덕이자, 노인이 맑은 목소리로 노래했다.

붉은 바위 가에
잡고 온 암소를 놓게 하시고,
저를 아니 부끄러워하신다면
꽃을 꺾어 바치오리다.   – 「헌화가」

노래에 감동한 수로 부인이 고운 손길로 노인의 손을 잡고 말했다.
"저를 위해 저 꽃을 꺾어다 주세요."
노인은 고개를 끄덕이고는 절벽으로 향했다. 노인은 깎아지른 듯 험한 절벽을 한 발
한 발 기어오르기 시작했다. 그 모습이 아주 위태로워 보기 힘들 정도였다. 수로 부인은
자기도 모르게 두 손을 꼭 모아 쥐었다.
마침내 노인은 절벽 끝에 있던 철쭉꽃을 꺾어 와 말없이 무릎을 꿇고 부인에게 바쳤
다. 그런 다음 바위에 매어 두었던 암소를 끌고 유유히 사라졌다. 수로 부인은 그윽한
눈길로 그 뒷모습을 바라보았다.
순정공 일행은 다시 길을 떠났다. 이틀을 더 가니 바닷가에 아름다운 정자가 나타났
다. 일행은 점심을 먹기 위해 정자 앞에 멈추었다. 가마에서 내린 수로 부인은 푸른 바
다 수평선을 홀린 듯 바라보았다. 그 모습이 한 폭의 그림 같았다.
그때, 갑자기 바닷속에서 용이 솟구쳐 나오더니 수로 부인을 휘감고 바닷속으로 들어
가 버렸다. 순식간에 일어난 일이라 아무도 손을 쓸 수가 없었다. 바다를 바라보며 너나
없이 발만 동동 구를 뿐이었다. / 길을 지나던 노인이 그 광경을 보고 말했다.
"옛말에 ㉠여러 사람의 말은 무쇠도 녹인다 했습니다. 바다에 사는 용이라도 여러 사
람의 말은 무서워하게 마련이지요. 다 함께 노래를 부르면 부인을 찾게 될 겁니다."
순정공은 급히 사람들을 불러 모았다. 사람들은 막대기로 언덕을 치면서 함께 노래를
부르기 시작했다.

어휘 퀴즈

❶ ⬚ㅇ⬚ㅎ은 길을 함께 가는
사람이다.
☐ 일흔   ☐ 일행

❷ ⬚ㅅ⬚ㅍ⬚ㅅ은 하늘과 바
다가 맞닿아 경계를 이루
고 있는 것처럼 보이는 선
이다.
☐ 삼팔선   ☐ 수평선

작품의 전체 줄거리

신라 성덕왕 때, 따뜻한 봄
날 순정공이 강릉 지방의
태수로 임명됨. 순정공과 그
의 아내인 수로 부인, 하인
등이 함께 길을 떠남.

수로 부인이 바닷가 바위
절벽 꼭대기의 철쭉꽃을 보
고, 그 꽃을 꺾어 줄 사람
있는지 물었지만 아무도 나
서지 않음.

수록지문 한 노인이 나서
「헌화가」를 부른 다음, 수로
부인에게 철쭉꽃을 꺾어 와
바침. 순정공 일행은 다시
길을 떠남.

이틀 후, 용이 수로 부인을
휘감아 바닷속에 들어가자,
사람들이 함께 노래를 부름.
결국 바닷속에서 용이 수로
부인을 받들고 나옴.

1 이 글에서 사건을 이끌어 가는 중심인물을 찾아 ○표 하세요.

순정공   암소   용   수로 부인

2 ㉠의 뜻으로 가장 알맞은 것은 무엇인가요? (   )

① 약한 것이라도 큰일을 해낼 수 있다.

② 꾸준히 노력하면 어려운 일을 이룰 수 있다.

③ 여러 사람의 뜻을 모으면 무슨 일이든 다 할 수 있다.

④ 아무리 가르치고 일러 주어도 알아듣지 못하거나 효과가 없다.

⑤ 자기의 잘못을 잘 변명하고 사과하면 아무리 완고한 사람이라도 용서한다.

3 이 글의 내용에 맞게 빈칸에 알맞은 말을 각각 써넣으세요.

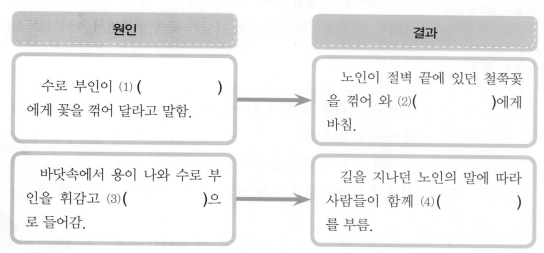

원인		결과
수로 부인이 (1) ( )에게 꽃을 꺾어 달라고 말함.	→	노인이 절벽 끝에 있던 철쭉꽃을 꺾어 와 (2)( )에게 바침.
바닷속에서 용이 나와 수로 부인을 휘감고 (3)( )으로 들어감.	→	길을 지나던 노인의 말에 따라 사람들이 함께 (4)( )를 부름.

🕐 **30초 요약**

4 다음 빈칸에 알맞은 말을 넣어 "아름다운 수로 부인"의 핵심 내용을 한 문장으로 요약하세요.

「헌화가」를 부른 노인에게 ☐☐ 꽃을 받은 ☐☐ 부인이 이틀 뒤 바닷속에서 나온 ☐에게 잡혀가자, 사람들이 노래를 불러 수로 부인을 되찾으려 했습니다.

월명 스님의 신비한 노래

옮김: 신동흔

5일

문학
/ 신비로운
옛이야기

㉠『신라의 절 사천왕사에 월명이라는 스님이 살았다. 스님은 피리 부는 솜씨가 빼어났다. 달밤에 피리를 불면 그 소리를 듣기 위해 달이 걸음을 멈출 정도였다.

때는 경덕왕이 나라를 다스린 지 19년 되던 해 4월이었다. 나라에 아주 이상한 일이 일어났다. 하늘에 두 개의 해가 떠올라서 열흘이 되도록 사라지지 않았다.』

왕이 별자리를 관찰하는 신하를 불러서 말했다.

"해가 둘이나 뜨다니 괴이한 일이오. 어찌하면 좋겠소?"

"인연이 닿는 스님을 청하여, 부처님께 꽃을 뿌리며 기원해 보는 것이 좋겠습니다."

다음 날, 왕은 신하에게 누구라도 처음 길을 지나는 스님을 청해 오도록 했다. 그리고 왕은 새벽 일찍 궁궐 근처에 있는 누각에 와서 인연 있는 스님을 기다렸다.

마침 월명 스님이 아침 일찍 길을 지나다가 왕 앞으로 불려 왔다.

"스님, 나라에 변고가 있어 걱정입니다. 나라를 위해 덕을 베풀어 주십시오."

"저는 화랑의 무리에 속한 중으로 불경을 잘 모릅니다. 다만 향가를 좀 알 뿐이지요."

"향가라면 더욱 좋습니다."

그러자 월명 스님은 제단으로 나아가 꽃을 뿌리면서 청아한 목소리로 향가를 부르기 시작했다.

어휘 뜻

● **누각(樓** 다락 누, **閣** 집 각) 지붕만 있고 문과 벽이 없어 주위를 둘러보기에 편하게 높이 지은 집.

● **변고** 갑자기 생긴 이상한 일이나 사고.

● **불경(佛** 부처 불, **經** 글 경) 불교의 기본이 되는 가르침을 적은 책.

● **향가(鄕** 시골 향, **歌** 노래 가) 신라 시대부터 백성이 부른 한국 고유의 노래.

● **청아(淸** 맑을 청, **雅** 맑을 아)**한** 맑고 아름다운.

오늘 꽃 뿌리는 노래 부르나니,
흩어지는 꽃이여.
우리의 곧은 마음 받들어서
간절한 뜻 미륵님께 전해 다오.   -「도솔가」

그 노랫소리가 하늘에 미쳤는지, 해 하나가 금세 빛을 잃고 사라져 버렸다. 해가 사라지자 왕이 크게 기뻐하며 월명 스님에게 좋은 차와 수정 염주를 선물로 내렸다.

❶ ○○ 은 사람들 사이에 맺어지는 관계이다.
    □오열   □인연

❷ ㄱ○ 은 신에게 소원이 이루어지기를 간절히 바라는 것이다.
    □기원   □근원

작품의 전체 줄거리

수록 지문 경덕왕이 나라를 다스리던 때, 하늘에 두 개의 해가 떠오름. 길을 지나던 월명 스님이 향가를 부르자 해 하나가 사라짐.

낯선 동자가 나타나 왕이 월명 스님에게 내린 차와 염주를 들고 사라짐. 동자는 탑 속으로 들어갔고, 차와 염주는 미륵 불상 앞에 놓임.

사람들은 월명 스님의 지극한 정성이 미륵보살을 감동시킨 것이라 생각하게 되었고, 왕도 월명 스님을 더욱 공경하게 됨.

월명 스님이 누이동생을 떠나보내며 「제망매가」를 부르자, 회오리바람이 일어나 제단의 종이돈을 들어 올려서 멀리 날려 보냄.

5 이 글의 중심 사건으로 알맞은 것은 무엇인가요? (   )

① 경덕왕이 19년 동안 나라를 다스렸다.

② 월명 스님이 제단으로 나아가 꽃을 뿌렸다.

③ 월명 스님이 아침 일찍 왕 앞으로 불려 왔다.

④ 신라의 절 사천왕사에 피리 부는 솜씨가 뛰어난 월명 스님이 살았다.

⑤ 신라의 하늘에 해가 둘이나 떠 있었는데 월명 스님이 향가를 불러 해 하나를 사라지게 했다.

6 경덕왕의 처지에 맞는 마음을 찾아 선으로 이으세요.

(1) | 별자리를 관찰하는 신하를 불러 말할 때 | •

㉮ | 기쁘고 안심하는 마음

(2) | 해 하나가 빛을 잃고 사라진 모습을 보았을 때 | •

㉯ | 걱정스럽고 불안한 마음

7 ㉠『   』부분과 관련 있는 이야기 구조를 찾아 밑줄을 그으세요.

(1) 발단: 이야기의 사건이 시작되는 부분

(2) 전개: 사건이 본격적으로 발생하고 갈등이 일어나는 부분

(3) 절정: 사건 속의 갈등이 커지면서 긴장감이 가장 높아지는 부분

(4) 결말: 사건이 해결되는 부분

🕐30초 요약

8 다음 빈칸에 알맞은 말을 넣어 "월명 스님의 신비한 노래"의 핵심 내용을 한 문장으로 요약하세요.

□□ 왕이 나라를 다스린 지 19년 되던 해 4월, 하늘에 두 개의 □ 가 떠올라서 열흘이 되도록 사라지지 않았는데 □□ 스님이 「도솔가」를 부르자 해 하나가 빛을 잃고 사라졌습니다.

[1~3] 다음 주황색으로 쓴 낱말의 뜻을 찾아 ○표 하세요.

1

어머니는 형의 합격을 비는 간절한 기원을 드렸다.

(1) 역사에서 연대를 세는 기준이 되는 해. ( )

(2) 신에게 소원이 이루어지기를 간절히 바라는 것. ( )

(3) 변하고 발전하는 현상이 처음으로 생기게 된 시초. ( )

2

슬픔은 나누면 반으로 줄고, 기쁨은 나누면 두 배로 는다.

(1) 위·창자 같은 내장이 들어 있는 부분. ( )

(2) 같은 수량을 여러 번 합한 만큼의 분량. ( )

(3) 물 위에 떠서 사람이나 짐을 실어 나르는 교통수단. ( )

3

객관적인 증거를 들이밀자 범인은 더 이상 부인을 못했다.

(1) '남의 아내'를 높여 이르는 말. ( )

(2) 주된 원인이 아닌 주된 원인에 곁딸린 원인. ( )

(3) 어떤 사실을 인정하지 않고 아니라고 주장하는 것. ( )

3주의 어휘

뜻을 정확하게 알고 있는 것에 ○표, 뜻이 헷갈리는 것에 △표, 뜻을 전혀 모르는 것에 ✓표 하세요.

1일
공정 ☐
양극화 ☐
소득 ☐

2일
나이테 ☐
개발 ☐
복원 ☐

3일
기색 ☐
배 ☐
한낱 ☐

4일
도약 ☐
주도권 ☐
속공 ☐

5일
부인 ☐
일행 ☐
기원 ☐

[4~7] 다음에서 설명한 낱말은 무엇인지 초성을 포함하여 완성하세요.

4

길을 함께 가는 사람.

ㅇ ㅎ

5

서로 점점 더 달라지고 멀어짐.

ㅇ ㄱ ㅎ

6

기술·능력·지식 등을 힘써 더 좋고 새롭게 만드는 것.

ㄱ ㅂ

7

나무의 줄기를 가로로 자른 면에 나타나는, 나무의 나이를 알려 주는 둥근 테.

ㄴ ㅇ ㅌ

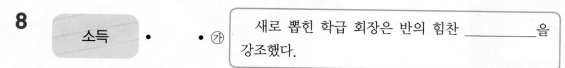

[8~10] 다음 낱말이 들어갈 문장을 찾아 선으로 이으세요.

8 소득 •
• ㉮   새로 뽑힌 학급 회장은 반의 힘찬 _____을 강조했다.

9 도약 •
• ㉯   나라에서는 국민 각자의 _____에 따라 세금을 부과한다.

10 속공 •
• ㉰   한국 팀은 경기에서 이기기 위해 _____ 작전을 펼쳤다.

[11~12] 다음에 제시된 뜻과 예문을 참고하여 낱말을 완성하세요.

11 ㄱ ㅅ : 마음속의 생각이나 감정이 얼굴이나 행동에 나타나는 것.

㉠ 우진이는 접시를 깨고도 별로 당황하는 _____을 보이지 않았다.

12 ㅈ ㄷ ㄱ : 앞장서서 어떤 일을 이끌거나 지도하는 권리나 권력.

㉠ 1960년대 정부는 _____을 가지고 산업화를 시작하였다.

[13~15] 다음 •보기•에서 밑줄 그은 낱말의 뜻을 찾아 번호를 쓰세요.

•보기•
① 하잘것없이. 단지.
② 나쁜 일이 생길 것 같은 느낌.
③ 망가진 것을 원래의 상태나 모양을 돌아가게 하는 것.
④ 어느 한쪽에게 이익이나 손해가 치우치지 않고 올바른 것.
⑤ 사람들이 건강하고 편안하고 행복하게 살 수 있게 갖추어진 사회 환경.

13 바쁘다는 건 한낱 핑계일 뿐이야.   (   )

14 민주주의 사회에서 선거는 공정하게 치러야 한다.   (   )

15 우리 문화재인 숭례문 복원 사업에 계속해서 힘을 쏟아야 한다.   (   )

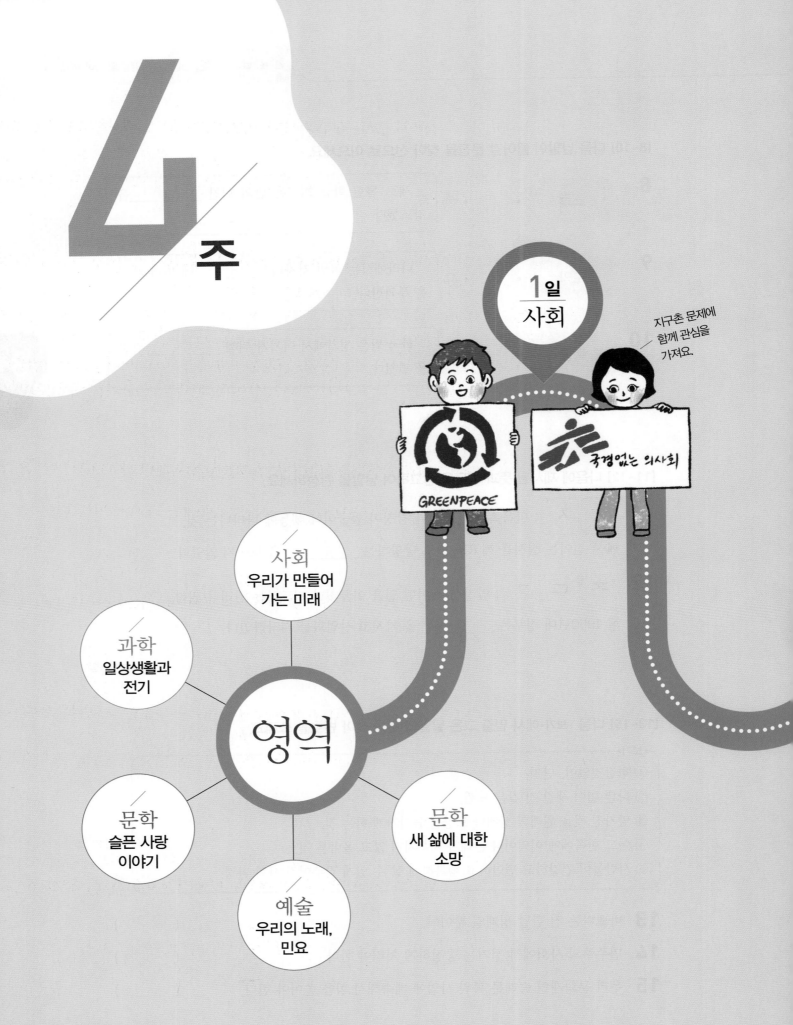

4주

1일
사회

지구촌 문제에
함께 관심을
가져요.

GREENPEACE

국경없는 의사회

영역

사회
우리가 만들어
가는 미래

과학
일상생활과
전기

문학
슬픈 사랑
이야기

예술
우리의 노래,
민요

문학
새 삶에 대한
소망

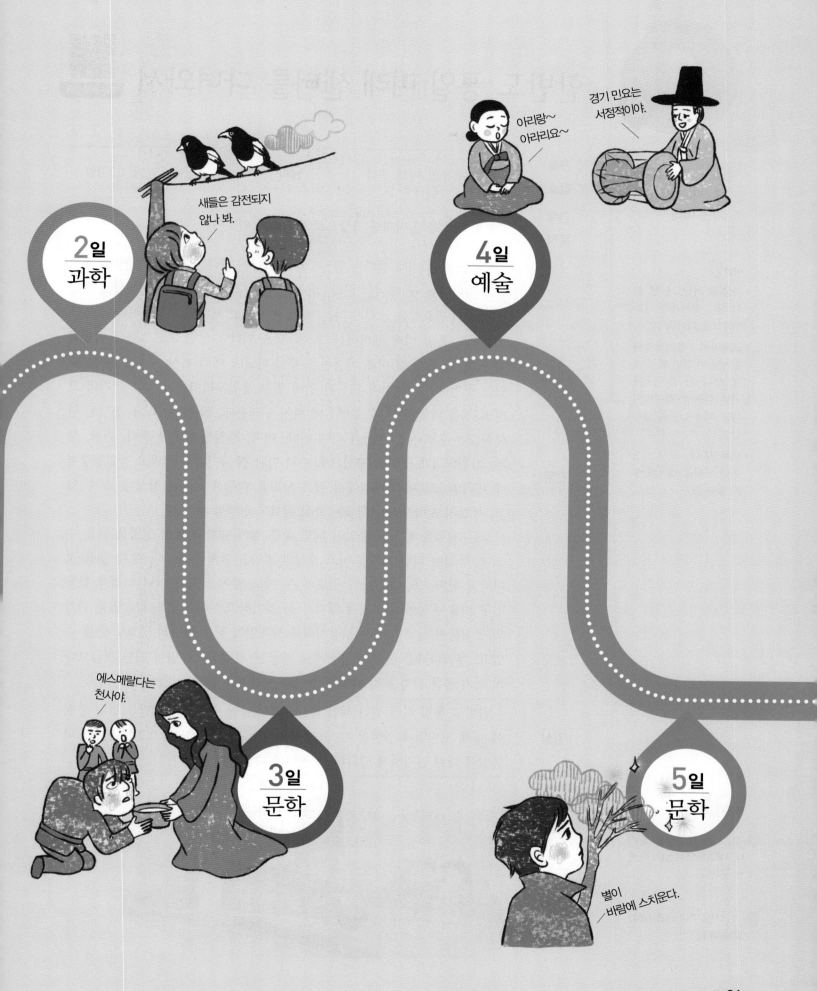

한반도 통일 미래 센터를 다녀와서

지문 분석 강의

어휘 뜻

● **가상**(假 거짓 가, 想 생각 상) 진짜가 아니고 생각으로 지어낸 것.

● **크로마키** 컬러텔레비전 방송의 화면 합성 기술. 색의 차이를 이용해 어떤 대상만 뽑아내어 다른 화면에 끼워 넣는 방법.

● **비무장지대** 군사 시설이나 인원을 배치해 놓지 않은 곳.

견학 장소	한반도 통일 미래 센터	날짜	20○○년 ○○월 ○○일
견학 목적	한반도의 통일 미래를 가상으로 체험하기 위하여		

견문

한반도 통일 미래 센터는 임진강과 한탄강이 만나는 경기도 연천(옛 38도선을 지나가는 곳)에 위치한다. 이곳은 한반도의 통일 미래를 체험하고 남북 통일의 필요성을 느끼게 하는 데 목적을 두고 세워진 시설물이다.

한반도 통일 미래 센터에는 초등학생을 위한 다양한 프로그램이 마련되어 있다. 특히 통일 미래 체험관은 통일 한국에 대해 가상 체험을 해 볼 수 있는 곳이다. 통일 미래 체험관 안에 있는 통일누리역에서 실물 크기의 모형 KTX를 타면 잠시 후 블랙홀에 빠지게 되는데, 탑승자는 모두 통일된 한국의 7년 후로 시간 이동을 하게 된다. 이때, 통일된 한국을 문화, 관광, 물류, 자원의 4개 영역을 중심으로 미리 만나 볼 수 있다. 그리고 통일광장역에 내리면 크로마키 배경에서 찍은 사진을 백두산 천지와 합성해 볼 수 있고, 북한의 지하자원을 캐내는 가상 체험도 진행할 수 있다.

모든 체험을 마치면 통일이 되면 좋은 점에 대한 자세한 설명을 들을 수 있다. 통일이 되면 기차를 타고 개성과 평양을 거쳐 유럽까지 갈 수 있을 것이라고 한다. 또, 우리나라 영토가 두 배로 넓어질 뿐만 아니라 경제 활동 인구 비율이 높아져 경제에 활기가 돌 것이라고 한다. 이 외에도 멸종 위기의 동식물이 살고 있는 비무장지대를 세계인이 찾는 관광의 명소로 만들 수 있고, 우리나라를 물류의 중심지로 바꿀 수 있는 등 통일이 되면 지금보다 더 살기 좋은 환경을 갖추게 될 것이라는 전망을 알 수 있었다.

감상

한반도 통일 미래 센터 체험 학습으로 그동안 어렵고 멀게만 느꼈던 통일에 대해 재미있게 알아볼 수 있어 좋았다. 그리고 나도 앞으로는 한반도의 통일에 대해 진지하게 생각해 볼 것이라 다짐하게 되었다.

어휘 퀴즈

❶ ㅁ ㅅ 는 아름다운 경치나 사적 등으로 널리 이름난 곳이다.
☐ 만사 ☐ 명소

❷ ㅈ ㅁ 은 미리 내다보는 앞날이다.
☐ 전망 ☐ 전문

1 이 글에 대해 바르게 설명한 것은 무엇인가요? (   )

① 있는 그대로의 사실만 쓴 설명문이다.

② 서론, 본론, 결론의 짜임으로 쓴 논설문이다.

③ 비유적 표현이나 감각적 표현을 사용하여 쓴 기행문이다.

④ 조사한 내용과 조사 결과를 중심으로 정리한 조사 보고서이다.

⑤ 특정 장소를 돌아보며 보고 듣고 느낀 점을 쓴 견학 기록문이다.

2 이 글에서 알 수 있는 사실이 <u>아닌</u> 것은 무엇인가요? (   )

① 글쓴이는 한반도의 통일을 진지하게 생각해 보기로 했다.

② 한반도 통일 미래 센터는 임진강과 한탄강이 만나는 곳에 있다.

③ 통일누리역과 통일광장역 사이에 통일 미래 체험관이 위치한다.

④ 통일누리역에서 모형 KTX를 타면 통일된 한국의 7년 후를 가상 체험할 수 있다.

⑤ 한반도 통일 미래 센터의 설립 목적은 한반도의 통일 미래를 체험하고 남북 통일의 필요성을 느끼게 하는 데 있다.

3 이 글을 읽고 알맞은 반응을 보인 친구를 두 명 찾아 이름을 쓰세요.

통일이 되면 우리나라의 경제가 활성화되니 좋을 것 같아.

예솔

친구들에게 견학으로 알게 된 비무장지대의 위험성을 자세히 알려 줄래.

준이

나도 한반도 통일 미래 센터의 프로그램에 참여해 통일된 한국을 만나 보고 싶어.

루아

(   ), (   )

30초 요약

4 다음 빈칸에 알맞은 말을 넣어 "한반도 통일 미래 센터를 다녀와서"의 핵심 내용을 한 문장으로 요약하세요.

글쓴이는 ☐☐☐ 통일 ☐☐ 센터에 방문하여 통일된 한국을 만나는 가상 체험을 다양하게 했고, ☐☐ 이 되면 좋은 점을 들었습니다.

4주·1일

지구촌 문제, 함께 해결해요

1일

사회
/ 우리가 만들어
가는 미래

어휘 뜻

- **고갈(枯 마를 고, 渴 목
마를 갈)** 어떤 일의 바
탕이 되는 돈이나 물자
따위가 다하여 없어짐.

- **비정부 기구(NGO)** 지
구촌의 갈등과 문제 해
결을 위해 국가가 아닌
민간단체들이 중심이
되어 만들어진 조직.

- **지부** 중심 조직 아래
에 있는, 지역별로 사무
를 맡아보는 곳.

- **인도주의** 인간의 존엄
성을 최고의 가치로 여
기고 인류의 안녕과 복
지를 꾀하는 것을 이상
으로 하는 사상.

지구촌 인류의 가장 큰 소망은 평화입니다. 다툼이나 전쟁이 없는 평온한 세상에서 살아가기를 희망하지요. 그러나 지금 지구촌은 ⊙자원 고갈과 환경 문제로 몸살을 앓고 있습니다. 또, ⓒ전쟁과 자연재해, 인종 차별, 기아, 전염병으로 힘들어하고 있습니다. 이러한 여러 가지 문제를 해결하기 위해 우리가 할 수 있는 일은 무엇이 있을까요? 지구촌 문제를 해결하기 위해 많은 사람이 공동으로 노력한 사례를 두 가지 소개하겠습니다.

1971년, 캐나다 밴쿠버 항구에 열두 명의 환경 보호 운동가들이 모였습니다. 이들은 생태계를 파괴할 핵실험을 막기 위해 미국 알래스카의 암치트카 섬으로 출발했습니다. 이것이 '그린피스' 운동의 시작이었습니다. 그린피스는 아름다운 지구를 만들기 위해 노력하고, 세계 평화를 위해 힘쓰는 활동을 벌이는 단체입니다. 그린피스의 활동은 평화적이지만 머뭇거리지 않는 것을 원칙으로 합니다. 비정부 기구(NGO)인 그린피스는 2018년 기준으로 전 세계에 55개의 지부를 두고 있는데, 160여 개국에 있는 300만 명의 회원이 내는 기부금으로 운영됩니다.

1968년, 나이지리아에서 전쟁이 일어나 많은 사람이 고통을 받았습니다. 프랑스 의사 베르나르 쿠시네는 뜻을 함께하는 몇몇 의사와 함께 나이지리아로 가서 환자들을 치료해 주었습니다. 이들은 1971년, '국경 없는 의사회'를 만들게 됩니다. 국경 없는 의사

회는 세계 어느 지역이든 상관없이 전쟁이나 기아, 질병이나 자연재해로 도움이 필요한 사람들에게 의료 지원을 합니다. 국경 없는 의사회는 2012년 기준으로 전 세계 70개국 400여 개가 넘는 사업에서 3만 2천 명이 활동하며, 수입의 96%를 일반인들의 후원금을 받아 인도주의 활동에 쓰고 있습니다.

지구촌의 평화는 가만히 앉아서 기다리면 저절로 오는 것이 아닙니다. 그린피스나 국경 없는 의사회와 같이 우리 모두가 지구촌의 문제가 왜 일어나고 있는지, 이를 어떻게 해결하면 좋을지 관심을 가지고 적극적으로 참여하는 것이 중요합니다.

어휘 퀴즈

❶ ㄱㅇ 는 먹을 것이 없어
배를 곯는 것이다.

☐ 기아　　☐ 기여

❷ ㅇㄹ 는 의술로 병을 고
치는 일이다.

☐ 의리　　☐ 의료

5 글쓴이가 이 글을 쓴 목적으로 알맞은 것을 두 가지 고르세요. (,   )

① 지구촌의 개념을 자세히 풀어서 설명하기 위해

② 지구촌의 문제 해결을 위한 실천 사례를 소개하기 위해

③ 지구촌 문제 해결에 적극적으로 동참해 줄 것을 당부하기 위해

④ 정치적 측면에서의 세계화와 문화적 측면에서의 세계화를 비교하기 위해

⑤ 비정부 기구보다 국가가 나서서 지구촌의 갈등을 해결해야 한다고 주장하기 위해

6 그린피스에 해당하는 내용이면 '그', 국경 없는 의사회에 해당하는 내용이면 '국'이라고 쓰세요.

⑴ 아름다운 지구를 만들기 위해 노력하는 단체이다.   (   )

⑵ 전 세계 300만 명의 회원이 내는 기부금으로 운영된다.   (   )

⑶ 나이지리아 환자를 치료해 준 것에서 출발해 1971년에 만든 단체이다.   (   )

⑷ 전쟁, 기아, 질병, 자연재해로 도움이 필요한 사람들에게 의료 지원을 한다.

(   )

4주·1일

7 ㉠, ㉡과 같은 지구촌의 문제를 해결하기 위해 초등학생이 실천할 수 있는 방법을 한 가지 쓰세요.

• 자원 부족 문제를 해결하기 위해 물을 절약한다.

• _____

30초 요약

8 다음 빈칸에 알맞은 말을 넣어 "지구촌 문제, 함께 해결해요"의 핵심 내용을 한 문장으로 요약하세요.

지구의 환경을 보호하는 단체인 '☐☐☐☐'와 전 세계의 도움이 필요한

사람들에게 의료 지원을 하는 '국경 없는 ☐☐☐'와 같이 ☐☐☐에서

발생하는 문제를 해결하기 위해 관심을 가지고 참여합시다.

전기는 흐른다

어휘 뜻

● **특성**(特 특별할 특, 性 성질 성) 어떤 사물에만 있는 성질.

● **부품**(部 거느릴 부, 品 물건 품) 기계 등에서 전체의 한 부분을 이루는 부분.

● **병렬**(竝 나란히 병, 列 벌릴 렬) 여러 개의 전선이나 전지 등을 같은 극끼리 연결하는 일.

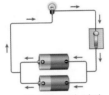

▲ 전지의 병렬 연결

전기는 전선만 이어져 있으면 언제 어디에서나 손쉽게 이용할 수 있다. 전기의 흐름과 관련한 몇 가지 궁금증에 대한 답을 알아보자.

☝ <u>전기는 모든 곳으로 흐를까?</u> 전기는 구리, 알루미늄, 은 같은 금속에서 잘 흐른다. 이렇게 전기가 잘 흐르는 물질을 '도체'라고 한다. 하지만 고무나 나무, 플라스틱 같은 물질에는 전기가 흐르지 않는다. 이렇게 전기가 흐르지 않는 물질을 '부도체'라고 한다. 도체는 전기를 보내는 데에 쓰이고, 부도체는 전기가 엉뚱한 곳으로 흘러가지 못하도록 전기를 막는 데에 쓰인다. 이 때문에 전선을 잘라 보면, 고무가 구리 선을 감싸고 있다.

✌ <u>'반도체'는 무엇일까?</u> 반도체는 도체처럼 전기가 잘 흐르는 물질도 아니고, 부도체처럼 전기가 전혀 흐르지 않는 물질도 아니다. 도체와 부도체의 중간쯤 되는 물질이라 이름이 '반(半)도체'라고 생각하면 이해하기 쉽다. 반도체는 다른 물질을 섞으면 섞는 물질에 따라 전기가 흐르는 방향이 달라지는 특성이 있는데, 우리가 많이 사용하는 컴퓨터, 휴대 전화, 텔레비전 등에 반도체로 만든 부품이 들어 있다.

🖐 <u>우리 몸에 전기가 흐르면 안전할까?</u> 센 전기가 우리 몸에 흐르면 목숨을 잃을 만큼 매우 위험하므로 우리는 전기를 사용할 때 조심해야 한다. 전자 제품 사용 설명서에 '젖은 손으로 제품을 만지지 말 것'이라 쓰는 것도 같은 이유 때문이다. 사실 전기 제품이나 콘센트, 플러그는 전기가 밖으로 흘러나오지 않도록 부도체로 잘 싸여 있다. 그런데 젖은 손으로 전기 제품을 만지면 물기가 전기 제품에 묻게 되고, 그러면 도체인 물을 통해서 전기가 우리 몸 속으로 흐를 수도 있어 감전될 위험이 커지는 것이다.

🖐 <u>비 오는 날, 전깃줄에 앉아 있는 새들은 왜 감전되지 않을까?</u> 전깃줄에 앉아 있는 새를 자세히 살펴보면, 두 다리를 모두 한 가닥의 전깃줄에 올려놓고 있다. 이 모습은 새의 몸통과 전깃줄이 병렬로 연결된 것과 같다. 전기는 병렬로 연결되면 저항이 작은 쪽으로 흐르는데, 전깃줄보다 새의 저항이 크기 때문에 새의 몸이 아닌 전깃줄로 전기가 흐르는 것이다.

어휘 퀴즈

❶ ㅈㅅ은 전기가 흐르는 선이다.

☐ 전선　　☐ 자석

❷ ㅈㅎ은 어떤 힘에 대해 굽히지 않고 맞서거나 견디는 것이다.

☐ 제한　　☐ 저항

1 👆의 답으로 가장 알맞은 것은 무엇인가요? (　　　)

① 전기는 모든 곳으로 흐른다.

② 전기는 반도체에서만 흐른다.

③ 전기는 전선이 없는 곳에서 빨리 흐른다.

④ 전기는 부도체에서 잘 흐르고, 도체에서 전혀 흐르지 않는다.

⑤ 전기는 도체에서 잘 흐르고, 부도체에서 전혀 흐르지 않는다.

2 감전에 대한 설명으로 알맞은 것을 두 가지 고르세요. (　　,　　)

① 반도체에서 자주 일어나는 현상이다.

② 전기가 흐르기 때문에 생기는 부작용이다.

③ 전기가 흐르는 물체에 몸이 닿아 충격을 받는 것이다.

④ 플라스틱과 같은 부도체로 싸여 있는 콘센트를 만지면 감전될 위험이 높아진다.

⑤ 비 오는 날, 전깃줄에 앉아 있는 새들이 감전이 잘되는 이유는 저항과 전압 때문이다.

4주 · 2일

3 다음 •보기•에서 전기를 안전하게 사용하기 위해 해야 할 일을 모두 찾아 기호를 쓰세요.

•보기•
㉮ 물 묻은 손으로 전기 기구 만지지 않기

㉯ 쇠못이나 금속 젓가락을 콘센트에 꽂기

㉰ 전기가 흐르는 전선이 벗겨지지 않도록 주의하기

㉱ 반도체 부품이 들어 있는 제품을 전혀 사용하지 않기

⏱ **30초 요약**

4 다음 빈칸에 알맞은 말을 넣어 "전기는 흐른다"의 핵심 내용을 한 문장으로 요약하세요.

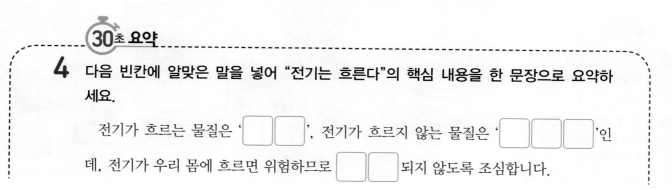

전기가 흐르는 물질은 '☐☐', 전기가 흐르지 않는 물질은 '☐☐☐'인데, 전기가 우리 몸에 흐르면 위험하므로 ☐☐되지 않도록 조심합니다.

전기를 아껴 써 주세요

과학
/ 일상생활과 전기

어휘 뜻

● **냉방**(冷 찰 냉, 房 방 방) 더운 날씨에 기계를 써서 방의 온도를 낮추는 일.

● **난방**(暖 따뜻할 난, 房 방 방) 방이나 건물 안을 따뜻하게 하는 일. 또는 그 장치.

● **전열기**(電 전기 전, 熱 더울 열, 器 그릇 기) 전기를 이용해 열을 내는 기구.

● **효율**(效 본받을 효, 率 비율 율) 기계가 한 일의 양과 그 일을 하는 데 들인 에너지와의 비율.

우리는 전기 에너지 덕분에 편리한 생활을 합니다. 그런데 우리나라는 전기를 만드는 원료를 비싼 값을 들여 수입하고 있습니다. 또, 발전소에서 전기를 만드는 데에 많은 비용이 들고, 전기를 만들면서 환경을 오염시키기도 합니다. 비용 절약과 환경 보호를 위해 전기를 아껴 쓰면 좋겠습니다. 전기를 아껴 쓰려면 가정에서 무엇을 해야 할까요?

첫째, 전자 제품을 사용한 후 플러그는 뽑아 두어야 합니다. 플러그가 꽂혀 있으면 전원을 끈 상태에서도 전기가 계속 소비되는데 이것을 대기 전력이라고 합니다. 실제로 우리나라에서 대기 전력으로 낭비되는 돈이 연간 5000억 원에 이른다고 하니, 대기 전력이 발생하지 않게 텔레비전이나 컴퓨터 등을 쓰지 않을 때에는 플러그를 뽑도록 합시다.

둘째, 냉방과 난방 온도를 지켜야 합니다. 실내 온도는 여름에는 26~28도, 겨울에는 18~20도가 적당합니다. 여름에 에어컨과 선풍기를 같이 사용하고, 겨울에 내복을 입으면 냉난방에 사용되는 전기를 줄일 수 있습니다. 냉난방 온도를 1도씩만 조절해도 7퍼센트의 전기를 절약할 수 있습니다.

셋째, 냉장고를 자주 여닫지 않아야 합니다. 냉동실의 문을 6초 동안 연 뒤 닫으면 한 번 올라간 온도를 다시 내리는 데 30분이나 시간이 걸립니다. 냉장고를 되도록 열지 말고, 냉장고 문을 열 때에는 꺼내야 할 물건을 미리 생각하고 빨리 열고 닫아야 합니다.

넷째, 전열기의 사용을 줄여야 합니다. 전열기는 전기난로, 전기장판, 전기다리미, 전기밥솥 등에 사용되는 기구입니다. 전열기를 이용하여 열을 발생시키는 제품은 다른 전자 제품에 비해 더 많은 전기를 소비하므로, 꼭 필요할 때만 전열기를 사용해야 합니다.

끝으로, 에너지 소비 효율 1등급 제품을 사용하는 것이 좋습니다. 에너지 소비 효율 등급 표시 제도란, 에너지 소비 효율이나 사용량을 1~5등급으로 구분해 표시하는 제도입니다. 냉장고나 텔레비전과 같이 전기 사용량이 많은 제품을 구입할 때에 꼭 에너지 소비 효율 등급을 확인해야 합니다.

어휘 퀴즈

① ㅇㄹ 는 어떤 것을 만드는 데 들어가는 재료이다.
☐ 오리　　☐ 원료

② ㅅㅇ 은 외국의 상품이나 기술 등을 국내로 사들이는 것을 말한다.
☐ 사용　　☐ 수입

5 글쓴이가 제안한 것은 무엇인가요? (   )

① 전기 절약
② 전열기 폐기
③ 환경 보호 운동
④ 전기 원료 수입
⑤ 새로 지은 발전소 이용

6 이 글의 내용에 어울리는 자료를 두 가지 찾아 ○표 하세요.

(1)
▲ 생태 피라미드
(   )

(2)
▲ 적정 온도 준수 광고
(   )

(3)
▲ 에너지 소비 효율 등급
(   )

(4)
▲ 화재 위험 경보
(   )

4주
·
2일

7 이 글의 짜임을 생각하며 표의 빈칸에 알맞은 내용을 써넣으세요.

문제 상황	• 전기를 만드는 원료를 비싼 값을 들여 수입합니다. • (1) ( )
제안	• 비용 절약과 환경 보호를 위해 전기를 아껴 쓰면 좋겠습니다.
가정에서 할 일	• (2) ( ) • 냉방과 난방 온도를 지켜야 합니다. • (3) ( ) • 전열기의 사용을 줄여야 합니다. • 에너지 소비 효율 1등급 제품을 사용해야 합니다.

30초 요약

8 다음 빈칸에 알맞은 말을 넣어 "전기를 아껴 써 주세요"의 핵심 내용을 한 문장으로 요약하세요.

'전자 제품 사용 후 플러그 뽑아 두기, 냉방과 [ ][ ] 온도 지키기, 냉장고를 자주 여닫지 않기, [ ][ ][ ]의 사용 줄이기, 에너지 소비 효율 1등급 제품 사용하기'를 실천하며 [ ][ ]를 아껴 씁시다.

3 일

노트르담의 꼽추

빅토르 위고

지문 분석 강의

문학 / 슬픈 사랑 이야기

광장에서 형벌이 끝나자 교도관이 나타나 약을 발라 주었습니다. 사람들이 욕설과 야유를 퍼붓자 그제야 눈을 뜬 카지모도는 세상에서 가장 사나운 표정으로 사람들을 노려보았습니다.

그러다가 잠시 카지모도의 표정이 밝아졌습니다. 자신을 구해 주리라 생각했던 클로드 부주교가 보였기 때문이었습니다. 그러나 부주교는 모르는 척 말 머리를 돌렸습니다.

㉠『한 마리의 죽어 가는 괴물이 고통스런 시간을 보내고 있는 것처럼 카지모도는 더무섭게 변해 갔습니다. 카지모도는 물을 달라고 소리쳤습니다.

그때 에스메랄다가 사람들 사이를 헤집고 들어와 카지모도에게 물통을 내밀었습니다. 그 순간 증오로 불타오르던 카지모도의 눈에서 처음으로 눈물이 흘러 내렸습니다.』

카지모도는 물 마시는 것도 잠시 잊고 한참이나 에스메랄다를 그윽한 눈빛으로 바라보았습니다. 그러다가 에스메랄다가 다시 한번 물통을 건네주었을 때에야 벌컥벌컥 물을 마셨습니다.

"역시 에스메랄다는 천사라니까!"

그렇게 매몰차게 카지모도에게 욕설을 퍼붓던 사람들마저도 에스메랄다의 용기 있는 행동을 보고 박수를 보내 주었습니다.

카지모도가 고통을 당하는 모습을 광장의 서쪽에 있는 롤랑 탑에서 지켜보는 수녀가 있었습니다. 롤랑 탑은 삼백 년이나 된 탑으로, 아버지가 십자군 전쟁에 참가했다가 죽자, 딸인 롤랑이 탑의 한 방을 감옥처럼 만들어 놓고 죽을 때까지 그곳에서 나오지 않았다고 해서 붙여진 이름입니다. 그 탑의 광장으로 난 작은 방에 귀딜 수녀가 살고 있었습니다. 그녀는 성격이 괴팍하여 사람들을 혼내 주며 살았습니다. 그런 그녀의 눈에도 카지모도와 에스메랄다의 행동은 감동으로 전해졌습니다.

어휘 뜻

- **형벌**(刑 형벌 형, 罰 벌할 벌) 죄를 지은 사람에게 법에 따라 주는 벌.
- **야유**(揶 야유할 야, 揄 야유할 유) 남을 빈정거리며 놀리는 것. 또는 그런 말이나 행동.
- **헤집고** 무엇을 찾으려고 쌓인 것들을 헤치고.
- **괴팍하여** 사람의 성질이 괴상하게 모질고 급하여.

어휘 퀴즈

❶ ㅈㅇ 는 몹시 미워하는 마음이다.
☐증오 ☐정의

❷ ㅁㅁㅊㄷ 는 매우 인정이 없고 쌀쌀한 태도를 뜻하는 말이다.
☐만만찮다 ☐매몰차다

작품의 전체 줄거리

카지모도는 태어날 때부터 모습이 매우 흉해 노트르담 성당에 버려짐. 그런 카지모도를 부주교가 키움.

어느 날, 부주교의 명으로 카지모도가 에스메랄다를 납치하지만, 페뷔스 대위 때문에 납치는 실패로 끝이 남.

수록지문 이 일로 카지모도는 재판을 받고 끌려가던 중, 에스메랄다가 주는 물을 마시고 순수한 사랑을 느낌.

훗날 카지모도는 누명을 쓴 에스메랄다를 구출하지만 에스메랄다는 교수형을 당하고, 카지모도도 따라 죽음.

1 이 글의 배경과 사건에 대한 설명으로 알맞지 않은 것은 무엇인가요? (   )

① 형벌이 끝난 다음 카지모도가 사람들을 노려보았다.

② 광장에서 카지모도가 지나가는 클로드 부주교를 보았다.

③ 카지모도가 물을 달라고 소리칠 때, 에스메랄다가 카지모도에게 물통을 내밀었다.

④ 카지모도가 물을 마실 때, 지켜보던 사람들이 에스메랄다에게 박수를 보내 주었다.

⑤ 롤랑의 아버지가 십자군 전쟁에 참가하기 전, 롤랑은 탑의 한 방에서만 갇혀 지냈다.

2 ㉠『 　』부분에서 카지모도의 감정 변화는 어떠한가요? (   )

① 놀람. → 서운함.　　　　　② 답답함. → 원망함.

③ 행복함. → 긴장됨.　　　　④ 분노함. → 감격함.

⑤ 자랑스러움. → 좌절함.

3 다음 중 에스메랄다와 비슷한 가치관을 가지고 행동한 친구를 모두 찾아 이름을 쓰세요.

> 정우: 점심시간에 교실에서 조용히 책을 읽었어.
> 다연: 길을 잃고 우는 아이를 집까지 바래다주었어.
> 희아: 동생이 계속 장난을 쳐서 이제 그만하라고 강하게 말했어.
> 민상: 어느 겨울날, 길거리에서 추위에 떨고 있는 노인에게 옷을 덮어드렸어.

(   ), (   )

30초 요약

4 다음 빈칸에 알맞은 말을 넣어 "노트르담의 꼽추"의 핵심 내용을 한 문장으로 요약하세요.

형벌을 받고 고통스러워하는 ☐☐☐☐에게 에스메랄다가 나타나 ☐

☐을 내밀었고, 카지모도는 감동을 받으며 ☐을 마셨습니다.

3일

문학
/ 슬픈 사랑
이야기

어휘 뜻

● 순진(純 순수할 순, 眞
참 진)한 마음이 꾸밈
이 없고 참된.

● 총명(聰 귀밝을 총, 明
밝을 명)하기도 보거
나 들은 것을 오래 기억
하는 힘이 있기도.

● 매혹적(魅 매혹할 매, 惑
미혹할 혹, 的 과녁 적)
인 마음이 어떤 것에
완전히 쏠리게 하는.

젊은 베르테르의 슬픔

요한 볼프강 폰 괴테

6월 16일

내가 왜 너에게 편지를 하지 않았는지 궁금하고 걱정되었다고? ㉠사실 나는 어떤 사람을 만나게 되었고, 그 만남에 내 마음과 시간을 쏟아붓고 있어. 나는 지금 너무나 행복해. 그녀는 내 마음을 온통 빼앗아 가 버렸어.

그녀는 무척 순진한 여자야. 그뿐 아니라 총명하기도 하지. 또 마음씨도 곱고, 친절하고, 발랄하며…… 어떻게 한낱 말로 그녀를 표현할 수 있겠어.

사실 이 편지를 쓰면서도 벌써 세 번이나 그녀에게 가려고 했지. 오늘 아침에는 가지 않겠다고 나 자신과 약속까지 했는데도 말이야.

빌헬름, 짐작했겠지만 결국 그녀에게 갔다 왔어. 조금 전에 돌아와 저녁을 먹고 이 편지를 쓰는 거야. 이제는 그녀를 어떻게 만나게 되었는지 말할게.

한 달 전쯤 내가 말한 아홉 명의 자식을 둔 법무관을 기억하지? 그녀가 바로 그 법무관의 첫째 딸이야. 예전에 법무관이 나를 집으로 초대했었는데 가지 못했지. 그런데 얼마 전에 그곳의 젊은이들이 모여서 무도회를 연다기에 나도 가기로 했어. 그래서 이곳에 사는 한 아가씨에게 함께 가 달라고 부탁했어.

그 아가씨와 나, 아가씨의 사촌은 마차를 타고 무도회장으로 향했어. 가다가 로테라는 아가씨도 태우기로 하고 말이야. 가는 도중에 그 아가씨가 말하더군.

"로테는 멋진 여자예요. 하지만 약혼을 했으니 반하지 않도록 조심하세요."

우리가 로테의 집 앞에 도착했을 때, 현관문 안쪽에서 보이는 광경에 눈길이 멈췄어. 그 모습은 내가 한 번도 보지 못했던, 아주 매혹적인 모습이었어.

분홍색 리본이 달린 흰옷을 입은 무척 아름다운 아가씨를 여섯 명의 아이가 둘러싸고 있었지. ㉡그 아가씨는 아이들에게 따뜻한 눈길을 주며 정성껏 빵을 나누어 주고 있었어.

"기다리게 해서 죄송합니다. 제 동생들은 꼭 제가 주는 빵만 먹거든요."

그녀의 말에 나는 담담한 목소리로 인사만 했지. 하지만 내 가슴은 콩닥콩닥 뛰고 있었고, 내 눈과 귀는 그녀의 손짓, 몸짓, 목소리에 모든 신경을 썼어.

어휘 퀴즈

❶ ㄱㄱ은 어떤 일이나 현상이 벌어지는 모양이다.
□고궁 □광경

❷ ㄷㄷㅎㄷ는 욕심이나 거리낌이 없어 편한 마음을 뜻하는 말이다.
□답답하다 □담담하다

작품의 전체 줄거리

수록지문 부유한 집안에서 태어난 베르테르('나')는 여행지에서 로테를 만남. 베르테르는 동생들과 정답게 있는 로테의 모습에 마음을 뺏김.

베르테르는 로테와 함께 보내는 시간이 많아지면서 그녀를 깊이 사랑하게 됨. 하지만 로테는 이미 약혼한 상태임.

베르테르는 로테의 약혼자인 알베르트가 로테를 진심으로 사랑하는 것을 알게 됨. 베르테르는 절망하여 로테 곁을 떠남.

베르테르는 그리워하던 로테에게 돌아가 자신의 사랑을 고백하지만 로테는 오히려 만남을 거부함. 결국, 베르테르는 죽음을 선택함.

5 이 글에 대한 설명으로 알맞은 것을 모두 고르세요. (　　,　　,　　)

① 편지 형식으로 쓴 글 　　② 신분 차별을 비판한 글

③ '내'가 빌헬름에게 쓴 글 　　④ 무도회가 있던 날에 쓴 글

⑤ '나'의 마음이 잘 드러나 있는 글

6 ㉠과 ㉡에서 알 수 있는, '나'와 로테의 성격을 나타낸 말을 •보기•에서 각각 찾아 쓰세요.

┌─ 보기 ─────────────────────────────────┐

심술궂다. 　　　　게으르다. 　　　　겁이 많다.

열정적이다. 　　　조심성이 많다. 　　친절하다.

└──────────────────────────────────────┘

(1)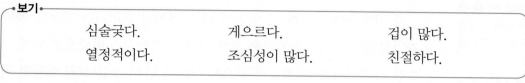
'나'

(2)
로테

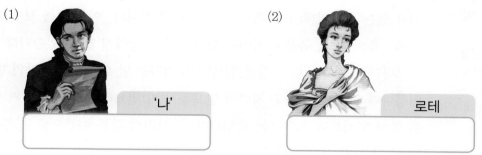

7 사랑에 대한 '나'의 관점으로 알맞은 것은 무엇인가요? (　　　　)

① 사랑은 불행한 것이다.

② 사랑은 표현하지 않는 것이다.

③ 사랑은 잘못도 용서해 주는 것이다.

④ 사랑은 '내' 전부이자, 멈출 수 없는 것이다.

⑤ 사랑은 다른 사람에 대한 배려에서 시작하는 것이다.

30초 요약

8 다음 빈칸에 알맞은 말을 넣어 "젊은 베르테르의 슬픔"의 핵심 내용을 한 문장으로 요약하세요.

'☐'(베르테르)는 ☐☐☐가 있던 날, 법무관의 첫째 딸인 ☐☐를 처음 만나 사랑에 빠졌고 그녀와의 만남에 마음과 시간을 집중하고 있습니다.

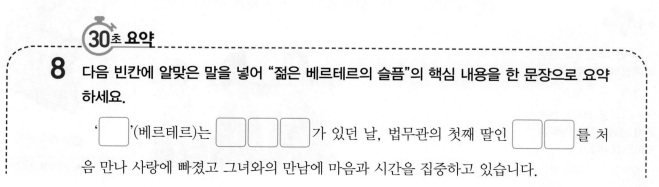

지문 분석 강의

경기 민요의 세계

어휘 뜻

● **민중**(民 백성 민, 衆 무리 중) 한 국가나 사회에서 다수를 이루는 보통 사람들.

● **세마치장단** 보통 빠른 4분의 6박자 또는 8분의 9박자의 장단.

● **굿거리장단** 여유 있고 흥겨운 느낌의 4박자 장단.

● **서정적** 정서를 듬뿍 담고 있는 것.

"아ー리랑, 아ー리랑, 아라리오ー, 아ー리랑, 고ー개ー로ー 넘ー어간다."

이 노랫말은 「아리랑」의 한 구절입니다. 「아리랑」은 대한민국 사람이라면 누구나 알고 있는 우리의 대표 민요이지요. 민요는 예로부터 민중 사이에 불려 오던 전통적인 노래를 통틀어 이르는 말입니다. 민요는 함께 일을 할 때나 전통 놀이를 하며 어울려 놀 때와 같이 일상적인 삶 속에서 만들어진 생활 노래이기도 합니다.

각 지방마다 사용해 온 방언이 다른 것처럼 우리나라 민요도 지방마다 독특한 특색을 가지고 있습니다. 각 지방은 서로 다른 자연환경을 바탕으로 언어, 생활, 생각, 감정, 풍습을 가지고 있었기 때문에 민요도 다르게 만든 것입니다. 이처럼 지방마다 독특하게 가지고 있는 음악의 특징을 가리켜 '토리'라고 합니다. 이 토리를 보면 지역별로 다른 민요의 음, 음의 기능, 음을 움직이는 방법 등을 다양하게 알 수 있습니다.

그렇다면 '경토리'란 무엇일까요? 경토리라는 말 역시 우리나라의 민요와 관련 있는 용어입니다. 서울과 경기도 지역의 민요를 경기 민요라고 불러서 경기 민요의 음악적 특징을 가리켜 경토리라고 하는 것입니다. 경토리의 다른 이름으로 '창부타령토리', '경기 민요조', '경드름'이 있습니다.

「아리랑」, 「경복궁 타령」, 「닐리리야」 등과 같은 경기 민요의 경토리를 조금 더 살펴보겠습니다. 경토리는 '솔, 라, 도, 레, 미'의 5음이 고르게 나타나는 편입니다. 또, 경토리는 밝고, 흥겨운 느낌을 줍니다. 세마치장단이나 굿거리장단을 사용하여 경쾌한 노래를 만들기 때문입니다.

그리고 민요는 시김새를 표현하는 방식에 따라서 그 맛이 많이 달라집니다. 시김새란 음과 음을 자연스럽게 이어 주고, 가락을 화려하게 꾸며 주는 장식음입니다. 경토리의 시김새는 음을 많이 꺾지 않고, 잘고 가볍게 떨어서 부드럽고 서정적입니다. 이러한 특징은 전라도 지방 민요의 특징인 육자배기토리가 굵고 폭넓게 떠는 것과 비교됩니다.

서도 민요

경기 민요

동부 민요

남도 민요

제주 민요

▲ 지역별 민요

어휘 퀴즈

❶ ㅌㅅ은 다른 것과 견주어 특별히 다른 점이다.

☐ 특색　☐ 탄산

❷ ㅈㅅㅇ은 악곡에 여러 가지 변화를 주기 위하여 꾸미는 음이다.

☐ 장식음　☐ 지식인

1 다음에서 설명한 '이것'이 무엇인지 쓰세요.

> • 이것은 서울과 경기도 지역의 민요이다.
> • 이것의 작품으로 「아리랑」, 「경복궁 타령」, 「닐리리야」 등이 있다.

(　　　　　　　　　　　　　)

2 이 글에서 사용한 낱말의 뜻을 찾아 선으로 이으세요.

(1) 민요 •

• ㉮ 지방마다 독특하게 가지고 있는 음악의 특징.

(2) 토리 •

• ㉯ 예로부터 민중 사이에 불려 오던 전통적인 노래.

(3) 시김새 •

• ㉰ 음과 음을 자연스럽게 이어 주고, 가락을 화려하게 꾸며 주는 장식음.

4주
·
4일

3 다음 악보를 보고, 경토리에 고르게 나타나는 5음을 완성하여 쓰세요.

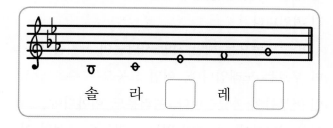

솔　라　[　]　레　[　]

30초 요약

4 다음 빈칸에 알맞은 말을 넣어 "경기 민요의 세계"의 핵심 내용을 한 문장으로 요약하세요.

[　][　]는 지방마다 다른 특징을 가지고 있는데, [　][　]과 경기도 지역의 민요인 경기 민요는 밝고 흥겨운 느낌을 주고 [　][　][　]는 부드럽고 서정적입니다.

일을 할 때 부르는 노래

어휘 뜻

- **능률(能** 능할 능, **率** 비율 률) 일정한 시간에 할 수 있는 일의 양. 일의 효율.
- **길쌈** 집에서 여자들이 천을 짜는 일.
- **모내기** 벼의 모를 못자리에서 논으로 옮겨 심는 일.
- **메김소리** 여럿이 함께 노래를 부를 때, 그중 한 사람이 먼저 부르는 노래.

"여보시오, 농부님들~ 이 내 말을 들어 보소."

연극 「춘향전」을 보면 농부들이 함께 일을 하며 이 「농부가」를 부르지요. 우리 조상들은 일을 할 때면 힘든 노동을 잊고 일을 잘 마치기 위해 노래를 불렀답니다. 이와 같이 일을 즐겁게 하고, 공동체 의식을 높여서 일의 능률을 올리기 위해 부르는 노래를 '노동요'라고 합니다.

노동요의 종류는 노래를 부르는 동안 하는 일이 무엇인지에 따라 농업 노동요, 길쌈 노동요, 어업 노동요 등으로 나눌 수 있습니다.

먼저, 농업 노동요는 농부들이 농사를 지으며 부르는 노래입니다. 밭갈이할 때, 모내기나 김매기 할 때, 타작할 때 부르는 노래 등이 전해 내려오고 있습니다. 특히, 「농부가」는 한 사람이 메김소리를 하면 나머지 사람들이 받아 부르는 것이 가장 큰 특징입니다.

길쌈 노동요는 부녀자들이 베나 모시, 명주나 무명 등의 직물을 짜면서 부르는 노래입니다. 그래서 길쌈 노동요에는 힘든 길쌈을 하면서 느끼는 다양한 감정이 녹아 있습니다. 또, 오랜 시간 동안에 일을 하면서 불렀기 때문에 노래 길이가 아주 긴 편입니다.

어업 노동요는 해안 지방 사람들이 고기를 잡으며 부르는 노래입니다. 어업 노동요는 주로 남성인 어부들이 불렀습니다. 여러분도 '어야디야', '어여차', '어기야' 등 의미 없는 소리들로 구성된 어업 노동요의 후렴을 들어본 적이 있을 것입니다.

이러한 노동요는 언제부터 시작되었을까요? 사실 노동요는 민요의 일종으로, 세계 어느 나라에나 있었습니다. 우리나라의 노동요도 농경 생활 초기부터 있었다고 전해지고요. 200종이 넘는 우리나라의 민요 중 가장 큰 비중을 차지하는 노동요는 노동의 고통을 덜고 새로운 힘을 얻게 할 뿐만 아니라 함께 사는 즐거움을 나누는 역할까지 톡톡히 해 냈습니다.

어휘 퀴즈

❶ ㄱㅁㄱ는 논이나 밭의 잡초를 뽑는 일이다.
☐ 갈매기 ☐ 김매기

❷ ㅌㅈ은 익은 곡식의 이삭을 떨어서 그 낟알을 거두는 것이다.
☐ 타작 ☐ 퇴장

5 이 글의 제목을 다른 것으로 바꿀 때, 알맞은 것은 무엇인가요? (   )

① 노래의 역사   ② 개인과 공동체
③ 노동요를 소개합니다   ④ 세계 여러 나라의 민요
⑤ 일의 능률을 높이는 방법

6 이 글에서 노동요를 분류한 기준은 무엇인가요? (   )

① 노래가 생긴 때   ② 노래를 자주 부른 지역
③ 노래를 부를 때의 옷차림   ④ 노래를 부르는 사람의 수
⑤ 노래를 부르는 동안 하는 일

7 이 글의 내용에 맞게 빈칸에 알맞은 말을 써넣으세요.

```
            노동요
   ┌──────────┼──────────┐
농업 노동요   길쌈 노동요   어업 노동요
```

농업 노동요	길쌈 노동요	어업 노동요
• 농부들이 농사를 지으며 부르는 노래 •「농부가」는 한 사람이 ⑴( )를 하면 나머지 사람들이 받아 부름.	• 부녀자들이 ⑵( )을 짜면서 부르는 노래 • 힘든 길쌈을 하면서 느끼는 감정이 녹아 있고, 노래 길이가 아주 긴 편임.	• ⑶( )이 고기를 잡으며 부르는 노래 • 의미 없는 소리들로 구성된 후렴이 있음.

30초 요약

8 다음 빈칸에 알맞은 말을 넣어 "일을 할 때 부르는 노래"의 핵심 내용을 한 문장으로 요약하세요.

일을 즐겁게 하고 [ ][ ][ ] 의식을 높여서 일의 능률을 올리기 위하여 부르는 노래인 노동요는 노래를 부르는 동안 하는 일에 따라 [ ][ ] 노동요, [ ][ ] 노동요, [ ][ ] 노동요로 나눌 수 있습니다.

5일

서시

윤동주

문학
／ 새 삶에 대한
소망

어휘 뜻
● **우러러** 위를 향하여 고개를 정중히 들어.
● **이는** 어떤 것이 생기거나 지나는.
● **스치운다** 서로 살짝 닿으면서 지나간다.

죽는 날까지 하늘을 우러러
한 점 부끄럼이 없기를,
잎새에 이는 바람에도
나는 괴로워했다.
㉠별을 노래하는 마음으로
모든 죽어 가는 것을 사랑해야지
그리고 ㉡나한테 주어진 길을
걸어가야겠다.

오늘 ㉢밤에도 별이 바람에 스치운다.

1 ㅈ 은 작은 조각이나 부분 등의 수를 세는 말이다.
☐ 절   ☐ 점

2 ㅇ ㅅ 는 나무의 잎사귀이다.
☐ 잎새   ☐ 약수

1 이 글에서 말하는 이는 누구인가요? (　　　　)

① 별　　　　　　　② '나'　　　　　　　③ 하늘

④ 잎새　　　　　　⑤ 바람

2 다음 •보기•를 참고하여 ㉠〜㉢의 숨은 뜻을 모두 고르세요. (　　　,　　　,　　　)

> •보기•
>
> 　시인 윤동주는 일본에게 나라를 빼앗겨 고통받는 우리 민족을 가슴 아프게 생각하였습니다. 그는 이 시로 어둡고 힘든 현실을 극복하려는 마음을 노래하였습니다.
>
> 윤동주

① ㉠: '별'은 희망을 표현한 것이다.

② ㉠: '별'은 말하는 이의 순수한 마음을 드러낸다.

③ ㉡: '나한테 주어진 길'은 부끄러운 삶을 말한다.

④ ㉢: '밤'은 말하는 이가 처한 어려운 현실을 뜻한다.

⑤ ㉠, ㉢: '별'과 '밤'은 모두 어두운 현실에서 겪는 갈등을 말한다.

4주 · 5일

3 이 글의 주제로 가장 알맞은 것은 무엇인가요? (　　　　)

① 자연의 위대함　　　　　　② 눈물의 소중함

③ 가족 간의 사랑　　　　　　④ 어린이들의 순수한 우정

⑤ 부끄럽지 않은 삶에 대한 소망

30초 요약

4 다음 빈칸에 알맞은 말을 넣어 "서시"의 핵심 내용을 한 문장으로 요약하세요.

'　　　'는 어려운 현실에서도 　　　을 노래하는 마음으로 모든 죽어 가는 것을 사랑하고, 자신에게 주어진 　　　을 걸어가겠다고 다짐합니다.

5일

문학
/ 새 삶에 대한
소망

우리가 눈발이라면

안도현

어휘 뜻
- **눈발** 세차게 내리는 눈의 줄기.
- **진눈깨비** 비가 섞여 내리는 눈.
- **함박눈** (함박꽃 송이처럼) 보기 좋게 크고 많이 내리는 눈.
- **새살** 상처가 아물고 새로 돋아나는 살.

우리가 눈발이라면
허공에서 쭈빗쭈빗 흩날리는
진눈깨비는 되지 말자
세상이 바람 불고 춥고 어둡다 해도
사람이 사는 마을
가장 낮은 곳으로
따뜻한 함박눈이 되어 내리자
우리가 눈발이라면
잠 못 든 이의 창문가에서는
편지가 되고
그이의 깊고 붉은 상처 위에 돋는
새살이 되자

 어휘 퀴즈

❶ ㅎㄱ은 텅 빈 공중이다.
☐ 허공 ☐ 환갑

❷ ㅉㅂㅉㅂ은 망설이며 자꾸 머뭇머뭇하는 모양이다.
☐ 쩜벙쩜벙 ☐ 쭈빗쭈빗

5 이 글의 특징으로 알맞지 <u>않은</u> 것은 무엇인가요? (   )

① 중심 소재는 '잠 못 든 이'이다.

② 1연 12행으로 이루어진 시이다.

③ '우리가 눈발이라면'이라는 말을 반복한다.

④ 읽는 이에게 같이 행동할 것을 요청하고 있다.

⑤ 말하는 이는 바람 불고 춥고 어두운 현실에 있지만 사람들에게 희망을 주고자 한다.

6 말하는 이가 되자고 말한 것(좋은 뜻을 지닌 것)을 세 가지 찾아 ○표 하세요.

진눈깨비	마을	따뜻한 함박눈
편지	붉은 상처	새살

7 말하는 이가 추구하는 삶은 무엇인가요? (   )

① 이웃과 더불어 사는 따뜻한 삶

② 즐기고 먹는 일만 추구하는 삶

③ 진눈깨비처럼 작은 존재로 사는 삶

④ 추운 겨울에도 부지런히 일하는 삶

⑤ 사람이 살지 않는 곳을 여행하는 삶

30초 요약

8 다음 빈칸에 알맞은 말을 넣어 "우리가 눈발이라면"의 핵심 내용을 한 문장으로 요약하세요.

우리가 ☐☐이라면 사람이 사는 가장 낮은 곳에 ☐☐☐이 되어 내리고, 잠 못 든 이의 ☐☐가 되고 ☐☐이 되어 줍시다.

[1~3] 다음 주황색으로 쓴 낱말의 뜻을 찾아 ○표 하세요.

1

> 바람에 풍랑이 일어 배가 흔들렸다.

(1) 어떤 현상이나 사건이 생겨. ( )
(2) 기와나 볏짚 따위로 지붕 위를 덮어. ( )
(3) 무엇을 물속에 넣고 흔들어 버릴 것을 가려내어. ( )

2

> 친구와 우리 전통 가락을 신나게 불러 보았다.

(1) 가늘고 길게 늘인 물건의 낱개. ( )
(2) 음들이 일정한 리듬에 따라 이어져 있는 것. ( )
(3) 목소리의 높낮이나 길이를 통해 느껴지는 말의 기운. ( )

3

> 낙농업은 우유 소비가 많은 대도시 주변에서 발달했다.

(1) 나이가 어린 종살이 하던 여자. ( )
(2) 상소에 대하여 임금이 내리던 대답. ( )
(3) 돈이나 물품, 시간 등을 써서 없애는 것. ( )

4주의 어휘

뜻을 정확하게 알고 있는 것에 ○표, 뜻이 헷갈리는 것에 △표, 뜻을 전혀 모르는 것에 ✔표 하세요.

1일
견문 ☐
한반도 ☐
지구촌 ☐

2일
도체 ☐
감전 ☐
소비 ☐

3일
광장 ☐
총명하다 ☐
매혹 ☐

4일
민요 ☐
공동체 ☐
가락 ☐

5일
스치다 ☐
일다 ☐
허공 ☐

[4~7] 다음에서 설명한 낱말은 무엇인지 초성을 포함하여 완성하세요.

4

아주 똑똑하다.

| ㅊ | ㅁ | ㅎ | ㄷ |

5

가볍게 닿거나 닿을 듯이 가깝게 움직이다.

| ㅅ | ㅊ | ㄷ |

6

금이나 은과 같이 열이나 전기 등을 잘 통하게 하는 물체.

| ㄷ | ㅊ |

7

민간에서 누가 언제 지었는지 알려지지 않은 채 오래전부터 부른 노래.

| ㅁ | ㅇ |

[8~10] 다음 낱말이 들어갈 문장을 찾아 선으로 이으세요.

8 공동체 •

• ㉮ 　기러기 떼가 _____을/를 가로질러 열심히 날아간다.

9 허공 •

• ㉯ 　우리나라 기업들이 _____ 곳곳에 진출하여 이름을 떨치고 있다.

10 지구촌 •

• ㉰ 　가정은 부모와 자녀가 모여 이룬 _____ 이자 사회의 축소판이다.

[11~12] 다음에 제시된 뜻과 예문을 참고하여 낱말을 완성하세요.

11 ㅎ ㅂ ㄷ : 남북한 국토를 이루고 있는 반도. 또는 남북한.

㈜ 현재 _____는 38도선을 경계로 남북이 나뉘어 있다.

12 ㄱ ㅈ : 도시 가운데에 건물을 짓지 않고 많은 사람이 모일 수 있게 한 넓은 곳.

㈜ 선수들을 환영하는 무리가 _____을 가득 메웠다.

[13~15] 다음 ·보기·에서 밑줄 그은 낱말의 뜻을 찾아 번호를 쓰세요.

╭─•보기•─
① 가진 돈이 전혀 없는 것.
② 어떤 것에 완전히 쏠리는 마음.
③ 새로운 사실을 보고 들어서 얻은 지식.
④ 무엇과 비교하여 차이가 나거나 두드러짐.
⑤ 전기가 흐르는 물체에 몸이 닿아 충격을 받는 것.

13 나는 설악산의 아름다움에 매혹되었다. 　　　(　　)

14 젖은 손으로 전열기를 만지면 감전이 될 수 있다. 　　(　　)

15 국내를 여행하면 견문도 넓히고 국토를 사랑하는 마음도 기르게 된다. 　(　　)

5주

1일
역사

명나라와의
의리를!

청나라와의
약속을!

역사
조선

과학
우리의 몸

영역

문학
소중한 사람

인물
훌륭한 리더

문학
도전과 용기

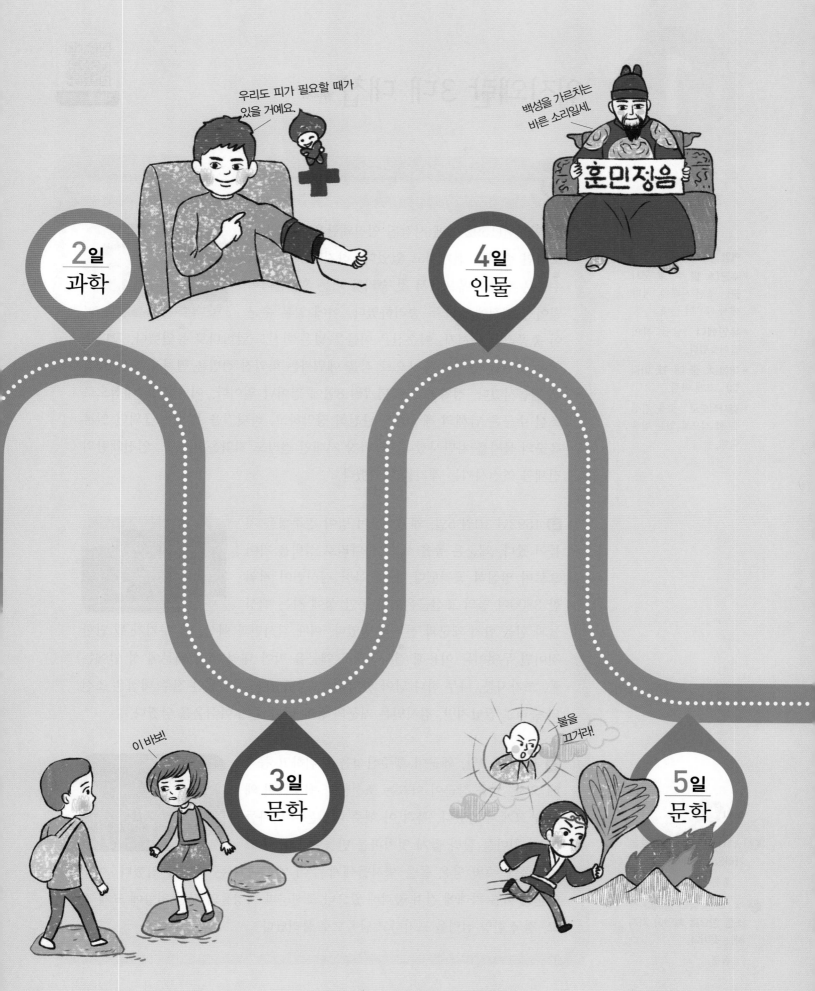

1일

임진왜란 3대 대첩

지문 분석 강의

역사
/ 조선

어휘 뜻

●**수군**(水 물 수, 軍 군사
군) 조선 시대에, 바다
에서 싸우던 군대.

●**유인했다** 남을 꾀어
끌어들였다.

●**대첩**(大 클 대, 捷 이길
첩) 크게 이김.

●**결사적으로** 죽을 결심
을 할 정도로 있는 힘을
다해.

가 임진년(1592년)에 시작된 임진왜란은 왜군의 압
도적인 승리로 전개되고 있었다. 하지만 이순신의
수군은 경상도 옥포에서 첫 승리를 거둔 후, 연이어
벌어진 해전에서 모두 승리하였다. 이에 일본 수군
이 총공격에 나서자, 이순신은 이들을 넓은 한산도 앞바다로 유인했다. 그다음
학이 날개를 펼치는 모양으로 적을 에워싸는 학익진 전법을 펼쳐서 왜선 60척
을 침몰시켰다. 정확히 1592년 7월 8일에 일어난 일이다. 이 한산도 대첩으로
조선 수군은 남해의 해상권을 완전히 장악하고, 바닷길을 통해 보급되던 일본
육군의 물자를 차단시켰다. 또 곡창 지대인 전라도 지역을 지키고, 임진왜란의
전세를 역전시키는 계기를 마련했다.

학익진 전법

나 1592년 10월 5일, 왜군 3만여 명이 진주성을 쳐
들어 왔다. 왜군은 총을 쏘고, 사다리로 성벽을 기어
오르며 열심히 공격했다. 진주 목사 김시민이 지휘
한 3800여 명의 조선군은 6일 동안 성에 사는 백성
들과 힘을 합쳐 왜군과 전투를 벌였다. 이때 김시민과 백성들은 무기가 될 만한
것이면 무엇이든 이용해 결사적으로 왜군을 막아 내려 했기 때문에 성 안에는
돌, 초가지붕, 나무 하나 남아 있지 않을 정도였다. 치열했던 진주 대첩은 조선
의 승리로 끝났지만, 김시민은 왜군의 총에 맞아 죽어 아쉬움을 남겼다.

진주성

다 1593년 2월, 왜군이 행주산성을 포위하고 공격
해 오자, 권율 장군이 이끄는 조선군과 백성들이 왜
군을 크게 무찔렀다. 특히 이 행주 대첩은 부녀자들
이 긴 치마를 잘라 짧게 덧치마를 만들어 입고서 그
치마폭에 주워 담은 돌을 병사들에게 주어 왜군에게 큰 피해를 입혔다. 이후
왜군은 아홉 차례에 걸쳐 공격해 왔으나 조선군과 백성들의 강한 저항에 크게 졌
고, 결국 한양 점령을 포기하고 남쪽으로 물러났다.

행주 대첩

어휘 퀴즈

❶ [ㅊㅁ]은 배가 물속으로
가라앉는 것이다.
☐ 출몰 ☐ 침몰

❷ [ㅈㄹ]은 남의 땅이나 장
소를 힘으로 빼앗아 차지
하는 것이다.
☐ 점령 ☐ 조련

1 글 **가**~**다**의 제목으로 알맞은 것을 찾아 선으로 이으세요.

(1) 　글 **가** 　　•

(2) 　글 **나** 　　•

(3) 　글 **다** 　　•

• ㉮ 　진주성을 지켜 낸 진주 대첩

• ㉯ 　권율 장군의 빛나는 행주 대첩

• ㉰ 　이순신 장군, 한산도 대첩으로 전세를 역전시키다

2 권율 장군이 지휘한 대첩과 관련 있는 설명은 무엇인가요? (　　　)

① 왜군 3만 명이 진주성을 쳐들어 와 시작됐다.

② 행주산성에서 조선군과 백성들이 왜군을 크게 물리쳤다.

③ 김시민과 백성들이 성 안의 돌, 지붕 등을 이용해 한 전쟁이었다.

④ 대첩에서의 승리로 조선 수군이 남해의 해상권을 완전히 장악했다.

⑤ 학이 날개를 펼치는 모양으로 적을 에워싸는 학익진 전법을 펼쳤다.

5주·1일

3 글 **가**~**다**의 중심 내용을 정리하여 쓰세요.

임진왜란 3대 대첩

한산도 대첩	진주 대첩	(3)
• 일어난 때: 1592년 7월 8일	• 일어난 때: 1592년 10월 5일	• 일어난 때: 1593년 2월
• 일어난 곳: 한산도 앞바다	• 일어난 곳: (2)(　　　)	• 일어난 곳: 행주산성
• 중요 인물: (1)(　　　)	• 중요 인물: 김시민	• 중요 인물: 권율

30초 **요약**

4 다음 빈칸에 알맞은 말을 넣어 "임진왜란 3대 대첩"의 핵심 내용을 한 문장으로 요약하세요.

임진왜란 3대 대첩에는 이순신의 □□□ 대첩, 김시민의 □□ 대첩, 권율의 □□ 대첩이 있습니다.

청나라와 싸울 것인가, 말 것인가

어휘 뜻

- **척화**(斥 물리칠 척, 和 화할 화) 화해하자는 의논을 배척함.
- **상소하였다** 임금에게 글을 올렸다.
- **신의**(信 믿을 신, 義 옳을 의) 믿음과 의리.
- **역적** 임금에게 배반하여 돌아선 사람.
- **화친**(和 화할 화, 親 친할 친)**하는** 나라와 나라가 서로 의좋게 지내는.

인조 5년(1627년)에 일어난 정묘호란 이후, 청나라는 명나라를 무너뜨리기 위해 조선에 많은 병사를 요청했고, 조선에 청나라를 섬길 것을 요구했다. 이 때문에 청나라에 대한 조선의 감정은 악화되었고, 신하들은 두 편으로 나뉘어 논쟁을 벌였다. 청나라를 치고 명나라와의 의리를 지키자는 '척화론'과 청나라와의 화해를 깨뜨리면 안 된다는 '주화론'이 팽팽히 맞선 것이다.

척화론을 주장하는 사람들(척화파)은 다음과 같이 상소하였다.

"지금 명나라의 세력이 약해지고 청나라의 세력이 강해졌다고는 하나, 명나라는 분명히 우리 태조 대왕께서 나라를 세운 후 2백 년 넘게 두터운 신의를 쌓아 온 나라입니다. 명나라와의 이런 신의를 저버리는 것은 있을 수 없는 일입니다. 더구나 지난 임진왜란 때, 우리는 명나라의 도움을 받아 일본을 물리칠 수 있었습니다. 그 당시 명나라는 어려운 사정에도 불구하고 우리를 위해 20만 명이나 되는 군사를 보내 주었습니다. 그런데 이제 와서 명나라가 어려움에 처했다고 하여 어찌 등을 돌릴 수 있다는 말입니까?"

반면, 주화론을 주장하는 사람들(주화파)은 다음과 같이 상소하였다.

"주화를 주장하면 마치 역적인 양 몰아붙이지만, 청나라와 화친하는 일이 그르다고 생각하지 않습니다. 현재 청나라와의 전쟁을 주장하는 사람들은 모두 청나라의 누르하치가 스스로를 황제라 하였으니 그들과 왕래를 해서는 안 된다고 하지만, 그들이 오랑캐인 이상 황제라 일컫든 말든 우리가 상관할 바가 아닙니다. 지금 우리는 임진왜란과 정묘호란을 겪으면서 국력은 바닥나 있고 백성의 살림은 어려운 반면, 오랑캐 군사의 힘은 강하기만 합니다. 지금 우리에게 중요한 것은 백성들의 삶을 보살피는 일입니다. 그 다음에 군사를 훈련시키고 성을 수리하여 전쟁에 대비해야 합니다. 준비도 없는 상황에서 명분 때문에 전쟁을 한다는 것은 무모한 일입니다."

인조는 척화파와 주화파의 논쟁을 듣고 고민에 빠졌다. 그러다가 결국 척화파의 의견에 따라 친명 정책을 유지했고, 이것이 원인이 되어 인조 14년 병자년에 청나라의 황제가 군사를 이끌고 쳐들어 왔으니, 이것이 병자호란이다.

어휘 퀴즈

1 ㄴㅈ은 서로 다른 의견을 가진 사람들이 말이나 글로 다투는 것이다.
- ☐ 늑장 ☐ 논쟁

2 ㅁㅂ은 일을 꾀할 때 겉으로 내세우는 이유나 구실이다.
- ☐ 맞불 ☐ 명분

5 이 글의 특징으로 알맞은 것은 무엇인가요? (   )

① 청나라에 대한 조선의 감정을 상상하여 쓴 글

② 정묘호란의 타당성을 구체적인 근거를 들어 입증한 글

③ 인조가 명나라의 의리를 지키지 않은 일을 비판하여 쓴 글

④ 청나라와 조선의 관계 회복을 위한 대책을 예를 들어 쓴 글

⑤ 척화론을 주장하는 사람들과 주화론을 주장하는 사람들이 논쟁한 일을 쓴 글

6 이 글에서 다음 주장을 뒷받침한 근거를 두 가지 고르세요. (,   )

> 청나라와의 화해를 깨뜨리면 안 된다.

① 일본과 먼저 싸우고 난 뒤에 명나라와 싸워야 한다.

② 명나라와 2백 년 넘게 쌓아 온 신의를 저버릴 수 없다.

③ 준비도 없는 상황에서 명분 때문에 전쟁을 할 수는 없다.

④ 임진왜란 때 도와주었던 명나라와의 의리를 저버릴 수는 없다.

⑤ 오랑캐들이 황제라는 호칭을 쓰든 말든 우리가 상관할 바가 아니다.

5주
·
1일

7 다음 ·보기·는 누구의 주장에 어울리는 근거인지 찾아 밑줄을 그으세요.

┌─보기─

　어느 나라가 싸우지도 않고 처음부터 화친을 원하는 나라를 대접하려고 하겠습니까? 따라서, 지금 청나라와의 화친을 도모하는 것은 명분에서는 물론, 전술적 측면에서도 옳지 않습니다. 지금 이 순간에도 척화의 태도를 높이 들어 명과 더불어 청나라와 싸워야 합니다.

척화파

주화파

30초 요약

8 다음 빈칸에 알맞은 말을 넣어 "청나라와 싸울 것인가, 말 것인가"의 핵심 내용을 한 문장으로 요약하세요.

　　　　　는 명나라와의 의리를 지키며 　　　　　와 싸워야 한다는 주장

을, 　　　　　는 청나라와의 화해를 깨뜨리면 안 된다는 주장을 펼쳤습니다.

지문 분석 강의

헌혈로 사랑을 실천해요

과학
／ 우리의 몸

어휘 뜻

● **수혈**(輸 보낼 수, 血 피 혈) 치료를 목적으로 건강한 사람의 피를 환자에게 옮겨 넣음.

● **직면**(直 곧을 직, 面 낯 면)**할지** 어떤 일을 직접 당하거나 접할지.

● **채혈**(採 캘 채, 血 피 혈)**하는** 피를 뽑는.

혈액은 우리 몸무게의 약 8%를 차지해요. 그중에서 약 10%는 여유로 남아 있는 양이에요. 몸무게가 약 50kg이라면 혈액의 무게는 약 4kg이므로, 약 400g이 여유분이지요. 헌혈은 이 여유분의 피를 뽑아 수혈이 필요한 환자에게 주는 것이에요. 피를 뽑으면 우리 몸에는 며칠 내에 새로운 피가 만들어져요.

헌혈은
사랑입니다.

헌혈을 하기 전에 여러 가지 검사를 하므로 헌혈을 하면 자신의 건강을 점검해 볼 수 있어요. 무엇보다 헌혈을 하면 소중한 한 생명을 구할 수 있습니다.

우리는 언제 수혈을 받을 상황에 직면할지 모릅니다. 함께 살아가는 모두를 위해 헌혈로 사랑을 실천해 보세요.

◆ 헌혈의 조건 ◆

－ 헌혈자는 전혈 헌혈과 성분 헌혈 중 하나를 선택할 수 있습니다.

　1) 전혈 헌혈: 혈액의 모든 성분(적혈구, 백혈구, 혈장, 혈소판)을 채혈하는 것으로 320ml나 400ml를 채혈합니다.

　　• 나이: 320ml － 만 16세~69세, 400ml － 만 17세~69세

　　• 몸무게: 320ml － 남자 50kg 이상, 여자 45kg 이상 / 400ml － 남녀 모두 50kg 이상

　2) 성분 헌혈: 혈액의 특정 성분만 채혈하고 나머지 성분은 헌혈자에게 되돌려 주는 것으로 세 종류가 있습니다.

　　• 나이: 혈소판 성분 헌혈, 혈소판 혈장 성분 헌혈 － 만 17세~59세

　　　　　혈장 성분 헌혈 － 만 17세~69세

　　• 몸무게: 남자 50kg 이상, 여자 45kg 이상

◆ 다음과 같은 사람은 헌혈을 할 수 없습니다 ◆

－ 최근에 예방 접종을 한 경우

－ 혈압이 너무 높거나 낮은 경우

－ 술을 마셨거나 식사를 못 했거나 잠을 제대로 못 잔 경우

◆ 준비 사항 ◆

－ 주민등록증, 운전면허증, 여권 등 본인 확인이 가능한 신분증

－ 몸무게, 혈압, 맥박, 체온 측정값(헌혈 장소에서 측정)

어휘 퀴즈

❶ ○○는 시간이나 공간, 돈 등이 넉넉하여 남아 있는 상태이다.

☐ 여유　　☐ 이유

❷ ㅈㄱ은 낱낱이 검사하는 것을 말한다.

☐ 조건　　☐ 점검

1 이 글에서 참여를 바라는 것은 무엇인가요? (　　　)

① 헌혈　　　　② 예방 접종　　　　③ 체중 감량
④ 건강 검진　　⑤ 혈액 성분 연구

2 이 글에서 알 수 있는 사실로 알맞으면 ○표, 알맞지 <u>않으면</u> ×표를 하세요.

(1) 혈액은 우리 몸무게의 약 8%를 차지한다.　　　　　　　　　　(　　　)
(2) 헌혈을 한 경험이 있어야 수혈을 받을 수 있다.　　　　　　　(　　　)
(3) 헌혈을 하면 병원에서 매달 진료를 받지 않아도 된다.　　　　(　　　)
(4) 피를 뽑고 난 뒤 우리 몸에 새로운 피가 만들어지려면 1년 이상 걸린다. (　　　)
(5) 헌혈을 하려면 주민등록증, 운전면허증 등 본인 확인이 가능한 신분증을 준비한다.
　　　　　　　　　　　　　　　　　　　　　　　　　　　　　　(　　　)

3 다음 중 전혈 헌혈을 할 수 있는 사람은 누구일까요? (　　　)

① 헌혈한 경험이 없는 75세 어르신
② 최근에 독감 예방 접종을 한 만 15세의 청소년
③ 혈소판 성분만 200ml 채혈하고 싶은 고혈압 환자
④ 평소 운동을 하며 건강 관리를 잘한 몸무게 60kg의 30세 남자
⑤ 혈장 성분만 채혈하고 나머지 성분은 돌려받고 싶은 몸무게 51kg의 성인

30초 요약

4 다음 빈칸에 알맞은 말을 넣어 "헌혈로 사랑을 실천해요"의 핵심 내용을 한 문장으로 요약하세요.

헌혈은 피를 뽑아 □□이 필요한 환자에게 주는 것으로, □□□는 전혈 헌혈과 □□ 헌혈 중 하나를 선택해 헌혈로 사랑을 실천할 수 있습니다.

인체의 화학 공장, 간

어휘 뜻
- **장기**(臟 오장 장, 器 그릇 기) 내장의 각 기관.
- **대사** 생물체가 몸 밖으로부터 섭취한 영양 물질을 몸 안에서 분해·합성하여 생명 활동에 쓰는 물질이나 에너지를 생성하고 필요하지 않은 물질을 몸 밖으로 내보내는 작용.
- **영양소** 단백질·탄수화물·지방·비타민 등 생물에게 영양이 되는 물질.
- **가공하고** 원료나 재료에 기술과 힘을 들여 새로운 물건으로 만들고.

우리말에는 간과 관련된 관용 표현이나 속담이 많습니다. 매우 겁이 나고 초조해할 때 '간이 떨리다'라는 표현을, 처지나 상황에 맞지 않게 지나치게 용감한 사람에게 '간이 부었다'라는 표현을 사용합니다. 또, 자기에게 조금이라도 이익이 되면 바로 편을 바꿀 때 '간에 붙었다 쓸개에 붙었다 한다'라는 표현을 사용합니다. 이렇듯 우리 조상은 오랜 세월 동안 간을 중요하게 생각해 왔습니다.

간은 우리 몸에서 위의 오른쪽에 자리잡고 있으며, 무게는 약 1킬로그램 이상입니다. 간은 혈액을 많이 지니고 있는 부드러운 장기로, 모양은 마름모꼴이고 표면은 매끈하며 붉은색을 띱니다. 간은 인체에 매우 중요한 여러 가지 대사 작용을 총괄하기 때문에 '인체의 화학 공장'이라는 별명을 가지고 있습니다.

간이 하는 일은 다음과 같습니다. 먼저, 간은 영양소를 가공하고 저장합니다. 위와 창자에서 흡수된 영양소들은 일단 간으로 운반되는데, 여기에서 우리 몸이 필요로 하는 다양한 물질로 가공되어 다른 기관으로 보내집니다. 또한 간은 영양소를 저장해 두었다가 음식을 먹지 않았을 때도 온몸에 일정하게 공급해 주는 저장고 역할을 합니다.

또, 간은 단백질을 만듭니다. 우리 혈액 속에는 몸에 중요한 역할을 하는 여러 가지 단백질이 있습니다. 이 중 약 90퍼센트는 간에서 만들어집니다. 특히 간은 세포의 기초 물질을 구성하는 알부민이나 피를 멎게 하는 단백질을 만드는 중요한 일을 합니다.

간은 약물이나 해로운 물질을 해독해 주기도 합니다. 몸에 들어온 여러 가지 약물과 해로운 물질은 간에서 해가 적은 물질로 바뀌어 오줌이나 쓸개즙을 통해 배설됩니다. 간이 없으면 우리의 건강을 유지시킬 수 없을 것입니다.

마지막으로 간은 면역 기능도 담당합니다. 간에 있는 세포가 심장으로 가는 세균을 잡아먹기도 하고, 백혈구의 면역 기능을 담당하는 물질을 만들어 내기도 합니다.

간은 조금 손상이 되면 스스로 회복하는 재생력을 가지고 있습니다. 하지만 간 전체가 손상되면 다양한 기능이 한꺼번에 멈춰 버리는 문제가 생깁니다. 따라서 간을 보호하기 위해 단 음식을 피하고 적절한 운동을 해야 합니다. 또 약을 과다하게 섭취하면 약을 해독하느라 간에 무리를 줄 수 있으므로 주의해야 합니다.

어휘 퀴즈

❶ ㅎㄷ은 독성이 있는 요소나 물질을 없애는 것이다.
　□ 혼동　　□ 해독

❷ ㅁㅇ은 사람의 몸 안에 들어온 바이러스에 대해 항체가 생겨서, 같은 바이러스가 일으키는 병에 걸리지 않는 기능이다.
　□ 면역　　□ 문안

5 다음은 무엇을 설명한 것인지 빈칸에 알맞은 말을 써넣으세요.

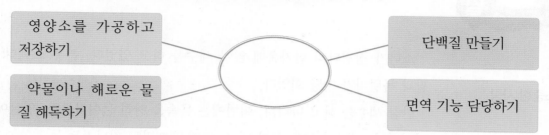

| 영양소를 가공하고 저장하기 | | 단백질 만들기 |
| 약물이나 해로운 물질 해독하기 | | 면역 기능 담당하기 |

6 간에 대해 바르게 설명한 것을 두 가지 고르세요. (,   )

① 별명은 '인체의 화학 공장'이다.

② 모양은 마름모꼴이고, 검푸른색이다.

③ 우리 몸에서 위의 왼쪽에 자리잡고 있다.

④ 영양소를 저장해 두었다가 음식을 먹지 않을 때 온몸에 공급해 준다.

⑤ '간에 붙었다 쓸개에 붙었다 한다'라는 표현은 지조 있는 사람에게 어울린다.

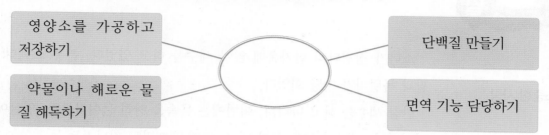

7 이 글의 중요 내용을 정리하고, 문단별로 더 궁금한 내용을 썼습니다. 알맞지 <u>않은</u> 내용을 찾아 기호를 쓰세요.

㉮ 1문단: 간과 관련된 관용 표현이나 속담 ⇨ '간을 녹이다'의 뜻은 무엇일까?

㉯ 2문단: 간의 특징 ⇨ 간의 크기는 얼마일까?

㉰ 3~6문단: 간의 기능 ⇨ 간은 또 어떤 일을 할까?

㉱ 7문단: 간을 보호하는 방법 ⇨ 간과 쓸개의 차이점은 무엇일까?

30초 요약

8 다음 빈칸에 알맞은 말을 넣어 "인체의 화학 공장, 간"의 핵심 내용을 한 문장으로 요약하세요.

간은 영양소를 [ ][ ] 및 저장하고 [ ][ ][ ]을 만드는 것부터 약물이나 해로운 물질을 [ ][ ]하고 면역 기능을 담당하는 등의 다양한 일을 하므로 잘 보호해야 합니다.

5주
·
2일

소나기

황순원

지문 분석 강의

문학
／**소중한 사람**

어휘 뜻
• **날쌔게** 무엇의 움직임
이 매우 빠르게.
• **개울** 시내보다 크고 강
보다 작은, 골짜기나 들
에 흐르는 작은 물줄기.
• **갈밭** 갈대밭(갈대가
우거진 곳).
• **청량(淸** 맑을 청, **凉** 서
늘할 량)**한** 맑고 서늘
한.
• **갈밭머리** 갈대밭 근
처. 특히 출입이 잦은
입구 쪽.
• **개울가** 개울의 가장자
리.

소녀가 징검다리 한가운데 앉아 세수를 하고 있었다. 분홍 스웨터 소매를 걷어 올린 팔과 목덜미가 마냥 희었다.

한참 세수를 하고 나더니, 이번에는 물속을 빤히 들여다본다. 얼굴이라도 비추어 보는 것이리라. 갑자기 물을 움켜 낸다. 고기 새끼라도 지나가는 듯.

소녀는 소년이 개울둑에 앉아 있는 걸 아는지 모르는지 그냥 날쌔게 물만 움켜 낸다. 그러나 번번이 허탕이다. 그대로 재미있는 양, 자꾸 물을 움킨다. 어제처럼 개울을 건너는 사람이 있어야 길을 비킬 모양이다.

그러다가 소녀가 물속에서 무엇을 하나 집어낸다. 하얀 조약돌이었다. 그리고는 벌떡 일어나 팔짝팔짝 징검다리를 뛰어 건너간다.

다 건너가더니만 획 이리로 돌아서며, / "이 바보." / 조약돌이 날아왔다.

소년은 저도 모르게 벌떡 일어섰다.

단발머리를 나풀거리며 소녀가 막 달린다. 갈밭 사잇길로 들어섰다. 뒤에는 청량한 가을 햇살 아래 빛나는 갈꽃뿐.

이제 저쯤 갈밭머리로 소녀가 나타나리라. 꽤 오랜 시간이 지났다고 생각했다. 그런데도 소녀는 나타나지 않는다. 발돋움을 했다. 그러고도 상당한 시간이 지났다고 생각했다.

저쪽 갈밭머리에 갈꽃이 한 옴큼 움직였다. 소녀가 갈꽃을 안고 있었다. 그리고 이제는 천천한 걸음이었다. 유난히 맑은 가을 햇살이 소녀의 갈꽃 머리에서 반짝거렸다. 소녀 아닌 갈꽃이 들길을 걸어가는 것만 같았다.

소년은 이 갈꽃이 아주 뵈지 않게 되기까지 그대로 서 있었다. 문득, 소녀가 던진 조약돌을 내려다보았다. 물기가 걷혀 있었다. 소년은 조약돌을 집어 주머니에 넣었다.

다음 날부터 좀 더 늦게 개울가로 나왔다. 소녀의 그림자가 뵈지 않았다. 다행이었다.

그러나 이상한 일이었다. 소녀의 그림자가 뵈지 않는 날이 계속될수록 소년의 가슴 한구석에는 어딘가 허전함이 자리 잡는 것이었다. 주머니 속 조약돌을 주무르는 버릇이 생겼다.

어휘 퀴즈
❶ ㅎ ㅌ 은 바라던 일이 아
무 쓸데없게 된 일이다.
☐ 허탕 ☐ 호통
❷ ㄱ ㄲ 은 갈대꽃이다.
☐ 개꽃 ☐ 갈꽃

작품의 전체 줄거리

수록지문 소년은 집으로 돌
아가던 길에 개울가에서 물장
난하는 소녀와 마주치고, 소
녀가 던진 조약돌을 간직함.

소년과 소녀가 가까워져 함
께 산으로 놀러가서 꽃도 꺾
고 이야기를 나누며 즐거운
시간을 보냄.

산에서 소나기를 만난 소년
과 소녀는 수숫단속에서 비
를 피함. 한동안 보이지 않던
소녀는 곧 이사를 간다 함.

며칠 뒤, 소년은 앓다가 죽은
소녀의 소식을 들음. 소녀의
유언은 입던 옷을 그대로 입
혀 묻어 달라는 것이었음.

1 이 글에서 다음 •보기•와 관련 있는 소재를 찾아 쓰세요.

> ┌─보기─
> • 소년과 소녀를 이어 주는 것이다.
> • 소년에 대한 소녀의 관심을 드러낸다.
> • 소녀에 대한 소년의 그리움을 드러낸다.
> └

☐ ☐ ☐

2 이 글의 주인공을 이름 없이 '소년', '소녀'로만 표현한 까닭은 무엇일까요? (   )

① 이야기로 시의 효과를 강하게 주려고

② 주인공들의 성격을 직접적으로 잘 드러내려고

③ 아무에게나 쉽게 일어날 수 없는 이야기를 만들려고

④ 읽는 사람이 자신과 상관없는, 남의 이야기라고 느끼게 하려고

⑤ 누구나 겪을 수 있는 이야기처럼 느끼게 하여 공감대를 형성하려고

5주
·
3일

3 소년의 성격이 다음과 같이 바뀐다면 이야기가 어떻게 바뀔지 상상하여 쓰세요.

> 적극적이고 장난기가 많은 성격

_____

_____

30초 요약

4 다음 빈칸에 알맞은 말을 넣어 "소나기"의 핵심 내용을 한 문장으로 요약하세요.

어느 가을날, 개울가에서 ☐☐ 가 소년에게 ☐☐☐ 을 던져 관심을 보였고, ☐☐ 은 그 조약돌을 주머니에 넣어 두고 소녀가 보고 싶을 때마다 조약돌을 주무르는 버릇이 생겼습니다.

나비를 잡는 아버지

현덕

문학
／소중한 사람

어휘 뜻
● **축동** 물을 막기 위해 크게 쌓은 둑.
● **갑절** 어떠한 수량이나 분량의 두 배.
● **메밀밭** 메밀을 심어 가꾸는 밭.

● **두덩** 두둑하게 높은 곳.
● **농립(農** 농사 농, **笠** 삿갓 립) 여름 농사일을 할 때 쓰는 밀짚이나 보릿짚 등으로 만든 모자.
● **지척지척** 힘없이 다리를 끌면서 억지로 걷는 모양.

바우는 어머니가 밥상을 날라 오기 전에 자기가 먼저 슬며시 집 밖으로 나갔다. 밥을 열 끼를 굶는 한이 있더라도 그 경환이 앞에 나비를 잡아 가지고 가서 머리를 숙이기는 무엇보다 싫었다. 아들의 그만한 체면쯤 보아줄 줄 모르고 자기네 요구만 고집하는 아버지가, 그리고 어머니까지 바우는 무척 야속하였다. 노여웠다.

바우는 동구 밖 아랫마을로 가는 길가 축동, 버드나무 그늘 밑을 고개를 숙여 생각에 잠기며 걷는다. 아침부터 요란스레 매미는 울고 그리고 속상하게 눈에 보이는 것은 여기저기 풀 위로 너훌거리는 나비다. 바우는 그 나비를 피해 가는 듯 문득 걸음을 바꿔 뒷산으로 올라갔다. 거기서 바우는 일상 하던 버릇으로 풀을 베어 널고 그 위에 벌렁 나둥그려져 하늘을 쳐다본다. 집에서보다 갑절 어버이에게 대한 야속함과 노여움이 사무친다.

'아버지 말대로 정말 집을 나오고 말까? 그러면 아버지도 뉘우칠 때가 있겠지. 그리고 서울 같은 도회로 나가서 어떻게 고학이라도 해 볼까?'

바우는 정말 그렇게 해 볼 것처럼 벌떡 일어선다. 그리고 걸음 걸리는 대로 따라 산 아래로 내려간다. 산 중턱쯤 이르렀다. 건너다보이는 맞은편 언덕을 너머 메밀밭 두덩에 허연 사람의 그림자가 엎드렸다 일어섰다 하며 무엇을 쫓는 모양으로 움직인다.

'흥! 경환이 저놈이 또 나비를 잡는구나.' / 하고 바우는 입가에 업신여기는 웃음을 짓는다. 산을 또 좀 내려와 바라볼 때 경환이로 본 그것은 어른이 분명했다.

'흥, 경환이란 놈이 저이 집 머슴을 시켜 나비를 잡게 하는구나.'

그리고 바우는 또 한 번 웃는다. 바우는 산을 내려와 맞은편 언덕 위로 올라섰다. 그리고 가까운 거리에서 메밀밭을 내려다보았을 때 그는 놀라 벌린 입을 다물지 못했다. 경환이 집 머슴으로 본 사람은 남 아닌 바로 자기 아버지였다. 아버지는 농립을 벗어 들고 나비를 쫓아 엎드렸다 일어섰다 하며 그 똑똑지 못한 걸음으로 밭두덩을 지척지척 돌고 있다.

바우는 머리를 얻어맞은 듯 멍하니 아래를 바라보고 섰다. 그러다가 갑자기 언덕 모래 비탈을 지르르 미끄러져 내려가며 그렇게 빠른 속력으로 지금까지 잠기어 있던 어둔 마음에서 벗어나 그 아버지가 무척 불쌍하고 정답고 그리고 그 아버지를 위하여서는 어떠한 어려운 일이든지 못할 것이 없을 것 같고, 바우는 울음이 되어 터져 나오려는 마음을 가슴 가득히 참으며 언덕 아래 메밀밭을 향해 소리쳤다. / "—아버지."

어휘 퀴즈

❶ ㄷㅎ 는 사람이 많이 살고 있는 번화한 곳이다.
☐ 대회　　☐ 도회

❷ ㄱㅎ 은 학비를 스스로 벌어서 고생하며 배우는 것이다.
☐ 고학　　☐ 감흥

작품의 전체 줄거리

바우는 서울 학교로 진학한 경환이가 나비를 잡는 꼴이 곱게 보이지 않음.	나비를 놓아 준 바우와 심술 난 경환이는 몸싸움을 함.	부모님은 바우더러 경환이에게 빌라고 하지만, 바우는 그러지 않겠다고 고집을 부림.	**수록지문** 뒷산에 오른 바우는 나비를 잡는 아버지를 보고, 아버지에게 미안해함.

5 다음 인물들이 갈등을 겪은 까닭은 무엇일까요? (　　　　)

① 경환이가 바우 아버지에게 꾸중을 들어서

② 경환이가 도회로 가서 고학을 하고 싶어 해서

③ 바우가 경환이보다 나비를 많이 잡고 싶어 해서

④ 바우 아버지가 경환이네 땅을 빌려 농사짓는 일을 그만두려고 해서

⑤ 바우 아버지가 바우에게 나비를 잡아 가지고 경환이에게 가서 사과하라고 해서

6 이 글에서 바우가 겪은 일의 차례대로 기호를 쓰세요.

⑦ 바우가 아버지에 대한 서운한 마음 때문에 가출까지 생각했다.

⑭ 바우는 마음이 복잡하고 나비를 피해 가고 싶어 뒷산에 올랐다.

⑮ 바우는 메밀밭에서 나비를 잡는 사람이 자신의 아버지라는 것을 알게 되었다.

⑯ 바우는 메밀밭의 사람 그림자를 보고, 경환이가 머슴을 시켜 나비를 잡게 하는 것이라 생각했다.

⑭ → (　　　　) → (　　　　) → (　　　　)

7 이 글을 통해 작가가 말하고자 하는 것은 무엇인가요? (　　　　)

① 나비의 멸종 위기　　　　② 가족보다 소중한 친구

③ 고통을 이겨내는 끈기　　④ 어른의 눈높이로 바라보는 세상

⑤ 자식에 대한 아버지의 따뜻한 사랑

30초 요약

8 다음 빈칸에 알맞은 말을 넣어 "나비를 잡는 아버지"의 핵심 내용을 한 문장으로 요약하세요.

　□□는 부모님이 야속해 뒷산에 올랐다가 자신 때문에 □□를 잡는 □□□를 발견하고, 아버지에게 연민과 미안한 마음을 느꼈습니다.

5주·3일

4일

세종 대왕과 훈민정음

지문 분석 강의

인물
／ 훌륭한 리더

어휘 뜻

● **훈민정음** 백성을 가르 치는 바른 소리라는 뜻 으로, 한글을 이르는 말.

● **창제**(創 비롯할 창, 製 지을 제) 전에 없던 것 을 처음으로 만들거나 제정함.

● **반포**(斑 나눌 반, 布 펼 포) 세상에 널리 퍼뜨 려 모두 알게 함.

● **실정**(實 열매 실, 情 뜻 정) 어떤 일의 실제 사 정이나 형편.

● **아둔한** 답답하게 여겨 질 만큼 어리석은.

1443년, 세종 대왕은 집현전의 여러 학사와 함께 훈민정 음을 창제하였습니다. 세종 대왕이 한글을 만들기 전에 우 리나라에는 우리의 글이 없어서 중국 글자인 한자를 빌려 만든 글자를 사용하거나 한자를 사용했습니다. 이 때문에 한자 를 잘 모르는 일반 백성들은 어려운 일을 수시로 겪었습니다.

▲ 훈민정음 해례본

세종 대왕이 새로운 글자를 만들게 된 큰 뜻은 훈민정음을 반포하면서 지은 머리말에 잘 나타나 있습니다.

"우리나라 말은 중국 말과 달라서 중국의 문자와는 서로 맞지 않는다. 그런 까닭으로 백성들은 하고 싶은 말이 있어도 그 뜻을 충분히 나타내지 못하는 실정이다. 이를 안 타깝게 여겨 새로 28자를 만들었으니 백성들이 쉽게 배우고 익혀서 일상생활에 널리 쓰게 하기 위함이다."

훈민정음은 세계에서 가장 배우기 쉽고 세상에 존재하는 거의 모든 소리를 표현할 수 있는 문자입니다. 훈민정음의 이러한 특징은 훈민정음 창제 원리가 기록되어 있는 "훈 민정음 해례본"에도 잘 나타나 있습니다.

"똑똑한 사람은 하루아침이면 깨칠 수 있고, 아무리 아둔한 사람이라도 열흘이면 충 분히 깨칠 수 있다. 또한 바람 소리, 닭이 홰치며 우는 소리, 개 짖는 소리도 훈민정음 으로 표기할 수 있다."

세종 대왕이 만든 훈민정음은 자음 17개와 모음 11개로 모두 28자입니다. 이 글자들 은 어떤 원리로 만들어졌을까요?

자음의 기본자 'ㄱ', 'ㄴ', 'ㅁ', 'ㅅ', 'ㅇ'은 발음 기관인 목구멍과 혀, 입술과 이가 움직 이는 모양을 본떠 만들었습니다. 나머지 다른 글자들은 이 기본자에 획을 하나씩 더해 만들었지요. 예를 들면 'ㄱ → ㅋ', 'ㄴ → ㄷ → ㅌ', 'ㅁ → ㅂ → ㅍ'과 같습니다.

또, 모음의 기본자는 하늘, 땅, 사람을 본떠 만든 '•, ㅡ, ㅣ' 세 글자입니다. '•'는 '하늘', 'ㅡ'는 '땅', 'ㅣ'는 '사람'을 뜻하지요. 그리고 이들을 결합하여 다 른 모음을 만들었습니다. 예를 들면 'ㅣ + • → ㅏ', 'ㅏ + • → ㅑ', '• + ㅣ → ㅓ', '• + ㅓ → ㅕ'가 되는 것 입니다.

어휘 퀴즈

❶ ㅎ 은/는 새나 닭이 올라 앉게 가로질러 놓은 나무 막대이다.

☐ 홰 ☐ 획

❷ ㅍㄱ 는 글을 쓰는 것 이다.

☐ 핑계 ☐ 표기

1 다음 중 설명 대상이 <u>다른</u> 하나는 무엇인가요? (   )

① 세계에서 가장 배우기 쉬운 문자이다.

② 자음 17개와 모음 11개로 모두 28자이다.

③ 한글을 만들기 전에 중국 글자인 한자를 빌려 만든 글자이다.

④ 1443년, 세종 대왕이 집현전의 여러 학사와 함께 창제한 것이다.

⑤ 백성들이 쉽게 배우고 익혀서 일상생활에 널리 쓰게 하기 위해 만들어졌다.

2 이 글의 내용에 알맞게 다음 표의 빈칸에 알맞은 자음자를 쓰세요.

	기본자	획을 더한 문자	
	ㄴ	ㄷ	(1)
	ㅁ	ㅂ	(2)

3 이 글을 읽고, 훈민정음의 우수성을 알맞게 생각한 친구를 두 명 고르세요.

> 태현: 자음과 모음 수가 다르니, 휴대 전화나 컴퓨터에서 사용하기 좋은 문자야.
> 송이: 기본 글자를 중심으로 글자를 만드니까 문자를 배우는 데 드는 시간이 절약되겠어.
> 효인: 적은 수의 글자로 대부분의 소리를 적을 수 있으니 한자를 배우지 못한 조선의 백성도 쉽게 받아들였을 거야.

(   ), (   )

🕐 **30초 요약**

4 다음 빈칸에 알맞은 말을 넣어 "세종 대왕과 훈민정음"의 핵심 내용을 한 문장으로 요약하세요.

1443년, ☐☐ 대왕과 집현전의 학사가 만든 ☐☐☐☐은 세계에서

가장 배우기 쉽고 세상에 존재하는 거의 모든 소리를 표현할 수 있는 문자로, ☐

☐ 17개와 ☐☐ 11개로 모두 28자입니다.

사랑하는 젊은이들에게

안창호

인물
/ **훌륭한 리더**

어휘 뜻

● **비관(悲** 슬플 비, **觀** 볼 관)**하여** 인생을 어둡게만 보아 슬퍼하거나 절망스럽게 여겨.

● **전문** 어떤 분야에 상당한 지식과 경험을 가지고 오직 그 분야만 연구하거나 맡음. 또는 그 분야.

● **학식(學** 배울 학, **識** 지식 식) 배워서 얻은 지식.

● **실용적** 실제로 쓰기에 알맞은 것.

● **여건(與** 줄 여, **件** 물건 건) 어떤 일을 시작하려 할 때 미리 주어진 조건.

안창호

서로 협동하는 정신을 길러야 합니다. 대한의 일은 대한 사람 스스로 하는 것과 동시에 모두 역할을 나누어 행동하자는 말입니다. 어떤 사람은 무슨 일을 자기 혼자 하겠다는 생각을 합니다. 그러면 자기 혼자만 잘되고 싶은 마음이 생겨 하려는 일은 되지 않고 오히려 다툼이 생깁니다.

혼자서 무엇을 다 하다가는 실망하기 쉽습니다. 혼자 하는 일이 잘 이루어지지 않으면 곧 비관하여 실망합니다. 민족 전체에 관계되는 일은 어느 한두 사람의 손으로 되지 않고 온 민족의 힘으로만 됩니다. 이상은 정신적인 면을 강조한 것입니다.

실질적인 면으로 누구나 한 가지 이상의 전문 지식을 가져야 합니다. 전문 지식을 가질 수 없다면 한 가지 이상의 전문 기술이라도 가져야 합니다. 오늘은 빈말로 살아가는 세상이 아니요, 살아갈 만한 능력을 가져야 살 수 있는 세상입니다. 그러려면 한 가지 이상의 전문적 학식이나 기술, 재주가 없어서는 안 됩니다. 이것이 있어야 자기와 가족, 그리고 사회를 지킬 수 있습니다.

아직도 옛날처럼 과거를 보러 다니듯이 허영심으로 공부하는 사람이 많습니다. 실제 사회에 나아가 직업을 구하기 위하여 실용적 학문을 배우려는 사람은 적고, 대학을 졸업하였다는 졸업장을 받으려는 사람이 많습니다. 그러니 졸업한 뒤에는 다시 더 학문을 연구하려고 하지 않습니다. 직업을 목표로 하지는 않고, 사치스러운 겉모양을 목표로 공부하는 학생이 많은 것 같습니다. 실용적 학문을 배우고 직업을 찾아 일을 하지 않고, 대학을 졸업하였다고 자랑만 늘어놓는다면 차라리 학교에 다니지 않는 편이 나을 것입니다.

우리에게는 대한 학생을 가르칠 만한 교사나 지도자가 없습니다. 오늘의 대한 학생은 뿔뿔이 흩어져 있지 말고, 다 함께 뭉쳐 그 뭉친 덩어리로 지도자를 삼아 모두가 자율적으로 공부하라고 말씀드립니다. 그렇게 하면 큰 힘을 가지게 될 것입니다. 이미 좋은 교육 여건을 가진 선진국의 학생들도 스스로 공부하고 있는데 아무것도 갖추지 못한 오늘의 대한 학생에게 어찌 이것이 필요하지 않겠습니까?

오늘날, 국내외에서 이러한 목적을 가진 교육 단체가 많이 일어나는 것은 좋은 일입니다. 단체들이 흩어져 있지 않고 뭉쳐서 하나가 되면, 그 힘이 더욱 커지리라고 생각합니다. ㉠한 사람의 촛불은 *끄기 쉽지만* 많은 사람의 촛불은 *끄기 어려운* 법입니다. 여러 사람의 정신이 담긴 촛불이 널리 빛을 발하여 많은 사람을 도울 것입니다.

어휘 퀴즈

❶ ㅎㄷ은 서로 마음과 힘을 하나로 합하는 것이다.
☐ 행동 ☐ 협동

❷ ㅎㅇㅅ은 지나치게 겉모양을 화려하게 꾸미려고 하는 마음이다.
☐ 회의실 ☐ 허영심

5 안창호가 강조한 것을 알맞게 찾아 선으로 이으세요.

(1) 정신적인 면 •

(2) 실질적인 면 •

• ㉮ 서로 협동할 것

• ㉯ 한 가지 이상의 전문 지식을 가질 것

6 안창호의 생각과 그 까닭을 알맞게 정리한 것을 두 가지 고르세요. (　　,　　)

	생각	그 까닭
①	직업을 목표로 공부하지 말자.	계속 학문을 연구하는 것이 중요하다.
②	교육 단체는 자율적으로 움직이자.	하나 된 교육 단체는 생명력이 짧다.
③	전문적 학식이나 기술, 재주를 가지자.	살아갈 만한 능력을 가져야 살 수 있는 세상이다.
④	대한 학생을 가르칠 만한 교사나 지도자가 없다.	다 함께 뭉치지 말고 따로따로 지도자가 되어 자율적으로 공부하자.
⑤	대한의 일은 대한 사람 스스로 하고, 모두 역할을 나누어 행동하자.	민족 전체에 관계되는 일은 온 민족의 힘으로만 된다.

7 ㉠의 말을 통해 알 수 있는, 안창호가 추구하는 가치는 무엇인가요? (　　　)

① 해방의 기쁨

② 자유를 향한 염원

③ 교육에 대한 애정

④ 우리 민족의 단결

⑤ 세대 간의 갈등 해결

30초 요약

8 다음 빈칸에 알맞은 말을 넣어 "사랑하는 젊은이들에게"의 핵심 내용을 한 문장으로 요약하세요.

안창호는 대한 학생들에게 서로 □□하는 정신과 한 가지 이상의 전문 □을 가지는 것을 강조하였고, 다 함께 뭉친 덩어리로 지도자를 삼아 □□적으로 공부하라고 하였습니다.

서유기

원작: 오승은

지문 분석 강의

문학
/ 도전과 용기

어휘 뜻

● **파초선** 정승이 외출할 때 쓰던, 파초 잎 모양처럼 만든 부채.

● **고요한** 움직임이 거의 없이 잔잔한.

● **환호(歡** 기쁠 환, **呼** 부를 호)**하며** 기뻐서 큰 소리로 부르짖으며.

제4장

㉠거대한 산속처럼 꾸며진 무대. 칠선 공주가 커다란 파초선 바람을 일으키고 있다. 칠선 공주가 부채질을 멈추자 손오공이 칠선 공주에게로 달려온다.

손오공: (공손한 자세로) 당신의 아들을 잡아 가둔 것은 미안합니다. 하지만 당신의 남편인 우마왕이 원숭이 나라에 불을 지르고 새끼 원숭이들을 잡아간 대가였습니다.

칠선 공주: (불같이 화를 내며) 다 잊었다 생각했는데, 이렇게 나타나 나를 괴롭히다니!

손오공: (간절한 목소리로 애원하며) 지난 일은 뉘우치고 있으니, 제발 부채를 빌려주십시오. 화염 산의 불을 꺼야 어린아이들을 살릴 수 있어요. 당신 아들을 생각해서라도 고통받는 아이들을 구해 주세요.

칠선 공주: (㉡) 흑흑……. 내 아들 생각만 하면 가시덤불에 꽁꽁 묶인 채로 지옥 속에서 사는 것 같아. 아들아, 내 아들아……!

칠선 공주가 땅바닥에 엎드려 한참 동안 울다가 손오공에게 파초선을 조용히 내민다. 손오공은 부채를 받아 들고 큰절을 하고는 화염 산으로 날아간다. 손오공이 파초선을 세 번 부치자 불기둥이 꺼진다.

삼장 법사: (등장하지 않고 목소리만) 오공아! 불길을 영원히 잠재워 마을 사람들을 편히 살게 하자!

손오공이 다시 바람을 일으킨다. 온 힘을 모아 수십 번 부채질을 한다. 용암이 끓어 넘치던 화염 산이 불씨마저 꺼져 고요한 산이 된다.

마을 사람들: (다 함께 환호하며) 만세! 만세! 손오공 만세! 삼장 법사님 만세!

남자아이: (입을 크게 벌리고는 음식을 먹는 것처럼) 바람이 이렇게 맛있는 줄은 미처 몰랐어! 아, 맛있군.

어휘 퀴즈

❶ ㅎㅇ은 타는 불에서 일어나는 붉은빛의 기운으로, '불꽃'이라 부를 수 있다.

☐ 휴일 ☐ 화염

❷ ㅇㅇ은 화산이 폭발할 때 분화구에서 터져 나와 흐르는 물질이다.

☐ 오열 ☐ 용암

작품의 **전체 줄거리**

| 바위에서 태어난 말썽꾸러기 원숭이 손오공은 신통한 재주를 함부로 부리다가 석가모니에게 벌을 받아 오백 년 동안 바위 산에 깔림. | 손오공은 돼지 괴물 저팔계, 하천 괴물 사오정과 함께 불경을 가지러 가는 삼장 법사(당나라 스님)의 제자가 되어 천축국까지 모시기로 함. | **수록 지문** 삼장 법사, 손오공, 저팔계, 사오정은 가는 길목마다 흉측한 요괴들의 방해로 수많은 어려움을 당하지만, 그때마다 서로를 도와줌. | 결국 삼장 법사 일행은 불경을 가지고 당나라에 돌아옴. 석가모니는 삼장 법사 일행이 세운 큰 공을 인정해 벼슬까지 내림. |

1 ㉠ 부분에 대한 설명으로 알맞은 것은 무엇인가요? (   )

① 인물이 직접 하는 말이다.

② 함축적인 언어로 표현한 것이다.

③ 무대가 바뀌는 장면을 설명한다.

④ 희곡의 구성 요소 중 지문에 해당한다.

⑤ (   ) 안에 쓰는 것으로 고쳐 써야 알맞다.

2 ㉡에 들어갈 말로 알맞은 것은 무엇인가요? (   )

① 자신에 찬 말투로   ② 투덜대며 혼잣말로

③ 심술궂은 표정을 지으며   ④ 얼굴을 가리고 흐느끼며

⑤ 손오공을 바라보며 당황한 목소리로

5주·5일

3 이 글에 대한 생각과 느낌을 알맞게 말한 것을 모두 고르세요. (,   ,   )

① 마을 사람들은 화염 산에 불씨가 꺼져서 정말 기뻤을 거야.

② 글을 읽고 나니 손오공이 왜 칠선 공주의 아들을 잡아 가두었는지 궁금해.

③ 손오공이 온 힘을 모아 부채질해서 화염 산의 불씨를 끈 모습이 감동적이야.

④ 칠선 공주가 힘들고 어려운 상황이 닥치자 무서워서 벌벌 떠는 모습을 보니 안타까웠어.

⑤ 칠선 공주는 손오공이 화염 산에서 고통받는 아이들을 구하길 바라는 마음으로 자신의 파초선을 내어 준 것 같아.

⏱30초 요약

4 다음 빈칸에 알맞은 말을 넣어 "서유기"의 핵심 내용을 한 문장으로 요약하세요.

⬜⬜⬜은 ⬜⬜ 공주에게 사과를 하고 받은 ⬜⬜⬜으로 ⬜ 산의 불을 꺼 사람들을 살렸습니다.

5일

헤라클레스와 황금 사과

문학
/ 도전과 용기

어휘 뜻

● **소스라치게** 깜짝 놀라 갑자기 몸을 떨며 움직이며.

● **무용담**(武 싸울 무, 勇 날랠 용, 談 말씀 담) 싸움에서 공을 세우거나 이긴 일을 자랑스레 하는 이야기.

● **고사리손** '갓 돋아난 고사리처럼 작고 여린 어린아이의 손'을 빗대어 이르는 말.

┌ • 때: 지금으로부터 아주 까마득한 옛날
㉠ • 곳: 유유히 흐르는 론 강가
└ • 나오는 사람: 헤라클레스, 세 요정

㉡막이 오르면 무대 뒤에서 화살집을 어깨에 멘 사나이가 걸어온다.

세 요정: (소스라치게 놀라 도망치듯이) 어머나, 무서워.

헤라클레스: (당황해하며 급히 달려와) 아가씨들, 잠깐만 기다려 주시오. 헤스페리데스의 정원으로 가는 길이 이쪽입니까? 나는 제우스 신과 인간인 알크메네 사이에서 태어난 아들, 헤라클레스입니다.

세 요정: ㉢(활짝 웃으며) 당신이 헤라클레스 님이셨군요? 당신이 힘센 장사라는 것은 세상이 다 알지요. 그동안 겪은 무용담 좀 들려주세요, 네?

헤라클레스: (활짝 웃으며) 알겠습니다. 대신 황금 사과나무가 있는 헤스페리데스의 정원으로 가는 길을 가르쳐 주어야 합니다. (잠시 생각에 잠기듯 눈을 감으며) 내가 갓난아기 때의 일입니다. 어머니는 나와 쌍둥이 동생인 이피클레스를 요람 안에 재웠습니다. ㉣그런데 한밤에 독사 두 마리가 나타나서 우리를 잡아먹으려고 했어요. 그때 나는 고사리손으로 그놈들을 막아냈지요.

세 요정: (깜짝 놀라며) 어머, 당신은 갓난아기 때부터 힘이 세었군요.

헤라클레스: ㉤(고개를 끄덕이며) 그 후 나는 젊은이가 되어 사촌 형 에우리스테우스 왕을 모시게 되었습니다. 그런데 몸이 약한 왕은 힘센 나에게 심통을 부렸어요. 왕은 내게 열두 가지 일을 주었어요. 그 일을 해내면 나에게 자유를 주고, 만약 하나라도 해내지 못하면 나를 없앨 것이라 했어요. 먼저 왕은 네메아 숲속에 사는 사자를 잡아 오라고 했습니다. 그 사자는 어떤 무기로도 잡을 수 없는 무서운 놈이었지만, 있는 힘을 다해 물리쳤습니다. 그때 죽인 사자의 가죽이 바로 내가 어깨에 걸치고 있는 가죽이랍니다.

어휘 퀴즈

❶ ㅇㄹ은 아기를 눕히거나 앉히어 놓고 흔들게 만든 물건이다.

☐ 요람   ☐ 오륜

❷ ㅈㅇ는 남에게 얽매이거나 무엇에 구속받지 않고 자기가 책임지고 자기 의사대로 행동하는 것이다.

☐ 자유   ☐ 정의

작품의 전체 줄거리

수록 지문 헤라클레스가 요정들에게 황금 사과나무가 있는 헤스페리데스의 정원으로 가는 길을 묻자, 요정들이 무용담을 들려 달라 함.

헤라클레스는 요정들이 알려 준 대로 바닷가에 사는 노인을 찾아감. 헤라클레스는 노인으로 변장한 바다의 신 네레이스와 겨뤄 이김.

헤라클레스는 다시 길을 가다가 안타이오스도 물리치고, 땅의 끝에 도착해 헤스페리데스 정원의 주인인 아틀라스를 만남.

아틀라스를 대신해 무거운 하늘을 떠받치던 헤라클레스는 꾀를 내어 아틀라스에게 하늘을 넘기고, 황금 사과를 얻어 멀리 달아남.

5 ㉠~㉤ 중 지문에 해당하는 것을 두 가지 고르세요. (　　,　　)

① ㉠　　　　　② ㉡　　　　　③ ㉢　　　　　④ ㉣　　　　　⑤ ㉤

6 이 글의 내용으로 알맞지 <u>않은</u> 것은 무엇인가요? (　　　　)

① 헤라클레스의 부모는 제우스와 알크메네이다.

② 헤라클레스의 쌍둥이 동생의 이름은 이피클레스이다.

③ 에우리스테우스는 헤라클레스에게 열두 가지 일을 주었다.

④ 헤라클레스는 세 요정에게 자신이 도전에 실패한 이야기를 들려주었다.

⑤ 헤라클레스는 어린 시절에는 독사 두 마리를 물리쳤고, 젊어서는 사자를 물리쳤다.

7 이 글에 이어질 다음 이야기를 희곡으로 알맞게 바꾸어 쓰세요.

> "아, 그렇군요. 당신은 정말 대단한 분이에요!"
> 헤라클레스는 세 요정이 주는 과일을 단번에 다 먹고 다시 말을 이어갔습니다.
> "두 번째에는 히드라라고 하는 무서운 독사와 싸웠습니다. 그놈은 머리 하나를 자르면 그 자리에서 두 개의 머리가 나오더군요."

↓

> 세 요정: (1) _____
>
> 세 요정이 무대 뒤에서 과일을 가져온다. 헤라클레스는 우걱우걱 과일을 다 먹는다.
>
> 헤라클레스: (2) _____
> 그놈은 머리 하나를 자르면 그 자리에서 두 개의 머리가 나오더군요.

🕐 **30초 요약**

8 다음 빈칸에 알맞은 말을 넣어 "헤라클레스와 황금 사과"의 핵심 내용을 한 문장으로 요약하세요.

　□□□□□ 는 세 □□ 에게 헤스페리데스의 □□ 으로 가

는 길을 물은 다음 자신이 겪은 무용담을 차례로 들려주었습니다.

[1~3] 다음 주황색으로 쓴 낱말의 뜻을 찾아 ○표 하세요.

1

> 새로운 왕에게 신의를 보여야 한다.

(1) 서로 믿고 저버리지 않는 마음.　　　　　　　　　　(　　)
(2) 믿음과 의심을 아울러 이르는 말.　　　　　　　　(　　)
(3) 의술이 뛰어나 병을 신통하게 잘 고치는 의사.　(　　)

2

> 간은 인체의 여러 가지 대사 작용을 다룬다.

(1) 영화나 연극에서 배우가 하는 말.　　　　　　　　(　　)
(2) 다른 나라에 가 있으면서 자기 나라를 대표하는 외교관.　(　　)
(3) 생물체가 영양물질을 몸 안에서 분해·합성하여 에너지를 생성하고 필요하지 않
은 물질을 몸 밖으로 내보내는 작용.　　　　　　　(　　)

3

> 필요한 사람을 위하여 신장과 같은 장기를 기증합시다.

(1) 오랜 기간.　　　　　　　　　　　　　　　　　(　　)
(2) 내장의 여러 기관.　　　　　　　　　　　　　　(　　)
(3) 한 사람의 가장 잘하는 재주.　　　　　　　　　(　　)

5주의 어휘

뜻을 정확하게 알고 있
는 것에 ○표, 뜻이 헷갈
리는 것에 △표, 뜻을 전
혀 모르는 것에 ✓표 하
세요.

1일
장악하다 ☐
계기 ☐
신의 ☐

2일
성분 ☐
장기 ☐
대사 ☐

3일
청량하다 ☐
업신여기다 ☐
야속함 ☐

4일
실용적 ☐
여건 ☐
허영심 ☐

5일
용암 ☐
무용담 ☐
유유히 ☐

[4~7] 다음에서 설명한 낱말은 무엇인지 초성을 포함하여 완성하세요.

4

맑고 서늘하다.

ㅊ ㄹ ㅎ ㄷ

5

권력이나 세력 등을 완전히 잡다.

ㅈ ㅇ ㅎ ㄷ

6

실제로 쓸모가 있는 것. 실생활에 알맞은 것.

ㅅ ㅇ ㅈ

7

화산이 폭발할 때 분화구에서 터져 나와 흐르는 물
질. 또는 암석.

ㅇ ㅇ

[8~10] 다음 낱말이 들어갈 문장을 찾아 선으로 이으세요.

8 여건 •　• ㉮ 현재 우리 경제 _____은 매우 어렵다.

9 허영심 •　• ㉯ 재윤이는 자기를 초대하지 않은 단짝 경아에게 _____을 느꼈다.

10 야속함 •　• ㉰ 하루아침에 떼부자가 된 그 사람은 _____이 들어 돈을 물 쓰듯 하였다.

[11~12] 다음에 제시된 뜻과 예문을 참고하여 낱말을 완성하세요.

11 ○ ○ ㅎ : 여유 있고 태연하게.
㉱ 그는 기자들을 모두 따돌리고 _____ 사라졌다.

12 ○ ㅅ ○ 기 ㄴ : 얕보거나 하찮게 여기는.
㉱ 형은 어리다고 나를 _____ 것 같다.

5주 · 5일

[13~15] 다음 •보기•에서 밑줄 그은 낱말의 뜻을 찾아 번호를 쓰세요.

•보기•
① 어떤 일을 하는 데 가장 큰 공을 세운 사람.
② 물질의 바탕을 이루고 있는 화학적 구성 요소.
③ 어떤 일을 일으키거나 결정하게 하는 동기나 기회.
④ 놀이나 모임이 끝난 뒤에 흥을 돋우려고 하는 오락.
⑤ 싸움에서 공을 세우거나 이긴 일을 자랑스레 하는 이야기.

13 단백질은 우리 몸을 구성하는 성분이 된다. (　　)

14 이 일이 계기가 되어 연아는 평생 스케이트와 더불어 살게 되었다. (　　)

15 아이들은 칼을 휘두르는 로빈 후드의 무용담을 읽으며 흥미를 느꼈다. (　　)

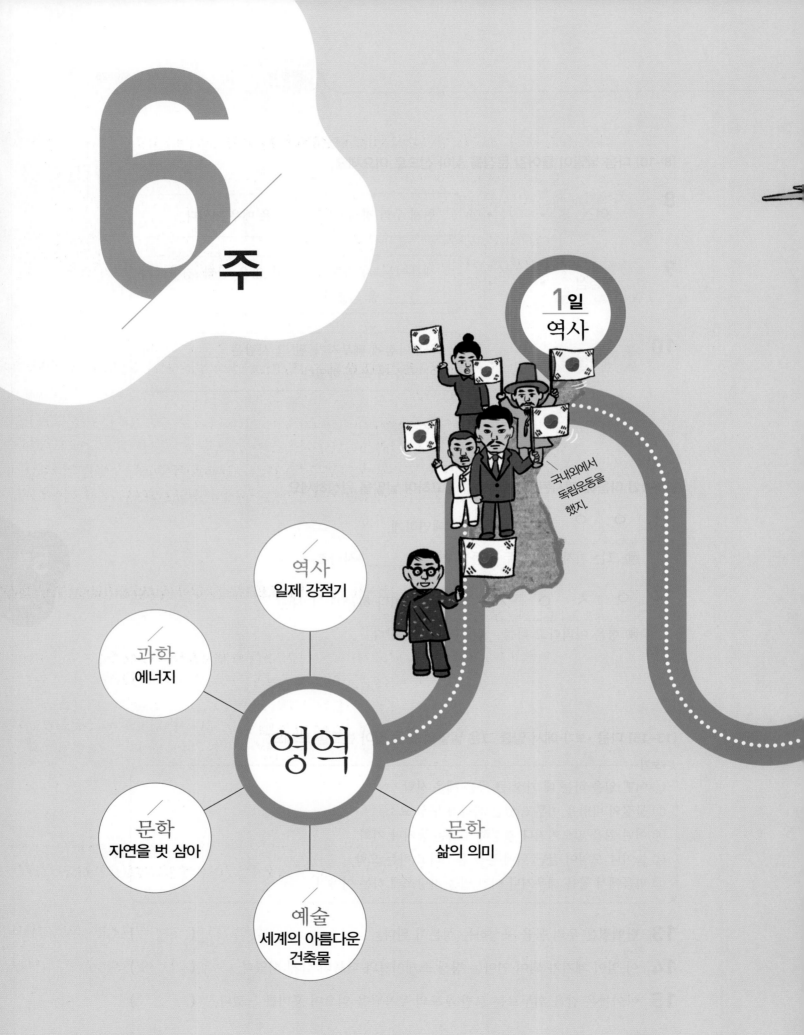

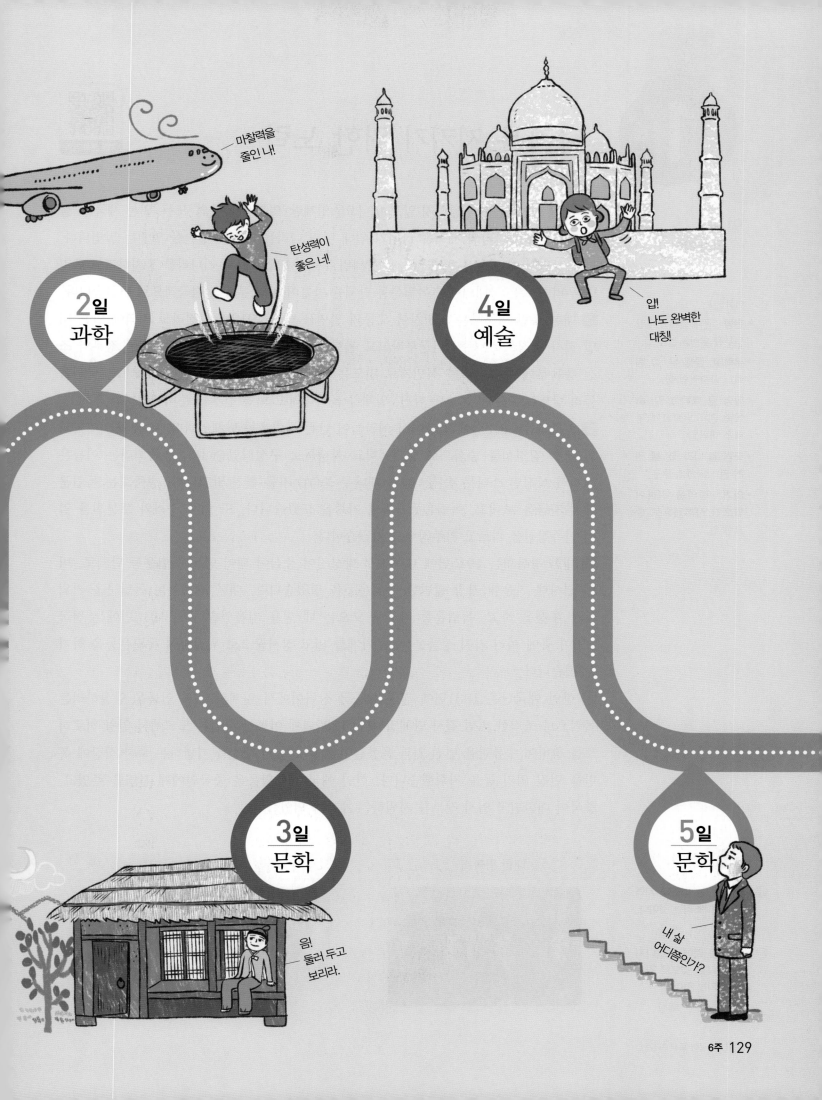

마찰력을
줄인 내!

탄성력이
좋은 네!

2일
과학

얍!
나도 완벽한
대칭!

4일
예술

3일
문학

음.
둘러 두고
보리라.

5일
문학

내 삶
어디쯤인가?

1일

역사
/ 일제 강점기

- **헌병** 군대 안에서 경찰 업무를 맡아보는 군인.
- **무력(武** 굳셀 무, **力** 힘 력**)** 군사적인 힘.
- **밀명(密** 빽빽할 밀, **命** 목숨 명**)** 남모르게 명령을 내림.
- **국권(國** 나라 국, **權** 권리 권**)** 국가의 주권.
- **의거** 정의를 위하여 일으킨 사회적으로 중요한 일.

나라를 지키기 위한 노력

1 '일제'가 어떤 뜻의 말인지 알고 있나요? 일제란 '일본 제국주의' 또는 '일본 제국'을 줄인 말로, 자기 나라의 세력을 넓히기 위해 여러 나라를 침략한 일본을 일컫는 말입니다. 일제 강점기 때 일본은 헌병 경찰을 앞세워 무력과 탄압으로 우리나라를 통치하려고 했지만 우리 민족은 국내외에서 독립운동 단체를 만들어 항일 운동을 적극적으로 펼쳤습니다.

2 대한 독립 의군부는 임병찬이 고종의 밀명을 받아 1912년에 전라도 지역에 만든 비밀 결사 조직으로, 독립 의군부라고도 불렸습니다. 대한 독립 의군부는 일본 정부와 조선 총독부에 우리나라를 식민지로 만드는 것이 얼마나 잘못된 일인지 알리고, 국권을 돌려 달라는 요구서를 보낸 한편, 일제를 몰아내려고 의병 전투를 준비했습니다.

3 송죽회는 1913년에 평양에서 여자들이 만든 독립운동 단체입니다. 평양 숭의여학교의 교사 김경희를 중심으로 숭의여학교 학생들로 구성되었습니다. 송죽회라는 이름은 절개의 상징인 소나무 송(松) 자와 대나무 죽(竹) 자를 합친 말입니다. 송죽회는 독립군에게 자금을 보내고, 독립운동가들의 가족을 도왔습니다. 또 역사 강좌와 토론회를 열어 민족정신을 기르고 자주정신을 키웠습니다.

4 대한 광복회는 1915년에 대구에서 박상진이 중심이 되어 만든 독립운동 단체로, 비밀 결사대 가운데 가장 활발한 독립운동을 펼쳤습니다. 대한 광복회는 독립군을 키워 무장 투쟁을 하고, 독립운동 자금을 모으는 데 힘을 기울였습니다. 1916년에는 전국 100여 곳에 여러 가지 상품을 파는 가게를 열고 장사꾼으로 위장하여 독립운동을 하기도 했습니다.

5 한인 애국단은 1931년에 김구가 중국 상하이에서 일제의 주요 인물을 암살하려는 목적으로 조직한 비밀 결사 단체입니다. 1932년에 이봉창이 일본 도쿄에서 일왕 히로히토를 향하여 수류탄을 던진 일과 윤봉길이 일본 천황의 생일을 기념하는 축하 식장에 폭탄을 던진 의거 등을 지휘했습니다. 한인 애국단의 활동은 중국인에게 감명을 주었고, 중국이 대한민국 임시 정부를 지원하는 계기가 되었습니다.

1 ㅌㅊ 은/는 나라나 지역을 맡아 다스리는 것이다.
☐ 통치 ☐ 탈출

2 ㅇㅈ 은 겉에 드러나지 않도록 다른 것으로 감추거나 숨기는 것이다.
☐ 유적 ☐ 위장

대한 광복회

한인 애국단

김구 　 이봉창 　 윤봉길

1 이 글의 중심 내용을 가장 잘 나타낸 것은 무엇인가요? (   )

① 3·1 운동 전후의 상황

② 중국에서 일어난 독립운동

③ 나라를 지키기 위한 김구의 노력

④ 적극적인 항일 운동을 한 독립운동 단체들

⑤ 일제의 식민 통치에 따른 우리 민족의 어려움

2 다음 단체와 독립운동 내용이 바르게 짝 지어지지 <u>않은</u> 것은 무엇인가요? (   )

① 독립 의군부: 김구의 밀명을 받아 역사 강좌와 토론회를 엶.

② 송죽회: 독립군에게 자금을 보내고, 독립운동가 가족을 도움.

③ 한인 애국단: 일제의 주요 인물을 암살하려는 목적으로 조직됨.

④ 대한 광복회: 독립군을 키워 무장 투쟁을 하고, 독립운동 자금을 모음.

⑤ 대한 독립 의군부: 일본 정부와 조선 총독부에 국권을 돌려 달라는 요구서를 보냄.

3 이 글의 내용 구조를 알맞게 나타낸 것을 찾아 기호를 쓰세요.

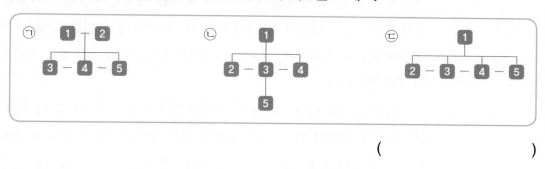

(   )

6주·1일

30초 요약

4 다음 빈칸에 알맞은 말을 넣어 "나라를 지키기 위한 노력"의 핵심 내용을 한 문장으로 요약하세요.

우리 민족은 국내외에 대한 독립 ☐☐☐, 송죽회, 대한 광복회, 한인 애국

단과 같은 독립운동 단체를 만들어 ☐☐☐☐을 적극적으로 펼쳤습니다.

역사
/ 일제 강점기

어휘 뜻

● **참배**(參 참여할 참, 拜 절 배) 무덤이나 기념 탑 앞에서 숭배나 존경 의 뜻으로 절하고 기리 는 일.

● **천황** (일본에서 일컫 는 말로) 일본의 왕.

● **말살**(抹 지울 말, 殺 죽 일 살) 무엇을 강제로 아주 없애 버리는 것.

● **배급**(配 나눌 배, 給 줄 급)받지 물건이나 식 량 등을 나누어 받지.

● **훼손되고** 헐거나 함부 로 다루어 못 쓰게 되고.

1930년대 무렵, 일제는 우리나라 사람들을 전쟁에 동원하기 위해 우리와 일본이 하나 라고 주장하며 우리의 민족정신을 없애려고 했습니다. 일제가 한 일은 다음과 같습니다.

첫째, 일제는 신사 참배를 강요했습니다. 신사는 일본 고유의 신과 왕실의 조상 등에 게 제사를 지내는 곳인데, 일제는 우리나라 여러 곳에 신사를 세우고, 천황을 신으로 모 시라고 했습니다. 신사 참배를 하지 않으면 감옥에 가두었고, 일본의 천황에게 충성할 것을 맹세하는 글(황국 신민의 서사)까지 외우게 하였습니다. 이와 같은 일제의 통치는 '일본과 우리는 조상까지 하나이다.'라고 가르치기 위한 것이었습니다.

둘째, 일제는 우리말 대신 일본어를 쓰도록 강요했습니다. 일제는 학교에서 한글 수업 을 없애고, 우리말을 아예 사용하지 못하게 했습니다. 교실에서 우리말을 사용한 학생 은 일본 교사에게 불려가 종아리를 맞고, 공책을 뺏기는 등의 심한 벌을 받았습니다. 또 학교에서뿐만 아니라 동네에서도, 관공서나 가게에서도 일본어만 사용하도록 했습니다. 물론, 우리말을 깊이 있게 연구하는 활동도 금지시켰습니다.

셋째, 조선 총독부는 1940년에 우리나라 사람의 성과 이름을 일본식으로 고치도록 강 요했습니다. 이것을 '창씨개명'이라고 일컫기도 합니다. 이 정책은 우리 고유의 문화와 전통을 말살하려는 목적으로 실시한 것입니다. 일제는 일본식 이름으로 바꾸지 않으면 학교에 다닐 수 없게 하고, 식량이나 물자를 배급받지 못하게 막았습니다. 심지어 병원 조차 갈 수 없게 했습니다. 그래서 어쩔 수 없이 성과 이름을 일본식으로 바꾸는 사람들 이 늘어났습니다. 하지만 우리 민족의 20퍼센트는 끝까지 성과 이름을 바꾸지 않고 일제 에 저항했습니다.

이러한 일제의 탄압으로 우리 민족은 민족정신이 훼손되고 사라질 위기에 처했었습니 다. 하지만 일제의 민족 말살 통치에 맞서 국어학자들은 한글 보급에 앞장섰고, 역사학 자들은 한국사 책을 썼으며, 문학가들은 한글로 쓴 시나 소설로 항일 의지를 표현하였습 니다. 각계각층의 사람들이 우리의 민족정신을 지키기 위해 노력한 것입니다.

어휘 퀴즈

❶ ㅂㄱ 은 필요한 물자를 계속 대어 주는 것이다.
☐ 보급   ☐ 부근

❷ ㅌㅇ 은 무력이나 권력 으로 많은 사람을 강제로 억누르는 것이다.
☐ 투입   ☐ 탄압

강제로 참배하는 학생들

일본어로 공부하는 학생들

창씨개명을 하려는 모습

5 이 글의 제목으로 알맞지 <u>않은</u> 것을 두 가지 고르세요. (,   )

① 일제의 탄압
② 일제의 민족 말살 통치
③ 대한민국 임시 정부의 활약
④ 한국을 사랑한 일본의 역사
⑤ 일제가 우리의 민족정신을 훼손하려고 벌인 일

6 일제 강점기에 일어난 일이 아닌 것은 무엇인가요? (   )

① 중국에서만 우리말을 연구하는 일이 가능했다.
② 일제는 관공서나 가게에서 일본어만 사용하도록 했다.
③ 일제는 우리나라에 세워진 신사에 절을 하도록 강요했다.
④ 우리 민족의 약 80%가 성과 이름을 일본식으로 바꾸었다.
⑤ 일제는 학교에서 한글 수업을 없애고 일본어만 쓰도록 강요했다.

7 글쓴이가 이 글을 쓴 의도를 알맞게 짐작한 친구를 찾아 이름을 쓰세요.

> 규현: 나라를 되찾으려고 곳곳에서 일어난 의병의 활약을 설명하기 위해서야.
> 준호: 일제의 탄압에도 단 한 명도 굴하지 않았던 우리 조상의 태도를 본받자고 주장하
> 기 위해서야.
> 선영: 일제의 민족 말살 통치를 설명하며 우리 민족이 일제에게 받은 고통과 민족정신
> 을 지키기 위해 노력한 일을 알려 주기 위해서야.

(   )

30초 요약

8 다음 빈칸에 알맞은 말을 넣어 이 글의 핵심 내용을 한 문장으로 요약하세요.

일제는 우리의 민족정신을 없애기 위해 ☐☐ 참배와 일본어 쓰기를 강요하고,

성과 ☐☐ 을 일본식으로 고치도록 했지만 각계각층의 사람들은 우리의 민족

☐☐ 을 지키기 위해 노력했습니다.

2일

작은 힘으로 큰 일을!

지문 분석 강의

과학
/ **에너지**

●**받침점** 물체를 떠받치
는 힘이 작용하는 곳.
●**도구**(道 길 도, 具 갖출
구) 일을 할 때 쓰는
연장.
●**원리**(原 근원 원, 理 다
스릴 리) 기본이 되는
이치나 법칙.

지금부터 2천 2백 년 전쯤, 그리스 과학자 아르키메데스는 지구를 들어 올릴 방법을 생각했어요. 그는 왕에게 지레만 있다면 지구를 들어 올릴 수 있다고 말했어요. 지렛대의 길이가 충분히 길고 튼튼하면 할 수 있다고 믿었기 때문이지요. 물론 지구를 들어 올릴 지렛대를 실제로 만들기는 어렵답니다.

지레는 막대를 받침점 위에 놓고 힘을 주어서 물체를 움직이는 도구예요. 우리는 무거운 물체를 들거나 옮기려면 힘이 많이 들어요. 이럴 때 도구를 사용하면 일을 쉽고 빠르게 끝낼 수 있어요. 이러한 도구 중 하나가 지레의 원리를 이용한 것입니다.

지레에는 받침점, 힘점, 작용점 이렇게 세 가지 점이 있어요. 지레를 받치는 점을 받침점, 힘을 주는 곳을 힘점, 물체에 힘이 작용해 실제 물체가 들리는 곳을 작용점이라고 하지요.

그런데 힘점과 받침점, 작용점이 서로 떨어져 있는 거리에 따라 물체가 잘 들리기도 하고 잘 안 들리기도 해요. 힘점이 받침점에서 멀수록, 작용점이 받침점에서 가까울수록 힘을 조금 쓰고도 더 무거운 물체를 들 수 있어요. 반대로 힘점과 받침점의 거리가 가깝고 작용점과 받침점의 거리가 멀면 물체를 들기 어려워요.

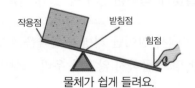

물체가 쉽게 들려요.

물체가 쉽게 들리지 않아요.

우리 주변에는 지레의 원리를 이용한 도구가 많이 있어요. 예를 들어, 못을 뽑을 때 장도리 손잡이에 힘을 주어 잡아당기면 장도리 머리 쪽이 받침점이 되어 못을 뽑는 쪽에 힘이 전달돼요. 또, 손톱깎이의 손잡이를 누르면 받침점을 통해 손톱 깎는 날에 힘이 전달되지요. 병따개, 가위, 저울, 핀셋에도 지레의 원리를 이용해요. 모두 작은 힘으로 쉽게 일을 할 수 있도록 만든 도구입니다.

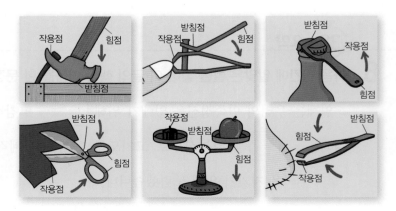

어휘 퀴즈

❶ ㅈㅇㅈ은/는 물체에 힘이 작용하는 점이다.

☐ 작용점 ☐ 자음자

❷ ㄴ은 칼이나 가위와 같이 무엇을 자르거나 베거나 깎는 데 쓰는 도구의 가장 얇고 날카로운 부분이다.

☐ 널 ☐ 날

1 이 글의 설명 대상을 두 가지 고르세요. (,   )

① 지레의 원리
② 건물을 지을 때 필요한 재료
③ 지레를 발명한 단체 이름
④ 무거운 물체를 나누어서 옮기는 방법
⑤ 주변에서 찾은 지레의 원리를 이용한 도구

2 이 글의 내용으로 알맞지 <u>않은</u> 것은 무엇인가요? (   )

① 지레에는 받침점, 힘점, 작용점이 있다.
② 지레를 이용한 도구에는 장도리와 손톱깎이 등이 있다.
③ 지레를 받치는 점을 받침점, 힘을 주는 곳을 힘점이라고 한다.
④ 지레는 막대를 받침점 위에 놓고 힘을 주어서 물체를 움직인다.
⑤ 힘점과 받침점의 거리가 멀고 작용점과 받침점의 거리가 가까우면 물체를 들기 어렵다.

3 다음 그림의 시소에서 아이 쪽이 아래로 내려가고, 엄마 쪽이 위로 올라가게 하는 방법을 쓰세요.

_____

_____

🕐**30초 요약**

4 다음 빈칸에 알맞은 말을 넣어 "작은 힘으로 큰 일을!"의 핵심 내용을 한 문장으로 요약하세요.

지레는 막대를 [ ][ ][ ] 위에 놓고 [ ]을 주어서 물체를 움직이는 도구로,

우리 주변에는 장도리와 손톱깎이 등 지레의 [ ][ ]를 이용한 도구가 많이 있습니다.

여러 가지 힘

과학
／에너지

멈춰 있는 물체는 저절로 움직이지 않지요. 멈춰 있는 물체를 움직이게 하거나 움직이는 물체의 속도를 빠르게 하려면 힘이 필요해요. 힘은 자연 상태에서 마찰력, 탄성력, 전기력, 자기력, 부력, 중력 등 여러 가지 모습으로 나타나요. 이중 마찰력과 탄성력에 대해 알아보아요.

어휘 뜻

● **방지**(防 막을 방, 止 멈출 지)**하기** 좋지 않은 일이 일어나지 않도록 미리 막기.

● **방해**(妨 방해할 방, 害 해칠 해)**하는** 남의 일에 일부러 끼어들어 일이 제대로 되지 못하게 막고 괴롭히는.

● **홈** 물체에 오목하고 길게 팬 자리.

● **유선형** 물체가 물이나 공기를 쉽게 가르며 빠르게 나아갈 수 있도록 앞부분은 둥글게 만들고, 뒤쪽으로 갈수록 뾰족하게 만든 모양.

마찰력

눈이 많이 왔을 때 바퀴에 체인을 감은 자동차가 도로 위를 달리는 모습을 본 적이 있나요? 이것은 자동차가 눈길에 미끄러지는 것을 방지하기 위해 설치한 것이에요. 이처럼 물체가 움직이는 것을 방해하는 힘을 '마찰력'이라고 해요. 마찰력은 물체의 맞닿은 면이 거칠수록 커지고, 반대로 물체의 맞닿은 면이 매끄러울수록 작아져요.

음료수 뚜껑에 촘촘히 홈이 파여 있는 것은 뚜껑을 돌릴 때 손이 미끄러지지 않게 하기 위해서예요. 등산화 바닥이 울퉁불퉁한 까닭도 바위나 비탈길에서 미끄러지는 것을 막기 위해서지요.

하지만 마찰력을 줄여야 좋은 경우도 있어요. 물놀이 공원에서 미끄럼틀에 물을 흘려보내는 까닭은 마찰력을 줄이기 위해서예요. 물을 흘려보내면 미끄럼틀과 몸 사이의 마찰력이 줄어들어 몸이 훨씬 잘 미끄러져요. 비행기나 배의 앞부분을 유선형으로 만드는 까닭도 공기나 물과의 마찰력을 줄이기 위해서예요.

탄성력

용수철을 손으로 잡아당기면 죽 늘어났다가 손을 놓으면 원래 상태로 돌아가요. 이렇게 어떤 물체가 모양이 변했을 때 원래대로 돌아가려고 하는 힘을 탄성력이라고 해요.

고무공을 바닥에 떨어뜨리면 튀어 오르는 것도 고무가 가진 탄성력 때문이에요. 어린이들이 좋아하는 트램펄린도 탄성력을 이용한 놀이 기구예요. 트램펄린은 튼튼한 천과 금속 틀 사이에 용수철을 매달아 만들어요. 우리가 발을 굴러 천을 누르면 용수철이 늘어나면서 아래로 내려갔다가 뛰어오르면 금세 원래대로 줄어드는 것이지요. 그리고 컴퓨터 키보드를 누르면 아래로 내려갔다가 손가락을 떼면 다시 올라오는데, 키보드 바로 밑에 작은 용수철이 들어 있기 때문이랍니다. 우리가 자주 쓰는 볼펜부터 침대, 체중계 속에도 탄성력을 가진 용수철이 숨어 있어요.

어휘 퀴즈

❶ ㅊㅊㅎ 는 '여러 물건의 틈이 매우 좁거나 빽빽하게.'를 뜻하는 말이다.

☐ 촘촘히 ☐ 천천히

❷ ㄱㅅ 은 쇠, 구리, 금, 은처럼 번들거리는 빛깔이 있고 빛이 통하지 않으며 열과 전기를 통과시키는 성질이 있는 단단한 물질이다.
☐ 금속 ☐ 고속

5 이 글에서 중심이 되는 낱말을 두 가지 찾아 ○표 하세요.

> 탄성력   등산화   용수철   물체
>
> 트램펄린   울퉁불퉁   마찰력   미끄럼틀

6 다음 중 관련 있는 힘의 종류가 <u>다른</u> 하나는 무엇인가요? (   )

① 수영장 미끄럼틀에 물을 뿌려 준다.

② 비행기나 배의 앞부분을 유선형으로 만든다.

③ 고무공을 바닥에 떨어뜨리면 위로 튀어 오른다.

④ 자동차가 눈길을 달릴 때 자동차 바퀴에 체인을 감는다.

⑤ 등산화 바닥을 울퉁불퉁하게 만들어 잘 미끄러지지 않게 한다.

7 다음 중 마찰력과 탄성력이 실생활에 이용된 예로 알맞지 <u>않은</u> 것을 찾아 기호를 쓰세요.

㉮ ▲ 스카이 콩콩 타기 – 탄성력   ㉯ ▲ 빙판길에 모래 뿌리기 – 마찰력   ㉰ ▲ 아기 양말에 고무 붙이기 – 탄성력

(   )

⏱ **30초 요약**

8 다음 빈칸에 알맞은 말을 넣어 "여러 가지 힘"의 핵심 내용을 한 문장으로 요약하세요.

여러 가지 힘 중에서 물체가 움직이는 것을 방해하는 힘을 '☐☐☐'이라고 하고, 물체가 모양이 변했을 때 원래대로 돌아가려고 하는 힘을 '☐☐☐'이라고 합니다.

3일

오우가(五友歌)

윤선도

지문 분석 강의

문학
/ 자연을 벗 삼아

어휘 뜻

● **벗** 늘 가까이하여 심심함을 달래는 사물을 비유적으로 이르는 말.

● **동산** 마을 부근에 있는 작은 산이나 언덕.

● **두어라** 감탄사의 일종으로 특별한 뜻이 없음.

● **누런빛** 익은 벼의 빛깔과 같이 다소 어둡고 탁한 빛.

내 벗이 몇인가 하니 물과 바위, 소나무와 대나무이다.
동산에 달이 뜨니 그 더욱 반갑구나.
두어라, 이 다섯밖에 또 더하면 무엇하랴.　　　〈제1수〉

꽃은 무슨 일로 피자마자 곧 져 버리고,
풀은 어찌하여 푸른 듯하다 곧 누런빛을 띠는가.
아마도 변치 않는 것은 바위뿐인가 하노라.　　　〈제3수〉

작은 것이 높이 떠서 온 세상 다 비추니
밤중에 밝은 빛이 너만 한 이가 또 있겠느냐.
보고도 입 밖에 내지 않으니 내 벗인가 하노라.

〈제6수〉

어휘 퀴즈

❶ ㅇㅇㄱ는 다섯 친구에 대한 노래를 뜻하는 말이다.

☐ 오우가　☐ 이야기

❷ ㄷ은 밤중에 밝은 빛으로 온 세상을 비춘다.

☐ 달　☐ 닻

1 이 시에 대한 설명으로 알맞은 것은 무엇인가요? (　　　)

① 1개의 행으로 이루어졌다.
② 자연물을 마치 사람처럼 표현하였다.
③ 시를 지은 작가가 누구인지 알 수 없다.
④ 모든 행마다 글자 수를 똑같이 맞추었다.
⑤ 요즘 사람들이 사용하는 신조어가 쓰였다.

2 이 시에서 말하는 이가 다섯 친구로 삼고자 한 자연물을 바르게 나열한 것은 무엇인가요? (　　　)

① 꽃, 풀, 달, 소나무, 대나무
② 동산, 꽃, 달, 바위, 소나무
③ 물, 달, 바위, 소나무, 대나무
④ 물, 동산, 바위, 소나무, 대나무
⑤ 빛, 바위, 소나무, 참나무, 매화

3 다음 중 말하는 이가 좋아할 만한 대상으로 알맞은 것을 두 가지 고르세요.

(　　,　　)

① 항상 모습이 변하는 구름
② 깨끗하고 맑으며 변함없는 물
③ 불었다 멈추기를 반복하는 바람
④ 눈서리를 이겨 내고 곧게 서 있는 나무
⑤ 따뜻하면 꽃이 피고 추우면 꽃이 지는 들꽃

6주·3일

30초 요약

4 다음 빈칸에 알맞은 말을 넣어 "오우가(五友歌)"의 핵심 내용을 한 문장으로 요약하세요.

'나'는 본받고자 하는 모습을 지닌 ☐☐ 벗(물, 바위, ☐☐☐, 대나무, ☐)의 훌륭한 점을 칭찬하고 있습니다.

십 년을 경영하여

송순

문학
/ 자연을 벗 삼아

어휘 뜻

- **경영**(經 다스릴 경, 營 경영할 영)**하여** 준비하여.

- **초가삼간**(草 풀 초, 家 집 가, 三 셋 삼, 間 사이 간) 세 칸밖에 안 되는 초가라는 뜻으로, 아주 작고 보잘 것 없는 집.

- **청풍**(淸 맑을 청, 風 바람 풍) 부드럽고 맑은 바람.

- **둘러 두고** 주변에 놓아두고.

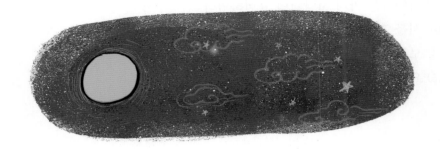

십 년을 경영하여 초가삼간을 지어 내니
㉠나 한 칸, 달 한 칸에 청풍 한 칸 맡겨 두고
강산은 들일 데 없으니 둘러 두고 보리라.

어휘 퀴즈

❶ ㄷ ㅇ ㄷ 는 안으로 들어오게 하는 것이다.

☐ 들이다 ☐ 덮이다

5 이 시의 상황으로 알맞은 것을 찾아 ○표 하세요.

(1) 말하는 이는 도시에 멋있고 화려한 집을 지었다. ( )

(2) 말하는 이는 먼 외국에서 우리나라를 그리워하고 있다. ( )

(3) 말하는 이는 달과 청풍을 집에 들여 놓고 살고 싶어 한다. ( )

6 ㉠과 같은 표현 방법이 쓰인 문장을 찾아 기호를 쓰세요.

㉮ 솜사탕처럼 활짝 핀 벚꽃

㉯ 달 달 무슨 달 쟁반같이 둥근 달

㉰ 물웅덩이는 나를 비추는 거울이다.

㉱ 지나가는 바람이 나에게 손을 흔들었다.

7 이 시에서 말하는 이가 추구하는 가치와 잘 어울리는 한자성어는 무엇인가요? ( )

① 다다익선(多多益善): 많으면 많을수록 더 좋다는 뜻.

② 설상가상(雪上加霜): 좋지 않은 일이 연거푸 일어난다는 뜻.

③ 죽마고우(竹馬故友): 어릴 때부터 가까이 지내며 자란 친구를 이르는 말.

④ 온고지신(溫故知新): 옛 것을 익히고 그것으로 미루어 새 것을 안다는 뜻.

⑤ 안빈낙도(安貧樂道): 가난한 생활을 하면서도 편안하게 즐기는 마음으로 살아간다는 뜻.

6주·3일

30초 요약

8 다음 빈칸에 알맞은 말을 넣어 "십 년을 경영하여"의 핵심 내용을 한 문장으로 요약하세요.

'나'는 세 칸짜리 작은 초가집을 지어 자신과 ☐, ☐이 한 칸씩 나누어 쓰고, 강산은 둘러 두고 보려 합니다.

사그라다 파밀리아 성당

지문 분석 강의

예술
／세계의 아름다운
건축물

어휘 뜻
● 신성(神 귀신 신, 聖 성
  스러울 성)함 (무엇이)
  떠받들어야 할 만큼 거
  룩함.
● 수난(受 받을 수, 難 어
  려울 난) 힘들고 어려
  운 일을 당함.
● 상징하는 어떤 사실이
  나 생각이나 느낌을 표
  시하는.
● 첨탑(尖 뾰족할 첨, 塔
  탑 탑) 지붕 위로 높이
  솟은 뾰족한 부분.
● 채광창 햇빛을 받기 위
  하여 내는 창문.

스페인 바르셀로나에는 사그라다 파밀리아라는 성당이 있습니다. 사그라다 파밀리아 성당의 '사그라다(Sagrada)'는 스페인어로 '신성함'을 뜻하고, '파밀리아(Familia)'는 '가족'을 뜻하기 때문에 성가족 성당이라고도 불립니다.

사그라다 파밀리아 성당은 스페인이 낳은 천재 건축가 안토니오 가우디가 설계한 건축물입니다. 원래는 가우디의 스승인 비야르가 설계와 건축을 맡아 1882년 공사를 시작하였으나 중간에 그만두고, 1883년에 가우디가 뒤를 이어 새로운 설계도를 제작했습니다.

가우디가 새로 설계한 성당의 외부는 예수의 탄생, 수난, 영광을 상징하는 세 개의 파사드로 이루어져 있습니다. 파사드는 주된 출입구가 있는 건축물의 한쪽 면을 말합니다. 이 세 개의 파사드 위에는 예수의 열두 제자를 상징하는 열두 개의 첨탑이 세워지고, 중앙에는 예수를 상징하는 거대한 첨탑이 세워지게 계획되었습니다. 또, 성당의 내부는 나무와 꽃들을 나타내어 마치 숲속에 와 있는 느낌이 들게 하였습니다. 수십 개의 기둥을 세우고 채광창을 통해 여러 가지 색의 빛이 내부를 비추게 한 것도 특징이지요.

가우디는 40여 년간 성당 건축에 열정을 쏟았습니다. 가우디가 1926년에 사망할 때까지 성당은 일부분만 건축되었는데, 1906년부터 만들기 시작한 탄생의 파사드는 가우디가 살아 있을 때에 완성시킨 부분입니다. 그래서 가우디가 죽고 난 뒤에 수비라치라는 조각가가 완성한 수난의 파사드(1976년 완공)는 탄생의 파사드와 많이 다른 모습입니다. 마지막으로 영광의 파사드는 2002년에 공사를 시작하여 지금도 지어지고 있습니다.

사그라다 파밀리아 성당은 바르셀로나를 대표하는 건축물로, 가우디 건축의 백미로 꼽힙니다. 또, 착공한 지 130년이 지난 지금까지도 건설 중이지만 유네스코 세계 유산에도 등재되어 한 해에 100만 명 이상의 관광객의 사랑을 받는 곳이기도 합니다.

어휘 퀴즈
❶ ⃞ ㅇㄱ은 공사를 모두 끝
  내는 것이다.
  ☐ 인공   ☐ 완공
❷ ⃞ ㄷㅈ는 문서에 기록하
  여 올리는 일이다.
  ☐ 동지   ☐ 등재

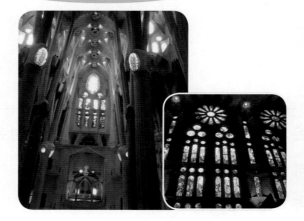
사그라다 파밀리아 성당의 내부

사그라다 파밀리아 성당의 외부

1 이 글의 중심 소재로 알맞은 것을 찾아 ○표 하세요.

(1) 세계 유산에 등재된 건축물들 　　　　　(　　　)

(2) 스페인과 우리나라의 건축물 비교 　　　　(　　　)

(3) 사그라다 파밀리아 성당의 특징과 역사 　　(　　　)

(4) 사그라다 파밀리아 성당의 누적 관광객 수 　(　　　)

2 이 글의 내용과 일치하지 <u>않는</u> 것은 무엇인가요? (　　　　)

① 사그라다 파밀리아 성당은 지금까지 공사가 계속되고 있다.

② 사그리다 파밀리아 성당은 가우디가 처음부터 설계를 맡았다.

③ 사그라다 파밀리아 성당의 내부는 숲속에 와 있는 느낌을 준다.

④ 사그라다 파밀리아 성당의 탄생의 파사드는 가우디가 살아 있을 때 완성되었다.

⑤ 사그라다 파밀리아 성당의 3개의 파사드는 예수의 탄생, 수난, 영광을 상징한다.

3 다음은 이 글을 읽고 사그라다 파밀리아 성당에 대해 궁금한 점을 이야기한 것입니다. 적절하지 <u>않은</u> 질문을 찾아 기호를 쓰세요.

㉮ 왜 아직까지 공사가 끝나지 않은 걸까?

㉯ 왜 비야르는 처음에 맡았던 공사를 그만둔 걸까?

㉰ 왜 수난의 파사드는 탄생의 파사드와 많이 다른 모습일까?

㉱ 왜 예수의 탄생과 수난, 영광을 상징하는 파사드를 만들게 된 걸까?

6주
·
4일

30초 요약

4 다음 빈칸에 알맞은 말을 넣어 "사그라다 파밀리아 성당"의 핵심 내용을 한 문장으로 요약하세요.

　□□□　가 설계한 사그라다 파밀리아 □□　은 세 개의 파사드와 거대한 첨탑이 있는 성당 □□　와 여러 가지 색의 빛을 볼 수 있는 내부가 유명하며 지금까지도 공사가 진행 중입니다.

아름다운 무덤, 타지마할

예술
/ 세계의 아름다운 건축물

어휘 뜻

- **무굴 제국** 16세기부터 19세기까지 인도에 있었던 마지막 이슬람 제국.
- **추모**(追 좇을 추, 慕 그릴 모) 죽은 사람을 그리며 생각함.
- **묘실** 죽은 사람이 누워 있는 무덤 속의 방.
- **기하학** 점·선·면·입체 등이 이루는 꼴의 성질을 연구하는 학문.
- **돔** 반구 모양으로 된 지붕.

인도의 북부 아그라(Agra) 시에는 인류의 위대한 건축물이 있습니다. 이것은 인도를 대표하는 건축물이자 유네스코 세계 유산이기도 하지요. 완벽한 비율과 조형미를 자랑하며 낮에는 하얗게 빛나고, 해질 무렵에는 금빛으로 빛나며 아름다운 모양새를 뽐냅니다. 이 건축물은 무엇일까요? 바로 타지마할이랍니다.

타지마할은 무굴 제국의 황제 샤 자한이 사랑하는 왕비를 추모하기 위해 지은 궁전 형식의 아름다운 무덤입니다. 1632년경에 시작한 타지마할 공사에 매일 2만 명이 넘는 노동자들이 동원되었다고 합니다. 타지마할 건축에는 무굴 제국의 전문 기술자들은 물론 이탈리아, 페르시아(이란), 프랑스 등 외국의 기술자들까지 참여하였습니다. 1643년경에 묘실이 있는 타지마할의 주 건물이 완공되었고, 1653년경에는 부속 건물이 완공되었습니다. 공사하는 데에만 20년이 넘는 시간이 걸린 것입니다.

타지마할은 기하학을 기초로 지어졌습니다. 긴 수로의 끝에 지어진 타지마할의 주 건물은 중앙 돔을 중심으로 좌우 대칭을 이루고 있습니다. 동서남북 네 방향에 서 있는 첨탑도 좌우가 완벽한 대칭을 이루고 있습니다.

또한 주 건물의 내부와 외부는 아름다운 문양으로 화려하고 정교하게 장식되어 있습니다. 이 장식을 '피에트라 두라 기법'이라고 하는데 대리석에 꽃 등의 문양을 판 뒤 그 홈에 각각 다른 색의 돌이나 보석을 깎아 끼워 넣은 것을 말합니다. 샤 자한 황제는 타지마할을 장식하기 위해 세계 각국에서 루비·사파이어·옥과 같은 귀한 보석과 재료를 사들였습니다. 미얀마, 중국, 오스만 제국, 이집트에서는 온갖 건축 재료가 옮겨져 왔지요. 이때 흰 대리석을 운반하기 위하여 1000마리의 코끼리가 동원되었다고 합니다.

이처럼 타지마할은 왕비에 대한 황제의 지극한 사랑과 무굴 제국의 강력한 힘을 엿볼 수 있는 건축물로, 세계 건축사상 걸작으로 높이 평가받고 있습니다. 새하얀 대리석으로 지은 타지마할, 직접 두 눈과 마음으로 느껴 보세요.

 어휘 퀴즈

❶ ㅅㄹ 는 물이 흐르거나 물을 보내는 통로이다.
☐ 수로   ☐ 소라

❷ ㅈㄱ 한 것은 꾸미거나 만든 모양이 아주 작은 부분에 이르기까지 정성과 기술을 들여 놀랄 만한 것이다.
☐ 정교   ☐ 지각

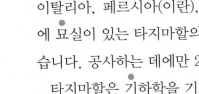

5 이 글을 쓴 목적은 무엇인가요? (   )

① 타지마할에 대해 자세히 소개하기 위해서

② 타지마할의 특색을 시로 나타내기 위해서

③ 타지마할을 보호해야 한다고 주장하기 위해서

④ 타지마할에 가는 방법을 자세히 알려 주기 위해서

⑤ 타지마할을 지을 때 백성들이 힘들었던 점을 알리기 위해서

6 타지마할에 대한 설명으로 맞으면 ○표, 틀리면 ×표 하세요.

⑴ 타지마할을 건축할 때 외국의 기술자들까지 참여했다.   (   )

⑵ 타지마할의 주 건물보다 부속 건물이 먼저 완공되었다.   (   )

⑶ 무굴 제국의 황제 샤 자한이 왕비의 생일 선물로 지은 궁전이다.   (   )

⑷ 건물 장식에 쓰인 피에트라 두라 기법은 대리석에 문양을 판 뒤 진흙을 넣어 굽는

　방식이다.   (   )

7 다음 •보기•의 내용을 바탕으로 타지마할을 완벽한 좌우 대칭으로 만든 까닭을 짐작하여
쓰세요.

┌─•보기•───┐
│　　인도의 타지마할, 우리나라의 석굴암, 미국의 국회의사당, 프랑스의 베르사유 궁전 │
│ 은 좌우 대칭의 형태로 지어졌다. 왜 좌우 대칭 형태로 지었을까? 건축물의 좌우 대칭 │
│ 형태는 위엄을 돋보이게 한다. 그래서 사람들은 좌우 대칭을 통해 안정감과 균형감, 통 │
│ 일감을 느낄 수 있고, 진지하고 고요하며 엄숙한 느낌을 받을 수 있다. │
└──┘

_____

_____

30초 **요약**

8 다음 빈칸에 알맞은 말을 넣어 "아름다운 무덤, 타지마할"의 핵심 내용을 한 문장으로 요
약하세요.

　　황제가 죽은 왕비를 추모하기 위해 지은 궁전 형식의 ☐☐ 인 타지마할은 왕비

에 대한 황제의 ☐☐ 과 무굴 제국의 강력한 ☐ 을 보여 주는 위대한 건축물입

니다.

어린 날의 초상

문혜영

지문 분석 강의

문학
／삶의 의미

어휘 뜻

- **보자기** 물건을 싸는 데 쓰는 작은 보.
- **난감(難** 어려울 난, **堪** 견딜 감)**했습니다** (분명하게 마음을 정하거나 감당하기가) 어려웠습니다.
- **학부형(學** 배울 학, **父** 아비 부, **兄** 맏 형) 학생의 부모나 보호자.
- **흔쾌히** 기쁜 마음으로. 주저하지 않고 기쁘게.
- **대열** 사람이나 차 등의 줄을 지어 움직이는 무리. 또는 그런 줄.

동생이 입학한 후, 첫 번째 맞이한 봄 소풍 때의 일입니다. 어머니는 동생의 몫과 내 몫의 김밥·사탕·과자·과일 등을 한 보자기에 싸 주셨습니다. 보자기가 하나뿐인데다가 동생이 너무 어리기 때문에 점심시간에 나보고 챙겨 먹이라면서 그렇게 싸 주신 것입니다. 나는 동생의 손을 잡고 학교를 향해 팔랑팔랑 걸었습니다. 날아갈 듯이 즐거운 마음이었습니다.

그런데 학교에 도착해 보니 1학년과 3학년이 각각 다른 곳으로 소풍을 간다는 것입니다. 3학년은 1학년보다 조금 더 먼 곳으로 간다고 했습니다. 예측하지 못했던 일이었습니다. 난감했습니다. 도시락을 둘로 가를 수도 없을뿐더러, 어린 동생을 혼자 보내는 것도 마음이 놓이지 않았습니다. 어찌할 바를 모르고 발만 동동 구르다가 나는 결정을 했습니다. 저 어린 동생을 위해 오늘 하루 학부형이 되어야겠다고 말입니다. 담임 선생님께 말씀드렸더니 흔쾌히 승낙하셨습니다.

나는 먼저 출발하는 우리 반 소풍 대열을 한참이나 바라보았습니다. 눈물이 나오려는 것을 꾹 참고 동생네 소풍 대열을 따라 걷기 시작했습니다. 신입생들이라서 그런지 학부형들이 꽤나 많이 따라왔습니다. 1학년 아이들과 비교해도 별로 크지 않은 조그만 내가 어머니들 사이에서 걷고 있으려니까 어머니들은 무척 궁금한 모양이었습니다.

"몇 학년이니? 너는 왜 소풍을 안 가고 여기 왔니?"

그렇게 물어볼 때마다 도시락 보따리가 왜 그리 부끄럽던지, 감출 수만 있다면 어디에든 감추어 버리고 싶었습니다. 그런 마음 때문이었는지 도시락 보따리가 자꾸만 무겁게 느껴졌습니다.

목적지에 도착한 후, 동생을 솔밭 그늘로 데려와 점심을 먹었습니다. 동생은 언니인 내가 저를 따라온 것에 대해선 아무 생각도 없는지 재잘거리며 맛있게 먹었습니다. 점심을 먹은 뒤, 선생님의 호루라기 소리에 따라 동생은 다시 제 동무들 곁으로 갔습니다. 혼자 앉아 도시락 보따리를 챙겨 싸는 내 눈에는 뿌연 안개가 서려 왔습니다. 참았던 눈물 한 방울이 볼을 타고 흘렀습니다. '아, 이러면 안 돼. 난 오늘 학부형인데 눈물 따위를 보이다니!' 나는 누가 볼세라 손으로 얼른 눈물을 닦아 냈습니다.

어휘 퀴즈

❶ ㅇㅊ 은 앞으로 일어날 일을 미리 짐작하는 것이다.
☐ 예측   ☐ 요청

❷ ㄷㄷ 은 매우 춥거나 안타까울 때 발을 자꾸 구르는 모양이다.
☐ 동동   ☐ 돌돌

작품의 전체 줄거리

모두가 어렵고 가난하던 시절, '나'의 가족은 전쟁 때 월남하여 엄마와 네 자매가 학교 숙소에서 살게 됨. | **수록지문** 동생이 입학한 후 봄 소풍날, 3학년이던 '나'는 갑자기 동생의 보호자가 되어 동생의 소풍을 따라감. | '나'는 동생과 점심을 먹고 도시락 보따리를 챙기다 참았던 눈물을 흘림. 시간이 흘러 그때가 그리워지곤 함.

1 이와 같은 글의 특징으로 알맞은 것은 무엇인가요? (   )

① 글쓴이가 누구인지 알 수 없다.

② 등장인물의 대사와 행동으로 이야기가 전개된다.

③ '발단 – 전개 – 위기 – 결말'의 구조가 드러나 있다.

④ 일상생활에서 경험한 일이나 자신의 생각을 자유롭게 썼다.

⑤ 사람들에게 어떤 지식을 사실적으로 전달하기 위한 글이다.

2 '나'의 마음의 변화를 알맞게 나타낸 것은 무엇인가요? (   )

① 즐겁다. → 난감하다. → 부끄럽다. → 서럽다.

② 불쾌하다. → 속상하다. → 즐겁다. → 기쁘다.

③ 행복하다. → 부끄럽다. → 속상하다. → 뿌듯하다.

④ 신난다. → 자랑스럽다. → 부끄럽다. → 유쾌하다.

⑤ 속상하다. → 행복하다. → 불쾌하다. → 당당하다.

3 다음 ·보기·와 같이 내가 이 글의 주인공이라면 어떻게 행동할지 까닭을 들어 쓰세요.

> **·보기·**
>
>   동생의 소풍을 따라가지 않았을 것입니다. 동생의 담임 선생님이나 다른 학부형에게 동생을 부탁드리면 되고, 도시락은 동생에게 주고 나는 친구의 도시락을 함께 먹으면 되기 때문입니다.

6주 · 5일

_____

_____

⏱ **30초 요약**

4 다음 빈칸에 알맞은 말을 넣어 "어린 날의 초상"의 핵심 내용을 한 문장으로 요약하세요.

3학년인 '나'는 ☐☐ 의 학부형이 되어 1학년 동생의 ☐☐ 을 따라가 동생에게 ☐☐ 을 먹여 주었습니다.

돌층계

유경환

어휘 뜻

● **헛디딜세라** 잘못 땅에 발을 대고 설까 걱정되어.

● **충동**(衝 찌를 충, 動 움직일 동) 어떤 행동을 하고자 하는 마음이 갑자기 세게 일어나는 상태.

● **도중하차** 시작한 일을 끝까지 하지 않고 중간에 그만두는 것.

● **허둥거리며** 갈팡질팡하며 정신없이 서두르며.

● **약삭빠르게** 꾀가 있고 눈치가 빠르고 행동이 재빠르게.

많은 층계를 우리는 밟고 오르며 산다. 층계를 밟고 오를 때마다 그것은 내게 삶의 계단으로 떠올라, 헛디딜세라 조심이 된다. 어차피 인생은 끝이 있는 층계를 딛고 올라서며 사는 것이다. 한 층에 한 걸음이 맞도록 계단은 만들어진 것이다. 그런데도 두 단, 세 단씩 뛰어오르려는 충동을 느껴 왔었다. 이렇게 서두르거나 남보다 앞서려거나, 또는 남을 밀치고 먼저 나서려는 데서 헛디디는 실수나 넘어지는 확률은 커지게 마련이다. 한 층에 한 걸음, 한 발짝씩 밟아 오르게 되어 있는 것이련만, 두 층, 세 층을 한꺼번에 건너뛰어 밟으려는 욕심 때문에, 얼마나 많은 인생 추락이나 도중 탈락, 도중하차를 해 왔던가?

우리는 인생을 너무 쉽게 살려고만 허둥거리며 살아왔다. 차근히 한 층, 한 층 밟아야만 할 과정을 다 밟고 올라가는 성실한 사람을 오히려 어리석게 여기는 눈길로 바라보거나, 또는 약삭빠르게 잔재주로 앞지르려는 사람을 부러워하는 눈길로 바라보았었다. 얼마나 높게 오르느냐 하는 것만을 고개 들어 쳐다보았기에, 쉽게 오르려 했었다. 남보다는 조금 더 많이 오르려는 욕심 때문에, 남을 제치거나 딛고 올라서려 했었다. 끝이 있는 삶의 계단에 얼마나 높게, 얼마나 빨리 오르느냐 하는 것이 별로 큰 문제가 안 된다는 것을 이제야, 힘이 드는 나이에 생각이 드는 것이다. 그래서인지, 국립 중앙 박물관의 높은 돌계단이 보이지 않는 손짓으로 내 삶의 성실성을 시험해 보려는 것처럼 보인다.

이제야 내 삶의 계단을 얼마쯤 올라서서, 지금 내가 선 곳이 어디쯤인가를 되돌아보게 된다. 수없이 많은 층계를 밟아 오르면서, 과정을 무시하지 않고 얼마나 차근히 제대로 발을 옮겼는가를 생각해 보게 된다. 다리에 힘주고 무릎을 짚어 가면서 이마의 땀을 씻게 되니, 한 층, 한 층 올라 딛고 서는 그 힘겨움에서 과연 얼마나 보람을 느꼈었는지 이제야 다시 생각해 보게 된다. 얼마나 비틀거렸는지, 얼마나 숨차게 헐떡이며 남을 밀쳤는지, 몇 번이나 헛디딜 뻔했는지, 또 뒤에서 남 보기에 흉하도록 갈지(之)자로 왔다 갔다 했었는지……. 그것을 헤아리는 동안 내 그림자가 길어진다.

작품의 전체 줄거리

국립 중앙 박물관의 돌층계를 바라보며 돌층계가 날 시험해 보려는 것 같다는 생각이 듦.

수록지문 우리는 많은 층계를 밟고 오르며 사는데, 삶의 계단을 되돌아보면서 삶의 성실성이 중요하다고 생각함.

인생의 돌층계는 끝이 있어서 때가 되면 미련 없이 내려와야 하며, 되도록 성실하게 내딛어야 함.

5 이 글에서 '돌층계'가 의미하는 것은 무엇인가요? (   )

① 인생   ② 반성   ③ 행복

④ 친구   ⑤ 가족

6 글쓴이가 바람직하게 생각하는 모습은 무엇인가요? (   )

① 인생을 쉽게 살려고 허둥대는 모습

② 남을 제치거나 딛고 올라서는 모습

③ 약삭빠르게 잔재주로 앞지르려는 모습

④ 과정을 무시하고 결과를 중요하게 생각하는 모습

⑤ 차분히 한 층, 한 층 밟아야 할 과정을 다 밟고 올라가는 모습

7 이 글에 드러난 작가의 인생관과 가장 대립되는 의미를 지닌 속담은 무엇인가요?

(   )

① 모로 가도 서울만 가면 된다.

② 하룻강아지 범 무서운 줄 모른다.

③ 사공이 많으면 배가 산으로 간다.

④ 콩 심은 데 콩 나고 팥 심은 데 팥 난다.

⑤ 사돈집 잔치에 감 놓아라 배 놓아라 한다.

6주 · 5일

30초 **요약**

8 다음 빈칸에 알맞은 말을 넣어 "돌층계"의 핵심 내용을 한 문장으로 요약하세요.

계단을 오를 때 한 층에 ▢ 걸음, 한 발짝씩 밟아야 하는 것처럼 우리는 ▢ 의 계단을 오를 때에도 ▢ ▢ 하게 최선을 다해야 합니다.

[1~3] 다음 주황색으로 쓴 낱말의 뜻을 찾아 ○표 하세요.

1

> 학문을 출세의 도구로 삼으려 한다.

(1) 일을 할 때 쓰는 연장. ( )
(2) 오래도록 함께 수행한 벗. ( )
(3) 어떤 목적을 이루기 위한 수단이나 방법. ( )

2

> 이 모임은 애국 소년의 넋을 추모하는 모임이다.

(1) 추가로 모집함. 또는 그런 모임. ( )
(2) 죽은 이를 생각하고 그리워하는 것. ( )
(3) 가을에 씨를 뿌려 이듬해초나 여름에 거두는 보리. ( )

3

> 우리 민족은 일제의 탄압 속에서도 끝까지 저항하였다.

(1) 여럿이 한꺼번에 함. ( )
(2) '일본 제국주의'가 줄어든 말. ( )
(3) 일본에서 만듦. 또는 그런 물건. ( )

6주의 **어휘**

뜻을 정확하게 알고 있는 것에 ○표, 뜻이 헷갈리는 것에 △표, 뜻을 전혀 모르는 것에 ✓표 하세요.

1일
일제 ☐
물자 ☐
배급 ☐

2일
도구 ☐
방지 ☐
방해 ☐

3일
벗 ☐
동산 ☐
청풍 ☐

4일
수난 ☐
상징 ☐
추모 ☐

5일
난감 ☐
충동 ☐
도중하차 ☐

[4~7] 다음에서 설명한 낱말은 무엇인지 초성을 포함하여 완성하세요.

4

부드럽고 맑은 바람. ㅊ ㅍ

5

물건이나 식량 등을 나누어 줌. ㅂ ㄱ

6

마을 부근에 있는 작은 산이나 언덕. ㄷ ㅅ

7

늘 가까이하여 심심함을 달래는 사물을 비유적으로 이르는 말. ㅂ

[8~10] 다음 낱말이 들어갈 문장을 찾아 선으로 이으세요.

8　물자　•

　•㉮　그 질문에 어떻게 대답을 해야 할지 참 _____하다.

9　난감　•

　•㉯　아프리카의 어떤 나라는 _____이/가 매우 부족하다.

10　충동　•

　•㉰　나는 불량식품을 먹고 싶은 _____을/를 겨우 참고 있다.

[11~12] 다음에 제시된 뜻과 예문을 참고하여 낱말을 완성하세요.

11 ㅂ ㅈ : 좋지 않은 일이 일어나지 않도록 미리 막는 것.

㉠ 세계는 수질 오염 _____를 위한 환경 운동을 펼치고 있다.

12 ㅂ ㅎ : 남의 일에 일부러 끼어들어 일이 제대로 되지 못하게 막고 괴롭히는 것.

㉠ 아버지께서는 텔레비전이 공부하는 데 _____가 된다고 하셨다.

6주 · 5일

[13~15] 다음 •보기•에서 밑줄 그은 낱말의 뜻을 찾아 번호를 쓰세요.

•보기•
① 상장, 훈장 등을 주는 것.
② 힘들고 어려운 일을 당함.
③ 어떤 일을 다 마치기 전에, 계속하고 있는 동안.
④ 시작한 일을 끝까지 하지 않고 중간에 그만두는 것.
⑤ 어떤 사실이나 생각이나 느낌을 떠오르게 하는 사물.

13 태극기는 우리나라를 상징하는 국기이다. (　　)

14 우리 가족은 지난 여름에 홍수로 수난을 겪었다. (　　)

15 인기 드라마에 출연하던 삼촌이 부상을 당해 도중하차를 하게 되었다. (　　)

바른 뜻을 찾아요.

📍 친구들이 낱말의 바른 뜻 찾기 놀이를 하고 있어요. 친구들이 길을 따라가 찾은
낱말 뜻이 바르면 ◯표, 바르지 <u>않으면</u> ✕표를 하세요.

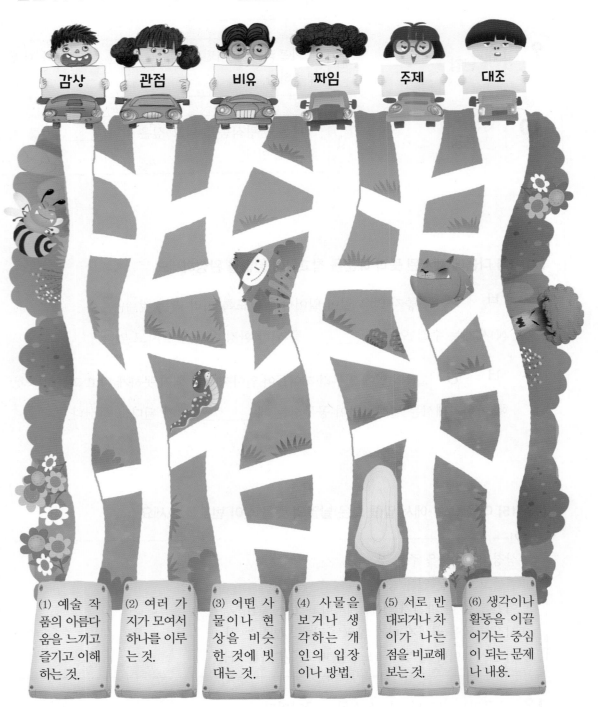

감상   관점   비유   짜임   주제   대조

(1) 예술 작품의 아름다움을 느끼고 즐기고 이해하는 것.

(2) 여러 가지가 모여서 하나를 이루는 것.

(3) 어떤 사물이나 현상을 비슷한 것에 빗대는 것.

(4) 사물을 보거나 생각하는 개인의 입장이나 방법.

(5) 서로 반대되거나 차이가 나는 점을 비교해 보는 것.

(6) 생각이나 활동을 이끌어가는 중심이 되는 문제나 내용.

거꾸로 정답

✕ (6)   ✕ (5)   ◯ (4)   ◯ (3)   ◯ (2)   ◯ (1)

초등 국어 **독해**와 **어휘**를 한 번에!

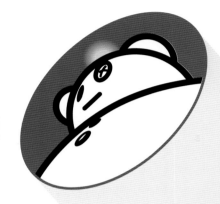

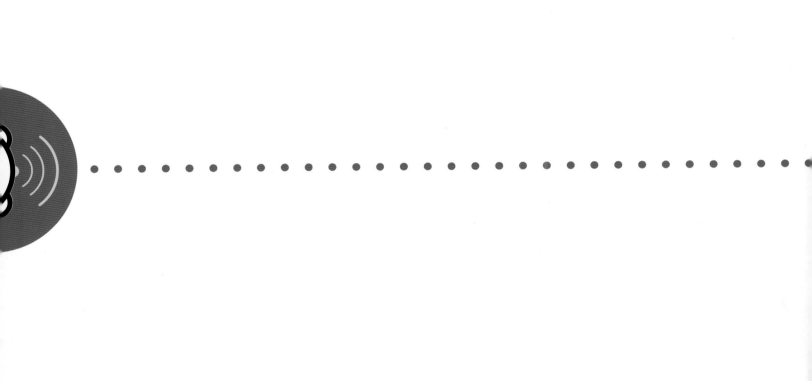

초능력 **국어 독해 ⑥** 단계 학년

정답 및
풀이

동아출판

차례

초능력
국어 독해

정답 및 풀이

6단계

본문 **10~13**쪽

 어휘 퀴즈

10쪽 / ❶ 기원		❷ 선호
12쪽 / ❶ 일광욕		❷ 침식

1 ①

2 ②, ④

3 ④

4 한국 / 중국 / 일본 / 식문화

5 ⑤

6 ①, ②, ④

7 ②

8 하와이 / 와이키키 / 헤드

지문이 궁금해

"닮은 듯 다른 문화를 말하다"

• **글의 종류** 대화문(면담)

• **글의 특징** 한국, 중국, 일본의 문화 전문가가 세 나라 문화생활의 공통점과 차이점에 대해 대화를 나누고 있는 글입니다.

• **글의 흐름**

한국의 추석, 중국의 중추절, 일본의 오봉은 하는 일, 먹는 음식 등이 다름.	→	한국, 중국, 일본은 음식을 상에 올려놓고 식사하지만 젓가락의 생김새는 다름.

"알로하! 하와이"

• **글의 종류** 기행문

• **글의 특징** 지난 여름 방학에 글쓴이가 하와이를 여행한 여정과 여행으로 얻은 견문과 감상을 쓴 글입니다.

• **글의 흐름**

첫날, 와이키키 해변을 여행함.	→	둘째 날, 다이아몬드 헤드를 여행함.	→	셋째 날, 하나우마 베이를 여행함.

1 네 사람은 한국, 중국, 일본의 닮은 듯 다른 문화에 대해 대화를 나누고 있습니다.

2 추석, 중추절, 오봉을 비교한 부분을 찾아봅니다.

오답을 조심해

	추석	중추절	오봉
① 시기	음력 8월 15일	음력 8월 15일	양력 8월 15일
③ 하는 일	차례, 성묘	제사	제사
⑤ 놀이	달맞이, 강강술래	달맞이, 등놀이	봉오도리

3 한국, 중국, 일본은 국과 반찬을 상에 놓고 식사하고 젓가락을 사용합니다. 하지만 사용하는 젓가락이 서로 다릅니다.

4 지리적으로 가까운 한국과 중국, 일본은 같은 의미를 지닌 명절이 있고 식문화도 비슷하지만 조금씩 다른 문화생활을 합니다.

5 글쓴이는 처음 부분에 여행한 까닭과 여행을 떠나기 전의 마음, 가운데 부분에 여행지에서 간 곳, 보거나 들은 것, 생각하거나 느낀 것과 같이 있었던 일을 중심으로 썼습니다. 그리고 끝부분에 여행의 전체 감상을 썼습니다.

6 글쓴이는 여덟 시간의 비행 끝에 하와이에 도착했으므로, 하와이는 한국에서 먼 곳으로 짐작할 수 있고 19세기에 영국의 지배를 받았다는 내용은 글에서 찾을 수 없습니다.

7 글쓴이는 와이키키 해변에서 '포케'를 사 먹었습니다.

독해 비법 기행문의 여정, 견문, 감상을 구분해요!

여행의 과정이나 일정을 **여정**, 여행하며 보거나 들은 것을 **견문**, 여행하며 든 생각이나 느낌을 **감상**이라고 합니다.

처음으로 간 곳은 와이키키 해변이었다. 하와이 하면 누구나 *(여정)* 쉽게 떠올리는 곳인 와이키키 해변은 해수욕을 즐기는 사람과 수상 스포츠를 하는 사람, 일광욕을 하는 사람 등 많은 관광객으로 붐비고 있었다. *(견문)* 하와이가 세계적인 휴양지라는 것이 새삼 실감이 났다. *(감상 ①)* ~ '포케'는 참치를 깍두기처럼 썰어 양념에 버무린 음식인데, 우리나라의 회덮밥과 비슷해 보였다. *(감상 ②)*

8 '나'는 지난 여름 방학에 가족과 함께 하와이에 가서 '와이키키 해변, 다이아몬드 헤드, 하나우마 베이'를 차례대로 여행하였습니다.

2일 과학

본문 14~17쪽

14쪽 / ❶ 대비   ❷ 극지방
16쪽 / ❶ 유성   ❷ 명중

1 ②, ③
2 ⑤
3 ④
4 핀란드 / 백야 / 극야
5 별자리
6 (1) ㉮ (2) ㉱ (3) ㉯
7 (1) ㉯, ㉵, ㉰ (2) ㉮, ㉱, ㉶
8 별자리 / 공전 / 계절 / 대표

지문이 궁금해

"백야와 극야의 나라에서"

• 글의 종류 편지글
• 글의 특징 페트리가 한국의 친구들에게 핀란드를 소개하는 내용의 편지로, 백야와 극야가 무엇인지 자세히 드러나 있는 글입니다.
• 글의 흐름

| 핀란드는 백야 기간에 하루 종일 해가 지지 않음. | → | 핀란드의 극야 기간에는 하루 종일 해가 뜨지 않음. | → | 지구의 자전 축이 기울어서 백야와 극야가 나타남. |

"계절 따라 바뀌는 별자리"

• 글의 종류 설명문
• 글의 특징 별자리의 뜻과 유래, 계절별로 대표적인 별자리가 바뀌는 까닭을 설명하고, 사자자리와 오리온자리의 유래를 소개하여 쓴 글입니다.
• 글의 흐름

| 별자리는 밤 하늘에 모여 있는 별의 무리임. | → | 지구가 공전을 해서 계절별 대표 별자리가 바뀜. | → | 사자자리와 오리온자리는 그리스 신화와 관련 있음. |

1 핀란드에 사는 페트리는 핀란드에서 볼 수 있는 백야 현상과 극야 현상을 소개하여 썼습니다. '백야'란 하루 종일 해가 지지 않고 밤에 어두워지지 않는 현상이고, '극야'는 해가 뜨지 않아 하루 종일 캄캄한 현상입니다.

2 백야 현상이나 극야 현상은 극지방에 가까운 지역에서 일어난다고 하였습니다. 한국에서 백야 현상과 극야 현상을 모두 볼 수 있다는 내용은 글에서 찾을 수 없습니다.

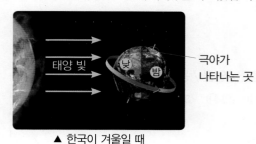

태양 빛   낮   밤   극야가 나타나는 곳

▲ 한국이 겨울일 때

3 핀란드는 6월부터 8월까지 하루에 열아홉 시간 동안 해가 떠 있는 백야 기간이므로, 하루 종일 내리쬐는 햇빛을 피하기 위해 선글라스와 안대를 준비하는 것이 좋습니다.

4 핀란드에서는 하루 종일 해가 지지 않고 밤에 어두워지지 않는 백야 현상과 해가 뜨지 않아 하루 종일 캄캄한 극야 현상을 볼 수 있습니다.

5 이 글은 별자리의 뜻과 유래부터 별자리가 바뀌는 까닭과 계절별 대표적인 별자리의 예를 썼습니다.

6 글 ①은 '정의'(어떤 말이나 사물의 뜻을 분명하게 정하여 밝히는 것)의 방법으로, 글 ②는 '분석'(하나의 대상을 개별적인 요소나 성질로 나누어 설명하는 것)의 방법으로, 글 ③은 '예시'(구체적인 본보기가 되는 예를 들어 설명하는 것)의 방법으로 썼습니다.

7 그림이 나타내는 별자리에 대한 설명을 찾아 나눕니다.

(1) 오리온자리: 겨울의 별자리로, 제우스가 오리온을 잃은 아르테미스의 슬픔을 달래 주기 위해 만든 것입니다.
(2) 사자자리: 봄의 별자리로, 제우스가 사람들이 헤라클레스의 영웅적인 행동을 기억하도록 하기 위해 만든 것입니다.

8 별의 무리인 별자리는 지구가 태양을 중심으로 공전을 하기 때문에 계절별로 다르게 보이는 것으로, 계절마다 대표하는 별자리가 있습니다.

문학

본문 **18~21**쪽

1 존스
2 ④
3 ⑤
4 동물들 / 일꾼 / 농장
5 (1) ㉲ (2) ㉯ (3) ㉮
6 ⑤
7 (2) ○
8 세몬 / 타라스 / 병사 / 금화

"동물 농장"

• **글의 종류** 동화(세계 명작)

• **글의 특징** 농장의 동물들이 자신들을 괴롭힌 인간들을 몰아낸 내용으로, 동물이 주인공인 이야기입니다. 이후 동물들마저 도덕심을 무시한 모습으로 변해 가는데, 인간을 동물에 빗대어 쓴 것입니다.

• **글의 흐름**

| 농장 주인과 일꾼들은 동물들을 제대로 보살피지 않음. | → | 배고픈 동물들은 분노해 인간들을 농장 밖으로 내쫓음. | → | 동물들은 자신들이 메이너 농장의 주인이 된 것을 기뻐함. |

"바보 이반과 도깨비"

• **글의 종류** 동화(세계 명작)

• **글의 특징** 바보 이반이 두 형에게 병사와 금화를 만드는 것에 대한 자신의 생각을 뚜렷하게 밝히는 내용입니다. 이반의 우직하고 착한 성격을 잘 알 수 있는 글입니다.

• **글의 흐름**

| 어느 날, 세몬과 타라스가 동생 이반의 집으로 찾아옴. | → | 세몬이 병사를 더 만들어 달라고 했지만 이반이 거절함. | → | 타라스가 금화를 더 만들어 달라고 했지만 이반이 거절함. |

1 존스는 모질기는 했지만 능력 있는 농장 주인이었습니다. 그런데 돈을 잃고 난 뒤로 술만 마시고 동물들을 혹사시키다가 결국 동물들에게 쫓겨났습니다.

2 ④는 '아무리 눌려 지내는 하찮은 사람, 순하고 좋은 사람이라도 너무 업신여기면 가만 있지 아니한다.'는 뜻입니다.

오답을 조심해
① 넓은 세상의 형편을 알지 못하는 사람을 비유적으로 이르는 말.
② 늙으면 먹는 데에 관심을 더 많이 가지게 됨을 비유적으로 이르는 말.
③ 깊은 산에 있는 호랑이조차도 저에 대하여 이야기하면 찾아온다는 뜻.
⑤ 아무리 익숙하고 잘하는 사람이라도 간혹 실수할 때가 있음을 비유적으로 이르는 말.

3 자신들을 괴롭힌 인간들을 농장 밖으로 몰아낸 상황이므로, 동물들이 신이 난 마음으로 할 수 있는 행동이 바로 이어지는 것이 가장 알맞습니다.

4 동물들은 존스와 일꾼들의 괴롭힘에 시달리다가 폭동을 일으켜 존스, 일꾼들, 존스 부인까지 농장 밖으로 내쫓았습니다.

5 이 글에는 세몬, 타라스, 이반이 등장합니다.

독해 비법 이야기의 구성 요소(인물, 사건, 배경)를 찾아요!

이야기에서 어떤 일을 겪는 사람이나 사물은 **인물**, 일어난 일은 **사건**, 이야기가 펼쳐지는 시간과 장소는 **배경**입니다.

『어느 날 저녁, 세몬과 타라스는 이반의 집으로 달려갔습니다.
　　　　　시간적 배경　 인물①　 인물②　　　　공간적 배경
"이반, 나는 왕이 되었단다. 하지만 병사들이 좀 모자라는구나. 병사들을 더 만들어 주지 않겠니?"
세몬은 당연히 이반이 만들어 줄 거라고 생각했습니다. 하지만 이반은 고개를 가로저었습니다.』『　』: 사건
　　인물③

6 ① → ③ → ④ → ② → ⑤의 순서로 사건이 전개됐습니다.

7 세몬과 타라스는 이반에게 병사와 금화를 만들어 달라고 요구한 것뿐입니다. 이 이야기에서 세몬과 타라스가 동생을 사랑하는 마음을 드러낸 부분은 찾을 수 없습니다.

8 이반은 세몬과 타라스가 다른 사람들에게 나쁜 짓을 한 것을 알고는 더 이상 병사들과 금화를 만들지 않기로 했습니다.

4일 예술

본문 22~25쪽

 어휘 퀴즈

22쪽 / ❶ 인쇄　　　❷ 가치

24쪽 / ❶ 해소　　　❷ 범위

---

1 (1) 판본체　(2) 궁체

2 ①, ③, ⑤

3 (1) 사각형입니다.
　　(2) ⑩ 획의 굵기나 방향 변화가 다양하고 자유
　　　　로운 편입니다.

4 판본체 / 궁체 / 모양 / 획 / 방향

5 ⑤

6 ④

7 (1) ㉮　(2) ㉯　(3) ㉱　(4) ㉲　(5) ㉰

8 손 / 캘리그라피 / 감정

지문이 궁금해

"옛 글씨체"

• 글의 종류　설명문

• 글의 특징　한글 글씨체인 판본체와 궁체의 글자 모양, 획의 굵기와 방향, 주는 느낌 등을 비교하여 설명해 쓴 글입니다.

• 글의 흐름

한글 글씨체는 판본체와 궁체가 있음.	→	판본체는 한글 최초의 글씨체임.	→	궁체는 궁궐에서 쓰기 시작한 글씨체임.

"캘리그라피의 매력"

• 글의 종류　설명문

• 글의 특징　캘리그라피의 뜻을 설명한 다음, 캘리그라피와 전통 서예의 차이점, 캘리그라피의 특징과 효과, 활용 범위 등을 쓴 글입니다.

• 글의 흐름

캘리그라피는 손으로 쓴 아름답고 개성 있는 서체임.	→	캘리그라피는 우연성을 중시하고 감정을 자유롭게 표현함.	→	캘리그라피는 여러 도구를 사용하고, 다양하게 활용되고 있음.

---

1 이 글은 한글 글씨체인 판본체와 궁체에 대해 썼습니다.

2 궁체는 궁궐에서 여성들이 주로 사용한 글씨체입니다.

> **오답을 조심해**
>
> ② 판본체가 목판 인쇄를 위한 글씨체입니다.
> ④ 조선 시대에는 남성들이 주로 한문을 사용했기 때문에 궁궐 내 궁녀를 비롯한 여성들은 한글로 편지를 쓸 때 궁체를 사용하였습니다.

3 판본체와 궁체는 모두 한글 글씨체이지만, 글자의 모양이나 획의 굵기와 방향 등의 특징은 서로 다릅니다.

4 한글 글씨체는 인쇄용으로 사용되던 판본체와 궁궐에서 발달한 궁체가 있는데, 두 글씨체는 글자 모양이나 획의 굵기와 방향이 서로 다르기 때문에 주는 느낌도 다릅니다.

5 이 글은 '캘리그라피'를 분석한 글로, 캘리그라피는 작가의 감정을 자유로운 방식으로 표현하는 것이 특징입니다.

6 『　』부분은 캘리그라피와 전통 서예의 공통점과 차이점을 중심으로 설명하였으므로, 비교와 대조 짜임입니다.

> **독해 비법**　글의 구조를 파악해요!
>
> 두 가지 이상의 대상에서 공통점을 찾아 설명하는 방법을 **비교**, 차이점을 찾아 설명하는 방법을 **대조**라고 합니다.

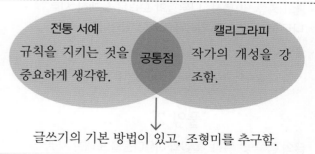

글쓰기의 기본 방법이 있고, 조형미를 추구함.

7 설명문의 '처음'에는 설명하는 대상이 무엇인지 쓰고, '가운데'에는 설명할 대상에 대해 알기 쉽게 자세하고 구체적으로 쓰고, '끝'에는 중요한 부분을 다시 강조하거나 글의 전체 내용을 요약하고 마무리하여 씁니다.

8 손으로 쓴 아름답고 개성 있는 서체라는 뜻의 캘리그라피는 우연성을 중시하고, 작가의 감정을 자유로운 방식으로 생동감을 살려 표현하는 등의 특징이 있어 활용 범위가 넓어지고 있습니다.

5일 문학

26쪽 / **1** 꿈

28쪽 / **1** 휘파람

---

1 (1) 나무 (2) 숲

2 ③

3 예 말 한 마리가 달린다.

말 한 마리가 달리면

말 두 마리도 달린다.

말 세 마리도 달린다.

온 힘을 다해

4 숲 / 고개 / 나무

5 ⑤

6 ㉮

7 ⑤

8 아름다운 / 풀잎

지문이 궁금해

"숲"

• 글의 종류 및 특징 나무들의 모습을 노래한 시로, '나무'에서 '숲'으로 의미가 커지고 있습니다.

• 글의 내용

> 숲속의 나무들처럼 더불어 살기를 바람.

"풀잎 2"

• 글의 종류 및 특징 풀잎의 아름다움을 노래한 시로, 같은 소리와 낱말의 반복이 운율을 느끼게 합니다.

• 글의 내용

> 풀잎과 같은 아름다움으로 살고 싶음.

---

1 이 시에서 나무 하나 하나는 '사람', 나무가 모인 숲은 '사람들이 살아가는 세상'을 뜻하는 말로 쓰였습니다.

2 '나무 하나의 꿈은 / 나무 둘의 꿈 / 나무 둘의 꿈은 / 나무 셋의 꿈.'은 나무 하나의 꿈이 곧 숲 전체의 꿈이 된다는 것을 표현한 것입니다.

3 시의 장면이나 분위기에 어울리는 생각이나 느낌을 바탕으로 시를 새롭게 바꾸어 씁니다. 이때 비유적 표현이 사용된 부분이나 인상적인 부분 등을 찾아보고 자신의 경험을 떠올려 시를 바꾸어 쓸 수 있습니다.

4 숲에서 함께 흔들리며 꿈을 나누고 고개를 젓는 나무들처럼 우리도 더불어 함께 살면 좋겠습니다.

5 「풀잎 2」와 같은 시에는 시 속의 상황을 전해 주는 인물인 '말하는 이(화자)'가 있습니다. 말하는 이는 글쓴이(시인)의 생각이나 마음이 반영된 인물입니다.

6 ㉠은 사람이 아닌 풀잎을 사람처럼 표현한 것입니다.(의인법)

오답을 조심해

㉯ ㉢: '푸른'은 눈에 보이는 듯한 느낌을 주고, '휘파람 소리'는 귀에 들리는 듯한 느낌을 줍니다.(공감각적 심상)

㉰ ㉤: 1연과 3연에서 반복되는 문장을 사용했지만, 풀잎이 흔들리는 모습과는 관련이 적습니다.

7 「풀잎 2」에서는 우리와 풀잎이 하나가 되는 마음을 노래하였고, 「풀잎과 바람」에서는 풀잎 같은 친구가 좋은 마음을 노래하였습니다. 따라서 두 시 모두 '풀잎'을 긍정적 대상으로 보고 있습니다.

8 아름다운 이름을 가진 풀잎과 같이 아름답게 살고 싶습니다.

독해 속 어휘 마무리!

1 (1) ○	**2** (2) ○	**3** (1) ○	**4** 무성하다	**5** 백야
6 젓다	**7** 폭동	**8** ㉰	**9** ㉮	**10** ㉯
11 조형미	**12** 문화	**13** ⑤	**14** ①	**15** ③

2주 1일 사회

본문 **34~37**쪽

어휘 퀴즈

34쪽 / ❶ 예산 ❷ 감시

36쪽 / ❶ 배려 ❷ 권리

1 ②

2 (1) ✕ (2) ✕ (3) ○ (4) ○ (5) ○

3 예 조례를 지역 상황에 알맞게 만들거나 고치는 일을 함.

4 선거 / 지방 의회 / 주민

5 ⑤

6 (1) ㉮, ㉣ (2) ㉯, ㉰

7 ⑤

8 다수결 / 원칙 / 승우 / 반대

지문이 궁금해

"지방 자치의 꽃, 지방 의회"

· 글의 종류 설명문

· 글의 특징 지방 의회의 뜻, 종류와 구성 방법, 지방 의회가 하는 일 등을 자세히 설명하여 쓴 글입니다.

· 글의 흐름

지방 의회는 지역의 중요한 일을 의논하고 결정함.	→	지방 의회는 광역 의회와 기초 의회로 나누고, 주민이 뽑은 의원으로 구성함.	→	지방 의회의 권한에 의결권, 입법권(조례 제정권), 감시권이 있음.

"다수결의 원칙은 항상 올바른가?"

· 글의 종류 대화문(토론)

· 글의 특징 승우와 친구들이 '다수결의 원칙을 따라야 한다.'는 주제로 토론한 내용으로 찬성과 반대의 입장을 명확히 드러내는 글입니다.

· 글의 흐름

승우는 다수결의 원칙은 합리적인 제도이니 따라야 한다고 함.	→	정인이는 다수결의 원칙을 반드시 따를 필요는 없다고 함.	→	민아는 다수결의 원칙을 항상 따를 필요는 없다고 함.

---

1 지방 의회의 뜻부터 지방 의회가 하는 일을 주로 설명하였으므로, '지방 자치의 꽃, 지방 의회'라는 제목이 가장 어울립니다.

2 광역 의회는 특별시와 광역시, 도에 설치하고, 기초 의회는 시·군·구에 설치합니다. 또, 조례는 지역 주민들의 생활에 직접적으로 영향을 미칩니다.

3 지방 의회에는 의결권, 입법권, 감시권이 있습니다. 표의 빈칸에 지방 의회가 하는 일 중 조례를 제정하는 일에 대해 알맞게 정리하여 씁니다.

4 지방 선거 를 통해 지역의 주민들이 직접 뽑은 의원들로 구성하는 지방 의회 는 지역의 주민 을 대신하여 그 지역의 중요한 일을 의논하여 방향을 결정하는 등의 여러 가지 일을 합니다.

5 토론은 어떤 문제에 대해 찬성편과 반대편으로 나뉘어 상대를 설득하는 말하기입니다. 이 글은 '다수결의 원칙을 따라야 한다.'라는 주제로 토론한 내용을 쓴 것입니다.

6 '다수결의 원칙'이란, 다수의 의견이 소수의 의견보다 합리적일 것이라고 가정하고 다수의 의견을 선택하는 방법입니다. 승우는 다수결의 원칙을 따르는 것에 찬성하는 입장이고, 정인이는 반대하는 입장입니다.

독해 비법 주장과 근거를 구분해요!

토론자는 토론 주제에 대한 **주장**과 이를 뒷받침하는 **근거**를 함께 제시하므로, 주장에 대한 근거가 무엇인지 찾아 타당한지 알아봅니다.

승우: 다수결의 원칙은 민주적 의사 결정을 위한 매우 합리적인 제도이므로 따라야 한다고 생각합니다. ~ 다수결의 원칙
〈승우의 주장〉
을 따르면 문제를 쉽고 빠르게 결정할 수 있어요. 그리고 다수의 판단은 소수의 판단보다 합리적일 확률이 높습니다.
〈근거 ①〉 〈근거 ②〉

정인: 다수결의 원칙을 반드시 따를 필요는 없습니다. 소수의
〈정인이의 주장〉
의견일지라도 얼마든지 정당하고 올바를 수 있는데, 다수결만 좇다보면 소수의 좋은 의견이 무시될 수 있습니다.
〈근거〉

7 민아는 다수결의 원칙을 항상 따를 필요가 없다고 했으므로, 다수결 원칙의 단점을 근거로 드는 것이 알맞습니다.

8 '다수결 의 원칙 을 따라야 한다.'라는 주제로 한 토론에서 승우 는 찬성하는 의견을, 정인이와 민아는 반대 하는 의견을 펼쳤습니다.

2일 과학

본문 38~41쪽

 어휘 퀴즈

38쪽 / ❶ 고체　　　　❷ 온도

40쪽 / ❶ 분해　　　　❷ 산화

---

1 ⑤

2 ③, ⑤

3 ③

4 증가 / 감소 / 열기구

5 ⑤

6 ㉰

7 ㉠ 철봉에 페인트를 칠하거나 쇠를 테이프 등으로 감아 산소와 만나지 못하게 합니다.

8 산소 / 숨 / 과호흡 / 산화

지문이 궁금해

"기체의 부피가 변해요"

- **글의 종류** 설명문
- **글의 특징** 온도에 따른 기체의 부피 변화 원리를 설명하고, 기체의 부피가 변하는 예를 여러 가지 들어 쓴 글입니다.
- **글의 흐름**

온도가 높아지면 기체의 부피는 증가하고, 온도가 내려가면 기체의 부피는 감소함.	→	타이어, 열기구, 페트병의 모습을 보면 온도에 따른 기체의 부피 변화를 알 수 있음.

"산소의 두 얼굴"

- **글의 종류** 설명문
- **글의 특징** 대부분 식물의 광합성 작용으로 만들어지는 산소의 좋은 면과 나쁜 면이 무엇인지 구체적으로 대조해 쓴 글입니다.
- **글의 흐름**

산소는 숨을 쉴 때, 금속을 자르거나 붙일 때 등 다양하게 쓰임.	→	산소는 과호흡 증후군을 일으키거나 산화로 물질을 변화시킴.

---

1 이 글은 온도에 따라 기체의 부피가 변하는 사실을 여러 가지 예를 들어 설명해 쓴 글입니다.

2 글에서 타이어나 하늘을 나는 열기구, 페트병의 모습에서 온도에 따른 기체의 부피 변화를 알 수 있다고 설명하고 있습니다.

오답을 조심해

① 산소, 이산화 탄소, 질소는 기체입니다.
② 기체는 다른 물질과 마찬가지로 일정한 공간을 차지합니다. 이것이 기체의 부피입니다.
④ 여름철은 온도가 높아지기 때문에 타이어에 공기를 약간 적게 넣습니다.

3 고무공에 뜨거운 물을 부으면 온도가 높아져 고무공 속에 있는 기체의 부피가 늘어납니다. 때문에 고무공을 원래의 상태로 돌릴 수 있습니다.

4 온도가 높아지면 기체의 부피는 증가하고 온도가 내려가면 기체의 부피는 감소하는데, 타이어, 열기구, 페트병의 모습을 보면 이 성질을 이해할 수 있습니다.

5 이 글은 산소의 다양한 쓰임(호흡할 때, 용접할 때, 소독할 때)을 소개하며 산소의 좋은 면을 설명한 다음, 과호흡 증후군이나 산화 작용과 같은 산소의 나쁜 면을 설명하여 썼습니다.

6 산소는 다른 물질이 타는 것을 돕기 때문에 소화기 재료로 사용하기에 알맞지 않습니다. 물질이 타는 것을 막아주는 성질을 가진 것은 이산화 탄소입니다.

산소 호흡 장치　　압축 공기통　　　　금속 용접

▲ 산소의 이용 ㉠

7 철봉에 녹이 생기는 것은 '산화' 때문이므로, 쇠가 산소와 만나지 못하게 할 방법을 찾아야 합니다.

8 산소는 숨을 쉴 때, 용접할 때, 소독할 때와 같이 우리 생활에서 다양하게 쓰이지만 과다하게 들이마시면 과호흡 증후군을 일으킬 수도 있고, 산화로 식품을 변질시키거나 쇠로 된 물건을 녹슬게 하는 단점도 있습니다.

3 일 문학

본문 42~45쪽

42쪽 / ① 능선   ② 칼바람

44쪽 / ① 광복   ② 지주

1 ①
2 ㉠, ㉡
3 (1) ○ (2) ○
4 나 / 소녀 / 풍경
5 ㉰
6 ⑤
7 ③
8 꿈 / 사진관 / 순이

지문이 궁금해

"진주가 된 가리비"

- 글의 종류 창작 동화
- 글의 특징 '내'(가리비)가 바위너설에서 소녀를 만난 일에 대한 내용으로, '나'의 눈에 비친 소녀의 모습과 바닷가의 풍경을 그림을 그리듯이 감각적으로 표현한 글입니다.
- 글의 흐름

'나'는 파도나룻배를 타고 바위너설에 가서 한 소녀를 만남.	→	소녀의 눈이 닿는 곳은 빛이 나 모든 바다 풍경이 아름다워 보임.	→	해질 무렵에 소녀가 보이지 않자 모든 풍경이 초라하게 변함.

"꿈을 찍는 사진관"

- 글의 종류 창작 동화
- 글의 특징 '내'가 우연히 꿈을 찍는 사진관을 찾아가 겪은 일을 쓴 글로, 주인공이 아름답고 소중한 추억을 사진으로 찍는 환상적인 이야기입니다.
- 글의 흐름

'나'는 꿈을 찍는 방법을 알게 됨.	→	'나'는 종이쪽에 꿈을 쓰고 잠이 듦.	→	'나'는 꿈속에서 순이와 만남.

1 소녀가 부드러운 바닷바람에 긴 머리를 날리며 갯벌 위를 걸었다고 하였습니다. 또, 꼭 해질 무렵이면 산책을 나왔다고 하였습니다.

2 ㉠과 ㉡이 직유법을 사용한 것입니다.

> **오답을 조심해**
> ㉢ 의인법을 사용해 표현한 것입니다.
> ㉣ 흉내 내는 말을 사용해 표현한 것입니다.

3 소녀가 사라진 이유는 드러나 있지 않으니, 용머리바위 뒤에 소녀가 숨어 있었다고 보는 것은 알맞지 않습니다.

4 '나'(가리비)는 바위너설에서 본 한 소녀를 좋아했는데, 소녀가 보이지 않자 실망하여 지금까지 빛나던 모든 풍경들이 초라하게 변했다고 생각했습니다.

5 '나'는 꿈을 찍는 사진관에서 주인이 쓴 글을 읽고 난 뒤 순이를 만나고 싶다는 내용을 종이쪽에 쓰고 잠이 들었습니다. 그리고 꿈속에서 순이를 만나게 됩니다.

6 '나'는 어린 시절 고향 뒷산에서 함께 놀던 순이를 생각하고 있습니다.

> **독해 비법** 인물의 마음을 알아보아요!
>
> 이야기에서 인물이 어떤 **상황**에 놓여 있는지 파악하고, 인물의 마음이 직접적으로 드러나는 **표현**을 찾아봅니다.
>
> 따스한 봄볕을 쬐며, 잔디 위에서 같이 놀던 순이, 노랑 저고리에 하늘빛 치마 - 할미꽃을 꺾어 들고 봄노래 부르던 순이 - 오늘 밤 정말 우리는 만날 수 있을까?
> → 오래 전 헤어진 순이를 그리워하는 '나'의 마음을 알 수 있음.
>
> ~ 참말 신기한 일입니다. 그러나 나는 잠이 오질 않았습니다. 샘처럼 솟아오르는 지난날의 추억들.
> → 순이를 추억하는 '나'의 마음을 직접적으로 드러냄.

7 '나'는 순이에게 비밀을 이야기하며 슬퍼하고 있습니다.
['내'가 꾼 꿈에 나타난 시대적 상황] 북한은 1945년 8월 15일 광복이 된 뒤, 지주들의 땅을 강제로 빼앗아 농민들에게 나누어 주는 토지 개혁을 실시했습니다. 그러나 실제로 농민들에게 큰 혜택이 돌아가지는 않았다고 합니다.

8 '나'는 꿈을 찍는 사진관에서 꾸고 싶은 꿈을 쓴 종이를 가슴에 품고 잠이 들었고, 고향에서 순이와 겪었던 추억을 떠올려 꿈으로 꾸었습니다.

4일 인물

본문 46~49쪽

 어휘 퀴즈

46쪽 / ❶ 지원 　　❷ 대중

48쪽 / ❶ 농가 　　❷ 패배

---

1 ⑤
2 ③, ⑤
3 ④
4 앤디 워홀 / 대중 / 변화
5 ①, ②, ⑤
6 ③
7 ⑤
8 머리 / 음악 / 테너 / 페라

지문이 궁금해

"팝 아트의 시대를 연 앤디 워홀"

• 글의 종류　전기문

• 글의 특징　새로운 방법으로 작품을 많이 만들어 내 시각 예술 전반에서 새로운 변화를 이끈 앤디 워홀 과 관련한 일화를 쓴 글입니다.

• 글의 흐름

워홀은 가난한 유년 시절을 보냈지만, 그림 그리는 것을 좋아해 결국 화가가 됨.	→	워홀은 새로운 기법 을 사용하고, 누구나 즐 길 수 있는 예술을 추구 함.

"감동을 주는 성악가, 안드레아 보첼리"

• 글의 종류　전기문

• 글의 특징　앞이 보이지 않는 장애를 극복하고 훌륭한 테너이자 팝 페라 가수가 된 안드레아 보첼리와 관련한 일화를 쓴 글입니다.

• 글의 흐름

보첼리는 어린 시절 사고로 앞을 전혀 볼 수 없게 됐지만, 음악을 포 기하지 않음.	→	보첼리는 음악을 사 랑하는 마음과 최선을 다하는 자세로 많은 사 람에게 감동을 줌.

---

1 이 글은 새로운 미술 운동인 팝 아트의 시대를 연 워홀의 삶을 사실에 근거해 쓴 글이므로, 인물의 말과 행동에서 본받을 만한 점을 찾아보며 읽는 것이 좋습니다.

2 워홀은 실크 스크린 기법을 이용하여 통조림 수프 깡통이 나 콜라병, 유명인의 초상화 등을 제작했습니다. 또, 만 화의 한 컷, 신문에 나온 사진의 한 장면, 영화의 포스터 등을 이용해 실험적인 작품을 만들었습니다.

3 워홀의 말과 행동을 통해 누구나 보고 즐거워할 수 있는 예술을 중시하는 삶의 태도를 간직하고 있음을 알 수 있 습니다.

4 앤디 워홀은 새로운 방법으로 작품을 많이 만들어 대중 미술과 순수 미술의 경계를 무너뜨리고, 시각 예 술 전반에서 새로운 변화를 이끌어 냈습니다.

5 이탈리아 토스카나주의 작은 농가에서 태어난 보첼리는 열두 살이 되던 해에 축구를 하다 머리를 다친 다음으로 앞을 전혀 볼 수 없게 되었습니다. 그리고 코렐리의 제자 가 되어 음악을 배워서 훌륭한 테너이자 팝 페라 가수가 되었습니다.

6 보첼리의 부모님은 앞을 보지 못하게 된 아들에게 앞이 보이지 않아도 할 수 있는 일이 많다고 말했고, 보첼리는 부모님의 말씀을 듣고 힘을 얻었다고 하였으므로 '용기를 가져라.'라고 말했을 것이라 짐작할 수 있습니다.

7 보첼리는 앞이 보이지 않는 어려운 상황을 극복한 인물입 니다. 보첼리의 삶을 보고 어떤 점을 본받을 만한지 찾으 면 글이 주는 교훈을 파악할 수 있습니다.

8 안드레아 보첼리는 머리를 다쳐 앞을 전혀 볼 수 없게 되었지만 음악을 포기하지 않고 노력하여 훌륭한 테 너이자 팝 페라 가수가 되었고, 전 세계 사람들의 사 랑을 받고 있습니다.

5일 문학

본문 50~53쪽

어휘 퀴즈

50쪽 / ❶ 폭풍우 ❷ 은혜

52쪽 / ❶ 금은보화 ❷ 천벌

1 (1) – ㉰ – ③ (2) – ㉮ – ① (3) – ㉯ – ②

2 ④

3 ⑤

4 리어 왕 / 리건 / 밤

5 ③

6 ⑤

7 ㉯

8 놀부 / 주머니 / 장사들

지문이 궁금해

"리어 왕"

• 글의 종류 및 특징 리어 왕이 믿었던 두 딸에게 배신을 당하는 내용의 희곡으로, 리어 왕의 고뇌와 설움이 잘 묘사되어 있는 글입니다.

• 글의 흐름

| 리어 왕은 리건, 고너릴과 함께 살고 싶다고 말하지만 거절당함. | → | 딸들이 문을 열어주지 않자 리어 왕은 말을 몰고 폭풍우 속을 헤맴. |

"놀부전"

• 글의 종류 및 특징 놀부가 자신의 집에 열린 박을 탔는데 벌을 받는 내용의 희곡으로, 빨래터의 아낙네들의 대화에서 권선징악의 교훈을 알 수 있습니다.

• 글의 흐름

| 놀부네 집에서 놀부 부부가 하인들을 시켜 박을 타며 무엇이 나올지 기대함. | → | 아낙네들이 첫째 박에서 나온 장사들이 놀부에게 천벌을 준 것이라 말함. |

---

1 ㉠은 '지문'이고, ㉡은 '해설'이고, ㉢은 '대사'입니다.

독해 비법 희곡의 구성 요소(지문, 해설, 대사)를 알아보아요!

희곡에는 인물의 행동이나 표정, 말투 등을 지시하는 부분인 **지문**이 있고, 때와 곳, 나오는 인물, 무대의 모습 등을 설명하는 부분인 **해설**이 있고, 등장인물이 하는 말인 **대사**가 있습니다.

중간막이 내리고 조명이 꺼졌다가 다시 켜지며 성 밖을 비춘다. (장면의 전환) 무서운 폭풍우가 휘몰아치는 밤, 리어 왕이 성 문을 두드리지만 두 딸은 리어 왕을 안으로 들이지 않는다. → 해설

리어 왕: (슬픈 표정을 지으며 힘없이) → 지문 왕국의 수많은 성을 다스리던 내가 이제는 비 피할 곳조차 없다니! → 대사

2 리어 왕은 딸들과 함께 살면서 다시 기사를 거느리길 바랐지만, 딸들이 단호하게 거절하자 화가 나고 실망했고, 자신의 처지에 서러움을 느꼈습니다.

3 리어 왕은 두 딸에게 외면을 받고 분노한 상황입니다. ㉮ 부분은 리어 왕의 마음을 직접적으로 실감 나게 표현하여 인상적입니다.

4 리어 왕은 리건과 고너릴에게 많은 기사를 거느리며 함께 살고 싶다며 애원했지만 외면받았고, 폭풍우가 휘몰아치는 밤에 멀리 떠나게 됩니다.

5 희곡에서 인물의 말은 큰따옴표 없이 '대사'로 나타냅니다.

6 아낙네들이 놀부가 천벌을 받은 것이라고 말한 부분과 관련 있는 고사성어를 찾습니다.

7 이 글에는 놀부가 그동안 심술을 많이 부렸기 때문에 벌을 받고 있는 장면이 나타나 있습니다. 따라서 놀부의 남은 박에서도 나쁜 것들이 나와 놀부에게 벌을 줄 것임을 짐작할 수 있습니다.

8 하인들이 놀부의 첫째 박을 타자 몽둥이와 올가미, 이상한 주머니를 든 장사들이 한 무리 나와서 돈과 금은보화를 전부 쓸어 갔습니다.

독해 속 어휘 마무리!

본문 54~55쪽

1 (3) ○	2 (2) ○	3 (3) ○	4 추억	5 기법
6 토론	7 예술	8 ㉮	9 ㉰	10 ㉯
11 모조리	12 참여	13 ②	14 ③	15 ⑤

본문 **58~61쪽**

58쪽 / ❶ 이윤　　　❷ 착취

60쪽 / ❶ 중산층　　❷ 빈곤층

1 ②

2 ③

3 (1) 글 **나** 　(2) 글 **가**

4 공정 무역 / 검토

5 ㉮

6 ④

7 ③

8 경제 / 고용 / 기업 / 개인

지문이 궁금해

"공정 무역에 대한 다른 시선"

• 글의 종류　논설문

• 글의 특징　글 **가** 와 **나** 는 공정 무역이 무엇인지 설명한 다음, 공정 무역에 대한 관점을 밝혀 쓴 글입니다.

• 글의 흐름

> **가** : 공정 무역 제품을 구입하여 가난한 나라의 사람들에게 도움을 줘야 함. → **나** : 공정 무역의 투명성을 확인하고, 제품을 신중하게 검토 후 구입해야 함.

"경제적 양극화를 해결하려면"

• 글의 종류　설명문 형식의 제안하는 글

• 글의 특징　경제적 양극화의 뜻과 원인을 밝힌 다음 경제적 양극화의 심화 현상과 문제점, 해결 방안을 차례대로 쓴 글입니다.

• 글의 흐름

> 우리나라는 경제적 양극화가 점점 심해지고 있음. → 경제적 양극화는 중산층을 약화시키는 문제가 있음. → 경제적 양극화 문제를 해결하기 위해 노력해야 함.

1 글 **가** 와 **나** 는 공정 무역에 대해 서로 다른 관점으로 쓴 글입니다.

2 글 **나** 의 시작하는 부분에 무역의 뜻을 설명했습니다.

오답을 조심해

① 글 **가** : 공정 무역을 통해 여러 개발 도상국의 생산자들에게 최저 가격을 보장해 주고, 그들을 적극 지원해 줄 수 있다.

② 글 **가** : 공정 무역은 생산자의 노동에 정당한 대가를 내주면서 소비자에게 좋은 제품을 공급하는 것을 목적으로 둔다.

④ 글 **나** : 공정 무역의 취지만 생각하고 제품을 무조건 구입하지 말고, 신중하게 검토 후 구입해야 한다.

⑤ 글 **가** : 공정 무역의 제품은 수공예품이나 커피, 코코아 등 일부 품목에서 시작되었지만 최근에는 설탕, 와인부터 면 제품, 청바지에 이르기까지 다양해졌다.

3 글 **가** 와 **나** 처럼 관점이 드러나는 글을 읽을 때에는 하나의 사건에 대해 어떤 사실을 제시하는지, 그것을 어떻게 표현하고 있는지를 꼼꼼히 따져 보아야 글쓴이의 관점을 바르게 파악할 수 있습니다.

4 글 **가** 는 공정 무역으로 개발 도상국의 생산자들을 지원해 줄 수 있으니 공정 무역 제품을 구입하자고 했고, 글 **나** 는 공정 무역의 투명성을 확인하며 공정 무역 제품을 신중하게 검토 후 구입하자고 했습니다.

5 한국 사회는 1997년 IMF 사태 이후 중산층이 무너지면서 경제적 양극화가 시작되었습니다. 경제적 양극화 문제를 해결하기 위해서 국가에서는 사회적 약자를 위한 제도나 정책을 많이 만들어야 합니다.

6 이 글에서는 경제적 양극화의 뜻과 원인부터 우리나라에서 경제적 양극화가 심화되고 있는 현상과 그 해결점을 밝혀 썼습니다. 글에서 다른 나라의 사례는 찾아볼 수 없습니다.

7 '처음' 부분에 경제적 양극화와 관련한 속담을, '가운데' 부분에 경제적 양극화의 뜻과 원인, 심화 현상, 문제점을, '끝' 부분에 경제적 양극화의 문제 해결 방법을 쓴 글입니다.

8 경제적 양극화는 우리나라의 경우 실업과 고용 불안으로 중산층이 무너지면서 시작되어 점점 심해지고 있는 현상으로, 경제적 양극화를 해결하기 위해 국가, 기업, 개인이 함께 노력해야 합니다.

2일 과학

본문 62~65쪽

어휘 퀴즈

62쪽 / **①** 면적   **②** 강수량

64쪽 / **①** 광물   **②** 터전

---

1 ⑤

2 ②

3 ①

4 분열 / 나이테 / 나이 / 나무

5 ⑤

6 ①, ④, ⑤

7 주장: ⑩ 우리는 아마존 열대 우림을 지켜 내야
   합니다.
   근거 2: ⑩ 아마존 열대 우림은 수많은 동식물
   의 삶의 터전입니다.

8 산소 / 터전 / 복원

지문이 궁금해

"나이테를 보고 나무를 알아요"

· 글의 종류   설명문

· 글의 특징   나이테의 뜻과 생기는 이유를 밝히고 나이테로 알 수 있는 것을 설명하여 쓴 글입니다.

· 글의 흐름

| 나이테는 나무에서 원 모양의 선이 진하게 그어진 부분임. | → | 나이테는 세포 분열 속도와 성장 속도가 다르기 때문에 생김. | → | 나이테로 나무의 나이, 나무가 자란 환경 등을 알 수 있음. |

"아마존 열대 우림을 지키자"

· 글의 종류   논설문

· 글의 특징   아마존 열대 우림을 지키자는 주장을 밝히고, 그에 대한 근거 세 가지를 제시한 글입니다.

· 글의 흐름

| 여러 나라가 아마존 열대 우림 개발을 시도해 문제임. 우리는 아마존 열대 우림을 지켜 내야 함. | → | 아마존 열대 우림은 산소를 제공해 주고, 동식물의 삶의 터전이며 한번 파괴하면 복원하기가 어려움. |

---

1 이 글은 나이테가 생기는 이유와 나이테를 보고 나무의 나이와 나무가 자란 환경을 알 수 있는 점을 썼습니다.

2 제시된 그림에서 나무 줄기의 구조(나무 줄기 속의 '물관', '체관', '형성층')를 찾을 수 있습니다.

3 나이테를 보고 나무가 자라는 당시의 강수량이나 햇빛, 기온, 바람 등의 기후를 짐작할 수 있다고 했습니다.

오답을 조심해

② 여름에 형성층의 세포들이 매우 활발하게 분열합니다.
③ 나이테로 나무 방향과 종류를 알 수 있다는 내용은 없습니다.
④ 계절에 따라 세포 분열 속도와 성장 속도가 다르기 때문에 나이테가 생기는 것입니다.
⑤ 봄부터 겨울까지의 형성층이 자란 모습을 합하면 한 해 동안 나무가 자란 양이 됩니다.

4 계절에 따라 세포 分열 속도와 성장 속도가 달라서 생기는 나이테를 보면, 나무의 나이를 짐작해 볼 수 있고, 나무가 어떻게 자랐는지도 알 수 있습니다.

5 이 글은 아마존 열대 우림을 지키자는 주장을 펼치며 개발에 반대하는 입장이므로 문명 발전과 관련이 적습니다.

6 아마존 열대 우림을 개발하면 지구의 온도가 올라가는 속도가 빨라집니다. ③은 장점입니다.

7 이 글처럼 논설문은 서론, 본론, 결론으로 짜여 있습니다.

독해 비법   논설문의 짜임을 이해해요!

논설문의 **서론**에는 글을 쓴 문제 상황과 글쓴이의 주장을 밝힙니다. **본론**에는 글쓴이의 주장에 적절한 근거를 제시하고, **결론**에는 글 내용을 요약하거나 주장을 다시 한번 강조합니다.

여러 나라가 아마존 열대 우림 개발을 시도해 문제입니다.
                      _{문제 상황}
우리는 아마존 열대 우림을 지켜 내야 합니다. 그 까닭은 무엇
           글쓴이의 주장
일까요?   → 서론

첫째, 아마존 열대 우림은 지구에서 발생한 이산화 탄소를
                주장에 대한 근거
흡수하고 산소를 제공해 줍니다. ~   → 본론

아마존 열대 우림이 지금의 속도로 점차 사라지게 되면 지구의 온도가 올라가는 속도는 두 배나 빨라질 수 있다고 합니다.
아마존 열대 우림을 지키는 노력, 함께합시다.   → 결론
           주장 강조

8 아마존 열대 우림은 산소를 제공해 주고, 수많은 동식물의 삶의 터전이며, 한번 파괴하면 복원하기가 어려우므로 지켜 내야 합니다.

3 일 문학

어휘 퀴즈

66쪽 / ❶ 아우성   ❷ 형편

68쪽 / ❶ 냉큼   ❷ 이왕

---

1 ②

2 ④

3 (1) ○

4 허생 / 변 / 과일 / 말총

5 ①

6 ②, ④, ⑤

7 ⑳ 잔치에 도착한 순서대로 자리를 정하자고 /
⑳ 다 함께 잔치에 초대받은 입장인데, 나이가
많다고 제일 윗자리에 앉게 하는 것은 불공평
하기

8 장 / 윗 / 나이

지문이 궁금해

"허생전"

• **글의 종류** 고전 소설

• **글의 특징** 가난한 허생이 변 부자에게 돈을 빌려
큰돈을 버는 과정을 구체적으로 쓴 글로, 당시의 경
제적 상황을 짐작할 수 있게 하는 이야기입니다.

• **글의 흐름**

| 허생이 변 부자에게 만 냥을 빌려 안성으로 감. | → | 허생이 과일을 사 모았다가 비싼 값에 팔았음. | → | 허생이 칼 등을 제주도에 가서 팔고, 말총을 사들임. |

"두껍전"

• **글의 종류** 고전 소설

• **글의 특징** 장 선생의 잔치에 초대된 동물들의 다
툼을 쓴 글로, 자리다툼을 하는 동물들을 통해 욕심
많은 인간의 모습을 엿볼 수 있는 이야기입니다.

• **글의 흐름**

| 토끼가 나이 많은 순서대로 앉자고 함. | → | 노루가 맨 윗자리에 앉겠다고 나섬. | → | 여우가 자신이 더 나이가 많다고 말함. |

---

1 이야기를 전달하는 사람, 즉 '말하는 이'는 작품에 나오는
등장인물의 행동이나 사건 등을 이야기하는 서술자로, 이
작품에서는 작가가 말하는 이가 되어 인물의 행동이나 생
각, 감정 등을 자세히 설명하고 있습니다.

2 허생은 변 부자에게 빌린 만 냥으로 가장 먼저 과일을 사
모았고, 그다음 칼, 호미, 베, 명주, 솜 등을 샀고, 제주도
의 특산물인 말총까지 모두 사들였습니다.

3 주인공 허생은 가난하고 무능한 양반이었지만, 장사를 해
큰돈을 벌어 들였습니다. 하지만 겨우 만 냥의 돈으로 온
나라의 과일 값을 올릴 수 있는 사실을 보고, 불안정한
경제 구조를 생각하며 한숨 짓고 있습니다.

4 허생은 변 부자에게 만 냥을 빌려 감, 배 등의 과일
과 칼, 호미 등을 사 모았다가 비싸게 팔았고, 제주도의
특산물인 말총을 사들였다가 팔았습니다.

5 장 선생의 초대를 받고 온 손님들이 잔칫상을 앞에 두고
서로 높은 자리에 앉겠다고 옥신각신 다투고 있습니다.

6 꾀 많은 노루와 여우가 높은 자리에 앉으려고 나이가 많
다며 과장된 거짓말로 다른 동물들을 속이고 있습니다.

독해 비법 **인물의 성격을 파악해요!**

이야기에서 인물이 한 **말**이나 인물이 한 **행동**을 보면 인물의 **성격**
을 파악할 수 있습니다.

• **여우** "내가 젊었을 때 술에 취해서 어느 대감마님 지나는 길
을 가로지른 적이 있었소. <u>그때 호패를 빼앗겨 돌려받지 못했</u>
<u>소</u>이다. 하지만 <u>그 시절 나와 알고 지낸 사람들이 나더러 힘</u>
<u>이 세다며 황하강 물 넘치는 걸 좀 막아 보라고 하였소.</u>"
여우가 나이 많은 것이 사실이 아니라서 거짓으로 둘러 댄 말
여우가 허풍이 매우 심하다는 것을 알 수 있는 말

• **노루** "<u>나로 말할 것 같으면 이 세상이 처음 만들어질 때 하늘</u>
<u>여기저기에 별 박는 일을 했지.</u> 보나 마나 나이 많기로 치면
나를 당할 자가 어디 있겠소?"
노루가 허풍이 매우 심하다는 것을 알 수 있는 말
노루가 나이 많은 것을 과장하여 한 말
→ 욕심 많아 잔꾀를 부리고 허풍이 심한 여우와 노루

7 '잔치에 도착한 순서대로 앉게 한다.', '자기 집으로 동물
들을 초대한 장 선생이 정해 준다.', '나이가 어린 순서대
로 앉게 한다.', '잔치의 주인공인 장 선생을 가장 높은 자
리에 앉게 한다.' 등도 답으로 쓸 수 있습니다.

8 장 선생의 잔치에 초대된 동물들은 서로 맨 윗자리에
앉겠다고 자리다툼을 하면서 거짓으로 자신의 나이를
꾸며 말했습니다.

4일 스포츠

본문 **70~73쪽**

어휘 퀴즈

70쪽 / ❶ 지구력   ❷ 민첩성

72쪽 / ❶ 범실   ❷ 진출

1 ⑤

2 ②, ③, ④

3 도진

4 네트 / 셔틀콕 / 체력

5 (1) 기자의 마무리   (2) 기자의 보도

6 ④

7 ①

8 배구 / 일본 / 3 / 1

지문이 궁금해

"누구나 즐겨요, 배드민턴"

· 글의 종류   설명문

· 글의 특징   배드민턴 이름의 유래, 경기 규칙, 셔틀콕을 다루는 방법, 장점 및 효과 등을 자세히 설명하여 쓴 글입니다.

· 글의 흐름

많은 이에게 사랑받는 배드민턴은 인도 민속 경기에서 유래함.	→	배드민턴은 네트를 사이에 두고 라켓으로 셔틀콕을 주고받음.	→	배드민턴 경기를 할 때 셔틀콕을 집중해서 보고 움직여야 함.

"여자 배구, 일본에 역전승"

· 글의 종류   기사문

· 글의 특징   대한민국 여자 배구 대표 팀이 일본 대표 팀에 승리한 사건을 보도하는 텔레비전 뉴스 기사문입니다.

· 글의 내용

> 대한민국 여자 배구 대표 팀이 인도네시아에서 열린 아시안 게임 조별 예선 1차전에서 일본에 3:1로 역전승을 거두어 8강에 가까이 다가섰음.

---

1 2문단에서 배드민턴의 유래, 3문단에서 배드민턴의 경기 방법, 4문단에서 셔틀콕을 다루는 방법, 5문단에서 배드민턴의 장점 및 효과를 설명하고 있습니다.

2 배드민턴은 한 명 또는 두 명이 네트를 사이에 두고 라켓으로 셔틀콕을 떨어뜨리지 않고 네트 너머로 주고받는 경기입니다. 이때 상대 선수가 셔틀콕을 받지 못하면 셔틀콕을 쳐 넘긴 쪽이 점수를 얻습니다.

3 배드민턴을 할 때, 셔틀콕을 원하는 방향으로 정확하게 보내려면 셔틀콕을 끝까지 보면서 셔틀콕이 라켓의 중앙에 닿도록 칩니다.

> **오답을 조심해**
>
> · 나율: 셔틀콕에 집중하여 날아오는 방향을 빨리 판단한 후, 서서 받지 말고 발을 움직여 받기 좋은 위치에서 셔틀콕을 받습니다.
> · 설아: 배드민턴은 상대 선수가 셔틀콕을 받지 못해야 점수를 얻으므로, 상대가 오른쪽에 있으면 왼쪽으로, 왼쪽에 있으면 오른쪽으로 셔틀콕을 쳐서 보내는 것이 좋습니다.

4 한 명 또는 두 명이 셔틀콕을 네트 너머로 주고받는 배드민턴은 셔틀콕을 집중해서 보고 움직이는 것이 중요한 운동으로, 체력과 지구력, 민첩성을 기를 수 있어 좋습니다.

5 텔레비전 뉴스는 '진행자의 도입, 기자의 보도, 기자의 마무리'로 구성됩니다. (1)은 '기자의 마무리'가 하는 역할을 설명한 것이고, (2)는 '기자의 보도'를 설명한 것입니다.

6 4세트에서 대한민국 대표 팀이 일본의 속공을 막아 내며 25:22로 승리를 거두었습니다.

7 이 텔레비전 뉴스는 대한민국 여자 배구 대표 팀이 일본에 승리한 일을 보도하고 있습니다. 특히 대한민국의 남은 경기 결과를 긍정적으로 보고 있습니다.

배구 ▶

8 대한민국 여자 배구 대표 팀이 오늘 오후 인도네시아에서 열린 아시안 게임 조별 예선 1차전에서 일본에 3:1로 역전승을 거두어 8강에 한 발 가까이 다가섰습니다.

5일 문학

본문 **74~77**쪽

74쪽 / ❶ 일행 ❷ 수평선

76쪽 / ❶ 인연 ❷ 기원

1 수로 부인

2 ③

3 (1) 노인 (2) 수로 부인 (3) 바닷속 (4) 노래

4 철쭉 / 수로 / 용

5 ⑤

6 (1) ㉯ (2) ㉮

7 (1)에 밑줄

8 경덕 / 해 / 월명

지문이 궁금해

"아름다운 수로 부인"

• 글의 종류 설화

• 글의 특징 사람들이 수로 부인을 도와서 위기를 벗어나게 하는 내용의 비현실적인 이야기입니다.

• 글의 흐름

한 노인이 수로 부인에게 절벽 위의 꽃을 꺾어다 바침.	→	사람들이 함께 노래를 불러 용에게 잡혀간 수로 부인을 구함.

"월명 스님의 신비한 노래"

• 글의 종류 설화

• 글의 특징 월명 스님이 불교적 신앙심으로 해를 사라지게 한 내용의 신비한 이야기입니다.

• 글의 흐름

하늘에 두 개의 해가 떠오름.	→	월명 스님이 향가를 불러 해 하나를 없앰.

1 이 글은 수로 부인을 주인공으로 하여, 수로 부인을 둘러싼 사건이 계속해서 펼쳐지고 있습니다.

2 ㉠은 여러 사람이 함께 모여 의견을 합치면 쇠도 녹일 만큼 무서운 힘을 낼 수 있음을 뜻하는 속담입니다.

3 이야기는 인물이 겪은 사건들의 '원인과 결과' 관계로 구성되기도 합니다. 어떤 일이 일어나게 만든 까닭과 그로 인하여 일어난 일이 무엇인지 정리해 보면 '원인과 결과'를 파악할 수 있습니다.

4 「헌화가」를 부른 노인에게 철쭉 꽃을 받은 수로 부인이 이틀 뒤 바닷속에서 나온 용에게 잡혀가자, 사람들이 노래를 불러 수로 부인을 되찾으려 했습니다.

철쭉

5 경덕왕이 나라를 다스린 지 19년 되던 해 4월, 하늘에 두 개의 해가 떠올라서 열흘이 되도록 사라지지 않았는데, 월명 스님의 노랫소리가 하늘에 미치자 해 하나가 빛을 잃고 사라져 버렸습니다.

6 경덕왕은 별자리를 관찰하는 신하를 불러 "해가 둘이나 뜨다니 괴이한 일이오. 어찌하면 좋겠소?"라고 말할 때, 하늘에 두 개의 해가 떠올라 걱정스럽고 불안한 마음이었을 것입니다. 또, 월명 스님 덕분에 해 하나가 금세 빛을 잃고 사라져 버리자 크게 기뻐하며 안심하는 마음이 들었을 것입니다.

7 이야기 구조에는 '발단, 전개, 절정, 결말'이 있습니다. ㉠ 「 」부분은 일이 일어난 때와 배경 등을 설명하면서 이야기의 사건이 시작되는 부분이므로, '발단'에 해당합니다.

8 경덕왕이 나라를 다스린 지 19년 되던 해 4월, 하늘에 두 개의 해가 떠올라서 열흘이 되도록 사라지지 않았는데 월명 스님이 「도솔가」를 부르자 해 하나가 빛을 잃고 사라졌습니다.

독해 속 어휘 마무리!

본문 **78~79**쪽

1 (2) ○	2 (2) ○	3 (3) ○	4 일행	5 양극화
6 개발	7 나이테	8 ㉯	9 ㉮	10 ㉰
11 기색	12 주도권	13 ①	14 ④	15 ③

4주

1일 사회

본문 82~85쪽

어휘 퀴즈

82쪽 / ❶ 명소 ❷ 전망

84쪽 / ❶ 기아 ❷ 의료

1 ⑤

2 ③

3 예솔, 루아

4 한반도 / 미래 / 통일

5 ②, ③

6 (1) 그 (2) 그 (3) 국 (4) 국

7 ⓓ 쓰지 않는 필기도구를 모아서 가난한 나라에 보내 주는 나눔 동아리 활동을 한다.

8 그린피스 / 의사회 / 지구촌

지문이 궁금해

"한반도 통일 미래 센터를 다녀와서"

• 글의 종류 견학 기록문

• 글의 특징 한반도 통일 미래 센터를 견학하고 얻은 견문을 바탕으로, 체험한 느낌과 생각을 함께 쓴 글입니다.

• 글의 흐름

한반도 통일 미래를 가상으로 체험하기 위해 한반도 통일 미래 센터에 감.	→	통일된 한국을 가상 체험해 보고, 통일이 되면 좋은 점에 대한 설명을 들음.

"지구촌 문제, 함께 해결해요"

• 글의 종류 설명문(참여를 바라는 글)

• 글의 특징 지구촌이 겪는 문제를 제시한 다음, 그린피스와 국경 없는 의사회의 활동을 중심으로 지구촌 문제에 대한 참여를 당부하는 글입니다.

• 글의 흐름

지구촌은 자원 고갈, 환경 문제, 전쟁, 자연재해 등의 문제로 힘들어함.	→	그린피스는 아름다운 지구를 만들기 위해 노력하고, 세계 평화를 위해 힘씀.	→	국경 없는 의사회는 도움이 필요한 사람들에게 의료 지원을 함.

1 이 글은 한반도 통일 미래 센터를 견학하고 난 견문과 감상을 쓴 견학 기록문입니다.

2 통일 미래 체험관 안에 통일누리역과 통일광장역이 있습니다.

3 주어진 글과 관련 있는 내용으로 말한 친구를 찾아야 합니다.

오답을 조심해

• 준이: 글쓴이는 한반도 통일 미래 센터를 견학하며 한반도가 통일이 되면 비무장지대를 세계인이 찾는 관광의 명소로 만들 수 있어 좋다는 설명을 들었습니다.

4 글쓴이는 [한][반][도] 통일 [미][래] 센터에 방문하여 통일된 한국을 만나는 가상 체험을 다양하게 했고, [통][일]이 되면 좋은 점을 들었습니다.

5 이 글은 지구촌에서 발생하는 문제를 쓴 다음, 비정부 기구가 하고 있는 일을 소개하였습니다. 그리고 지구촌의 문제 해결에 참여해 주길 당부하고 있습니다.

6 그린피스는 아름다운 지구를 만들기 위해 노력하고, 세계 평화를 위해 힘쓰는 활동을 벌이는 단체입니다. 또, 국경 없는 의사회는 세계 어느 지역이든 상관없이 전쟁이나 기아, 질병이나 자연재해로 도움이 필요한 사람들에게 의료 지원을 합니다.

7 지구촌의 문제를 해결하기 위하여 초등학생이 할 수 있는 일에는 자원 절약하기, 봉사 동아리 활동하기, 동전 모으기, 기부하기 등이 있습니다.

8 지구의 환경을 보호하는 단체인 '[그][린][피][스]'와 전 세계의 도움이 필요한 사람들에게 의료 지원을 하는 '국경 없는 [의][사][회]'와 같이 [지][구][촌]에서 발생하는 문제를 해결하기 위해 관심을 가지고 참여합시다.

지구촌
지구에 사는 모든 사람이 이루는 하나의 공동체.

2일 **과학**

본문 86~89쪽

어휘 퀴즈

86쪽 / ① 전선   ② 저항
88쪽 / ① 원료   ② 수입

1 ⑤

2 ②, ③

3 ㉮, ㉰

4 도체 / 부도체 / 감전

5 ①

6 (2) ○   (3) ○

7 (1) 예 발전소에서 전기를 만드는 데에 많은 비용
이 들고, 전기를 만들면서 환경을 오염시킵니다.
　(2) 예 전자 제품을 사용한 후 플러그는 뽑아 두
어야 합니다.
　(3) 예 냉장고를 자주 여닫지 않아야 합니다.

8 난방 / 전열기 / 전기

지문이 궁금해

"전기는 흐른다"

- **글의 종류** 설명문
- **글의 특징** 도체와 부도체, 반도체의 특성과 감전
을 설명하는 내용으로, 전기의 흐름과 관련한 질문
과 그에 대한 답을 주고받는 형식의 글입니다.
- **글의 흐름**

| 전기는 도체에 흐름. / 우리가 많이 사용하는 전자 제품에 반도체 부품을 사용함. | → | 전기를 조심해서 사용해야 함. / 전깃줄의 새는 병렬로 연결되어 감전되지 않음. |

"전기를 아껴 써 주세요"

- **글의 종류** 논설문(제안하는 글)
- **글의 특징** 전기를 아껴 쓰자는 제안과 전기를 아끼
기 위해 가정에서 할 일을 구체적으로 쓴 글입니다.
- **글의 흐름**

| 비용 절약과 환경 보호를 위해 전기를 아껴 쓰면 좋겠음. | → | 가정에서 플러그 뽑아 두기, 냉난방 온도 지키기 등을 할 수 있음. |

---

1 이 글은 전기의 흐름과 관련한 사실을 쓴 글입니다. 전기
는 모든 곳으로 흐르지 않고, '도체'에서 잘 흐르고, '부도
체'에서는 전혀 흐르지 않는다고 했습니다.

2 센 전기가 우리 몸에 흐르면 목숨을 잃을 수도 있을 정도
로 위험합니다.

3 감전되지 않도록 물 묻은 손으로 전기 기구를 만지지 말
아야 합니다. 또, 전기는 전선을 통해 흐르므로 전선이
벗겨지면 전기가 다른 곳으로 샐 수 있으니 주의합니다.

오답을 조심해

㉯ 금속은 전기가 잘 흐르는 물질인 도체이므로, 콘센트에 쇠못
이나 금속 젓가락을 꽂으면 위험합니다.
㉱ 우리가 많이 사용하는 컴퓨터나 휴대 전화, 텔레비전 등에
반도체로 만든 부품이 들어 있습니다.

4 전기가 흐르는 물질은 '도체', 전기가 흐르지 않는 물
질은 '부도체'인데, 전기가 우리 몸에 흐르면 위험하
므로 감전되지 않도록 조심합니다.

5 글쓴이는 비용 절약과 환경 보호를 위해 전기를 아껴 쓸
것을 제안하고 있습니다.

6 전기를 아껴 쓰기 위해 가정에서 할 수 있는 일과 직접적
으로 관련 있는 자료가 어울립니다.

7 글에서 문제 상황, 가정에서 할 일을 찾아 씁니다.

독해 비법 각 문단의 중심 문장을 찾아 글의 짜임을 완성해요!

문장이 모여 한 가지 생각을 나타내는 것이 **문단**입니다. 문단에서
문단 내용을 대표하는 문장은 **중심 문장**, 중심 문장을 덧붙여 설명
하거나 예를 드는 방법들로 도와주는 문장은 **뒷받침 문장**입니다.

첫째, 전자 제품을 사용한 후 플러그는 뽑아 두어야 합니다. 플러
　　　　　　　　　　　　　　중심 문장
그가 꽂혀 있으면 전원을 끈 상태에서도 전기가 계속 소비되는
데 ~ 컴퓨터 등을 쓰지 않을 때에는 플러그를 뽑도록 합시다.
　　　　　　　　　　　　　　　　　　　　　　→ 뒷받침 문장
둘째, 냉방과 난방 온도를 지켜야 합니다. 실내 온도는 여름에
　　　　　　　　　　중심 문장
는 26~28도, 겨울에는 18~20도가 적당합니다. ~ 냉난방 온도
를 1도씩만 조절해도 7퍼센트의 전기를 절약할 수 있습니다.
　　　　　　　　　　　　　　　　　　　　　　→ 뒷받침 문장

8 '전자 제품 사용 후 플러그 뽑아 두기, 냉방과 난방 온
도 지키기, 냉장고를 자주 여닫지 않기, 전열기의 사
용 줄이기, 에너지 소비 효율 1등급 제품 사용하기'를 실
천하며 전기를 아껴 씁시다.

3일 문학

본문 90~93쪽

어휘 퀴즈

90쪽 / ❶ 증오　　　❷ 매몰차다

92쪽 / ❶ 광경　　　❷ 담담하다

1 ⑤

2 ④

3 다연, 민상

4 카지모도 / 물통 / 물

5 ①, ③, ⑤

6 (1) 열정적이다.　　(2) 친절하다.

7 ④

8 나 / 무도회 / 로테

지문이 궁금해

"노트르담의 꼽추"

• 글의 종류　동화(세계 명작)

• 글의 특징　주인공 카지모도가 에스메랄다를 만나는 내용으로, 고통스러워하는 카지모도에게 따뜻한 손길을 내민 에스메랄다의 행동이 감동을 주는 이야기입니다.

• 글의 흐름

| 카지모도가 무섭게 변하며 물을 달라고 소리침. | → | 카지모도는 에스메랄다가 준 물을 벌컥벌컥 마심. | → | 사람들과 귀될 수녀가 감동하며 지켜봄. |

"젊은 베르테르의 슬픔"

• 글의 종류　동화(세계 명작)

• 글의 특징　베르테르가 친구 빌헬름에게 쓴 편지 내용으로, 로테를 향한 베르테르의 뜨거운 사랑의 감정을 느낄 수 있는 이야기입니다.

• 글의 흐름

| 베르테르는 로테와의 만남에 마음과 시간을 쏟아붓고 행복해함. | → | 한 달 전, 베르테르는 무도회를 가는 길에 로테를 만났음. |

---

1 일이 일어난 때와 곳, 일어난 일의 관계를 이해해야 이야기의 내용을 바르게 이해할 수 있습니다.

> **오답을 조심해**
>
> ①, ② 광장에서 형벌이 끝난 다음 카지모도가 사람들을 노려보았고, 카지모도는 지나가는 클로드 부주교를 보게 됩니다.
>
> ③, ④ 소리치는 카지모도에게 에스메랄다가 물통을 내밀었고, 카지모도가 물을 마시자 지켜보던 사람들이 박수를 보냈습니다.

2 카지모도는 한 마리의 죽어 가는 괴물이 고통스런 시간을 보내고 있는 것처럼 무섭게 굴었지만, 에스메랄다가 물을 내밀자 감격하여 눈물을 흘린 것입니다.

3 에스메랄다는 형벌을 받고 고통스러워하는 카지모도가 물을 달라고 소리쳤을 때, 카지모도에게 물통을 내밀었습니다. 에스메랄다처럼 어려운 처지에 놓여 있는 다른 사람을 도와준 친구는 다연이와 민상이입니다.

4 형벌을 받고 고통스러워하는 카지모도에게 에스메랄다가 나타나 물통을 내밀었고, 카지모도는 감동을 받으며 물을 마셨습니다.

5 신분 제도를 비판한 내용은 찾을 수 없고, 글을 쓴 날은 6월 16일로 무도회는 글을 쓰기 전에 있었습니다.

6 '나'는 로테와의 만남에 자신의 마음과 시간을 쏟아붓고 있는 열정적인 성격이고, 로테는 여러 명의 동생들을 사랑으로 보살피는 친절하고 다정한 성격입니다.

7 '나'는 로테가 약혼자가 있다는 사실을 들은 다음에 로테를 만났지만, 로테를 보자마자 사랑에 빠졌습니다.

> **독해 비법** 말하는 이의 관점을 찾아요!
>
> 작품 속 말하는 이가 어떤 대상이나 상황에 대해 생각하는 태도가 **관점**입니다. 말하는 이가 무엇에 대한 생각을 가지고 있는지, 누구에게 무엇을 말하고 싶어 하는지를 찾으면 관점을 알 수 있습니다.
>
> ----
>
> 사실 나는 어떤 사람을 만나게 되었고, 그 만남에 내 마음과
> 　　　　　　　　　　　로테만을 생각하는 '나'
> 시간을 쏟아붓고 있어. 나는 지금 너무나 행복해. 그녀는 내 마음을 온통 빼앗아 가 버렸어. ~
> 　　　　　　　　　　　　　　　　　　　　└상대에게
> 빌헬름, 짐작했겠지만 결국 그녀에게 갔다 왔어.　집중=사랑
> 　참지 못하고 로테를 찾아가 만나는 '나'

8 '나'(베르테르)는 무도회가 있던 날, 법무관의 첫째 딸인 로테를 처음 만나 사랑에 빠졌고 그녀와의 만남에 마음과 시간을 집중하고 있습니다.

 어휘퀴즈

94쪽 / ❶ 특색   ❷ 장식음

96쪽 / ❶ 김매기   ❷ 타작

---

1 경기 민요

2 (1) ㉯ (2) ㉮ (3) ㉰

3 도 / 미

4 민요 / 서울 /시김새

5 ③

6 ⑤

7 (1) 메김소리   (2) 직물   (3) 해안 지방 사람들

8 공동체 / 농업 / 길쌈 / 어업

지문이 궁금해

"경기 민요의 세계"

• 글의 종류   설명문

• 글의 특징   민요의 의미, 토리와 경토리의 뜻과 특징, 시김새의 특징 등을 자세히 설명하여 쓴 글입니다.

• 글의 흐름

민요는 민중 사이에 불려 오던 전통적인 노래임.	→	경기 민요의 음악적 특징을 경토리라고 함.	→	경토리는 흥겨운 느낌을 주고, 부드럽고 서정적임.

"일을 할 때 부르는 노래"

• 글의 종류   설명문

• 글의 특징   노동요의 뜻을 설명한 다음, 노래를 부르는 동안 하는 일에 따라 농업 노동요, 길쌈 노동요, 어업 노동요로 나누어 각 특징을 비교하여 쓴 글입니다.

• 글의 흐름

농업 노동요는 농부들이 농사를 지으며 부르는 노래임.	→	길쌈 노동요는 부녀자들이 직물을 짜면서 부르는 노래임.	→	어업 노동요는 해안 지방 사람들이 고기를 잡으며 부르는 노래임.

---

1 서울과 경기도 지역의 민요를 경기 민요라고 부르고, 경기 민요의 음악적 특징을 가리켜 경토리라고 합니다.

독해 비법   중심 낱말을 찾아요!

중심 낱말은 글의 내용을 대표하는 낱말입니다. 글의 제목이나 글에서 자주 나오는 낱말을 살펴보거나 무엇에 대해 쓴 글인지 생각해 보면 찾을 수 있습니다.

> 서울과 경기도 지역의 민요를 경기 민요라고 불러서 경기 민요의 음악적 특징을 가리켜 경토리라고 하는 것입니다. 경토리의 다른 이름으로 '창부타령토리', '경기 민요조', '경드름'이 있습니다.
> (경기 민요의 뜻 / 경토리의 뜻)
>
> 「아리랑」, 「경복궁 타령」, 「닐리리야」 등과 같은 경기 민요의 경토리를 조금 더 살펴보겠습니다.
> (경기 민요의 종류)

2 이 글에는 민요와 관련한 생소한 낱말이 많이 등장합니다. '정의' 방법으로 설명한 글이므로, 낱말의 뜻을 알맞게 찾아보고 글의 내용을 이해하는 것이 좋습니다.

3 악보를 읽는 방법을 모르더라도, 지문의 내용만 보고 풀 수 있는 문제입니다. 지문에서 경토리는 '솔, 라, 도, 레, 미'의 5음이 고르게 나타나는 편이라고 설명했습니다.

4 민요는 지방마다 다른 특징을 가지고 있는데, 서울과 경기도 지역의 민요인 경기 민요는 밝고 흥겨운 느낌을 주고 시김새는 부드럽고 서정적입니다.

5 우리 조상들이 일을 할 때 부른 노래는 '노동요'입니다. 이 글은 노동요의 종류와 노동요가 우리 조상들에게 어떤 역할을 하였는지를 자세히 설명하였습니다.

6 노동요의 종류는 노래를 부르는 동안 하는 일이 무엇인지에 따라 나눌 수 있다고 했습니다.

7 이 글은 노동요의 종류를 '농업 노동요, 길쌈 노동요, 어업 노동요'로 나눈 다음, 각각의 특징을 설명하여 썼습니다.

8 일을 즐겁게 하고 공동체 의식을 높여서 일의 능률을 올리기 위하여 부르는 노래인 노동요는 노래를 부르는 동안 하는 일에 따라 농업 노동요, 길쌈 노동요, 어업 노동요로 나눌 수 있습니다.

5일 문학

 어휘 퀴즈

98쪽 / ❶ 점   ❷ 잎새

100쪽 / ❶ 허공   ❷ 쭈빗쭈빗

---

1 ②

2 ①, ②, ④

3 ⑤

4 나 / 별 / 길

5 ①

6 따뜻한 함박눈, 편지, 새살

7 ①

8 눈발 / 함박눈 / 편지 / 새살

지문이 궁금해

"서시"

• 글의 종류 시

• 글의 특징 지금 어려운 현실에 있지만, 부끄럽지 않은 삶을 살겠다는 굳은 의지를 노래한 글입니다.

• 글의 내용

> 별을 노래하는 마음으로 죽어 가는 것을 사랑하고, 주어진 길을 걸어가겠음.

"우리가 눈발이라면"

• 글의 종류 시

• 글의 특징 흩날리는 진눈깨비가 아닌 함박눈이 되어 이웃과 더불어 사는 삶을 살고 싶은 마음을 노래한 글입니다.

• 글의 내용

> 우리가 눈발이라면 함박눈이 되어 내리면 좋겠음.

---

1 이 글은 '과거 – 미래 – 현재'의 '나'의 마음을 차례로 노래한 시입니다.
[서시의 내용 구성] 1~4행(과거): 살아온 삶에 대한 성찰
5~8행(미래) 앞으로 살아갈 삶에 대한 의지
9행(현재): 어두운 현실 상황에서 겪는 갈등

2 시는 함축적이고 운율적인 언어로 표현하는 글입니다.

> **오답을 조심해**
>
> ③ ⓒ'나한테 주어진 길'은 '부끄럽지 않은 삶'을 뜻하는 시어입니다.
> ⑤ ㉠'별'은 희망을 표현한 것이고, ⓒ'밤'은 어두운 현실을 뜻하는 시어입니다.

3 5~8행을 살펴보면, 말하는 이의 '앞으로 살아갈 삶에 대한 의지'가 직접 드러나 있습니다.

4 '나'는 어려운 현실에서도 별을 노래하는 마음으로 모든 죽어 가는 것을 사랑하고, 자신에게 주어진 길을 걸어가겠다고 다짐합니다.

5 중심 소재는 '함박눈'으로, 어려운 이웃에 대한 말하는 이의 따뜻한 마음이 상징적인 표현으로 나타나 있습니다.

6 우리가 눈발이라면 따뜻한 함박눈이 되고, 편지가 되고, 새살이 되자고 말했습니다.

7 말하는 이는 이웃과 더불어 따뜻한 삶을 살고 싶은 소망을 노래했습니다.

8 우리가 눈 발이라면 사람이 사는 가장 낮은 곳에 함 박 눈이 되어 내리고, 잠 못 든 이의 편 지가 되고 새 살이 되어 줍시다.

독해 속 어휘 마무리!

1 (1) ○	2 (2) ○	3 (3) ○	4 총명하다	5 스치다
6 도체	7 민요	8 ㉰	9 ㉮	10 ㉯
11 한반도	12 광장	13 ②	14 ⑤	15 ③

본문 106~109쪽

어휘 퀴즈

106쪽 / ❶ 침몰   ❷ 점령

108쪽 / ❶ 논쟁   ❷ 명분

---

1 (1) ㉰ (2) ㉮ (3) ㉯

2 ②

3 (1) 이순신 (2) 진주성 (3) 행주 대첩

4 한산도 / 진주 / 행주

5 ⑤

6 ③, ⑤

7 척화파

8 척화파 / 청나라 / 주화파

지문이 궁금해

"임진왜란 3대 대첩"

• 글의 종류 설명문(백과사전의 글)

• 글의 특징 임진왜란 3대 대첩인 한산도 대첩, 진주 대첩, 행주 대첩이 일어난 때, 일어난 곳, 중요 인물과 사건을 각각 설명하여 쓴 글입니다.

• 글의 흐름

| 가 한산도 대첩: 한산도 앞바다에서 이순신의 지휘로 왜군에게 승리함. | → | 나 진주 대첩: 진주성에서 김시민과 백성들이 왜군과 싸워 물리침. | → | 다 행주 대첩: 행주산성에서 권율과 부녀자들이 힘을 합쳐 왜군을 무찌름. |

"청나라와 싸울 것인가, 말 것인가"

• 글의 종류 설명문(역사 기록문)

• 글의 특징 조선 인조 때, 병자호란이 일어나게 된 원인을 밝힌 역사 이야기로, 척화파와 주화파의 서로 다른 주장이 잘 드러나 있습니다.

• 글의 흐름

| 청나라에 대한 감정이 악화되어 주화파와 척화파의 의견이 맞섬. | → | 척화파는 '청나라와 싸워야 한다', 주화파는 '청나라와 화친해야 한다' 함. | → | 이후에 인조의 친명 정책으로 인해 병자호란이 일어나게 됨. |

---

1 임진왜란 3대 대첩인 한산도 대첩, 진주 대첩, 행주 대첩이 언제 어디에서 누구를 중심으로 일어났는지 역사적 사실을 쓴 백과사전 글입니다.

2 권율 장군이 지휘한 대첩은 행주 대첩으로, 1593년 2월에 왜군이 행주산성을 포위하고 치열하게 공격해 온 것에서 시작되었습니다.

오답을 조심해

①, ③ 진주 대첩과 관련 있는 설명입니다.
④, ⑤ 한산도 대첩과 관련 있는 설명입니다.

3 글 가~다는 임진왜란 3대 대첩을 쓴 내용으로, 대첩에 참여한 사람과 일이 일어난 때와 곳을 중심으로 중요한 내용을 파악하여 정리하는 것이 알맞습니다.

4 임진왜란 3대 대첩에는 이순신의 한산도 대첩, 김시민의 진주 대첩, 권율의 행주 대첩이 있습니다.

5 이 글은 척화론을 주장하는 척화파와 주화론을 주장하는 주화파가 논쟁한 일을 쓴 역사 기록문입니다.

6 제시된 주장은 주화파가 내세운 주장입니다.

독해 비법 **대립하는 주장을 정리해 보아요!**

하나의 주제에 대해 서로 대립하는 양쪽의 **주장**과 **근거**가 각각 무엇인지 잘 정리할 수 있어야 주장에 맞는 근거를 말했는지 평가할 수 있습니다.

	척화파	주화파
주장	명과 더불어 청나라와 싸워야 한다.	청나라와의 화해를 깨뜨리면 안 된다.
근거	• 명나라와의 신의를 저버릴 수 없다. • 임진왜란 때 도와주었던 명나라와의 의리를 저버릴 수 없다.	• 오랑캐들이 황제라는 호칭을 쓰든 말든 우리가 상관할 바가 아니다. • 준비도 없는 상황에서 명분 때문에 전쟁을 할 수는 없다.

7 •보기• 내용은 명과 더불어 청나라와 싸워야 한다는 주장에 알맞은 근거이므로 척화파에 어울립니다.

8 척화파는 명나라와의 의리를 지키며 청나라와 싸워야 한다는 주장을, 주화파는 청나라와의 화해를 깨뜨리면 안 된다는 주장을 펼쳤습니다.

2일 과학

본문 110~113쪽

어휘 퀴즈

110쪽 / ① 여유　　② 점검

112쪽 / ① 해독　　② 면역

1 ①

2 (1) ○ (2) × (3) × (4) × (5) ○

3 ④

4 수혈 / 헌혈자 / 성분

5 **예** 간이 하는 일

6 ①, ④

7 ㉣

8 가공 / 단백질 / 해독

지문이 **궁금해**

"헌혈로 사랑을 실천해요"

• 글의 종류　안내문(참여를 바라는 글)

• 글의 특징　헌혈의 뜻과 헌혈을 하면 좋은 점을 설명하고, 헌혈의 조건, 준비 사항 등을 안내하여 헌혈을 동참할 것을 호소하는 글입니다.

• 글의 흐름

| 헌혈은 여유분의 피를 뽑아 수혈이 필요한 환자에게 주는 것으로, 소중한 생명을 구할 수 있음. | → | 헌혈자는 전혈 헌혈과 성분 헌혈 중 하나를 선택할 수 있는데 나이, 몸무게, 건강 상태 등의 조건이 있음. |

"인체의 화학 공장, 간"

• 글의 종류　설명문

• 글의 특징　간과 관련된 관용 표현이나 속담부터 간의 특징, 간이 하는 일, 간을 보호하는 방법을 자세히 설명하여 쓴 글입니다.

• 글의 흐름

| 간은 '인체의 화학 공장'이라는 별명을 가짐. | → | 간은 영양소를 가공·저장하는 등 다양한 일을 함. | → | 간이 손상되지 않도록 주의를 기울여야 함. |

---

1 이 글은 헌혈을 하면 좋은 점을 설명하며, 함께 살아가는 모두를 위해 헌혈을 실천하자고 하였습니다.

2 헌혈을 하기 전에 여러 가지 검사를 하므로 헌혈을 하면 자신의 건강을 점검해 볼 수 있어 좋고, 또 다른 사람의 생명을 살릴 수도 있다고 하였습니다.

3 전혈 헌혈은 혈액의 모든 성분(적혈구, 백혈구, 혈장, 혈소판)을 채혈하는 것으로 320ml나 400ml를 채혈합니다. 320ml는 만 16세~69세, 400ml는 만 17세~69세가 채혈할 수 있습니다. 또 채혈하는 양에 따라 몸무게 조건도 다릅니다.

4 헌혈은 피를 뽑아 수혈이 필요한 환자에게 주는 것으로, 헌혈자는 전혈 헌혈과 성분 헌혈 중 하나를 선택해 헌혈로 사랑을 실천할 수 있습니다.

5 이 글은 간이 하는 일 네 가지를 구체적으로 설명하고 있습니다.

6 간은 인체에 매우 중요한 여러 가지 대사 작용을 총괄하기 때문에 '인체의 화학 공장'이라는 별명을 가지고 있습니다.

오답을 조심해

② 간은 혈액을 많이 지니고 있는 부드러운 장기로, 모양은 마름모꼴이고 표면은 매끈하며 붉은색을 띱니다.

③ 간은 우리 몸에서 위의 오른쪽에 자리잡고 있으며, 무게는 약 1킬로그램 이상입니다.

⑤ '간에 붙었다 쓸개에 붙었다 한다'라는 속담은 자기에게 조금이라도 이익이 되면 바로 편을 바꿀 때 사용하는 표현입니다.

7 글의 도입부에 간과 관련된 관용 표현이나 속담을 소개하고, 2문단에 간의 특징을 설명한 다음, 3~6문단에 걸쳐 간이 하는 일을 자세히 나타내고 마지막 문단에서 간을 보호하는 방법을 썼습니다.

8 간은 영양소를 가공 및 저장하고 단백질을 만드는 것부터 약물이나 해로운 물질을 해독하고 면역 기능을 담당하는 등의 다양한 일을 하므로 잘 보호해야 합니다.

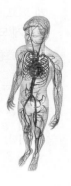

3일 문학

본문 114~117쪽

어휘 퀴즈

114쪽 / **❶** 허탕 **❷** 갈꽃

116쪽 / **❶** 도회 **❷** 고학

---

1 조약돌

2 ⑤

3 ㈎ 소년은 소녀가 던진 조약돌을 다시 소녀에게 던져 장난을 주고받았을 것입니다. / 소녀를 만난 다음 날, 소년이 먼저 개울가에 나와 소녀를 기다렸다가 조약돌을 던졌을 것입니다.

4 소녀 / 조약돌 / 소년

5 ⑤

6 ㉮ → ㉣ → ㉤

7 ⑤

8 바우 / 나비 / 아버지

지문이 궁금해

"소나기"

· 글의 종류 현대 소설

· 글의 특징 소년과 소녀가 서로에게 관심을 가지는 내용으로, 시골 소년과 도시 소녀의 맑고 순수한 마음이 잘 드러나 있습니다.

· 글의 흐름

소녀가 소년에게 조약돌을 던짐.	→	소년이 소녀의 모습을 보고 반함.	→	소년이 소녀를 생각해 조약돌을 만짐.

"나비를 잡는 아버지"

· 글의 종류 현대 소설

· 글의 특징 바우가 우연히 나비를 잡는 아버지를 보게 되고, 자식을 사랑하는 아버지의 따뜻한 사랑을 느끼게 되는 감동적인 이야기입니다.

· 글의 흐름

바우는 경환이에게 사과하라는 부모님의 말씀을 싫어함.	→	바우는 뒷산에서 맞은편 언덕의 나비를 잡는 사람을 봄.	→	바우는 나비 잡는 사람이 자신의 아버지임을 알게 됨.

---

1 이 글에서 '조약돌'은 소년과 소녀를 연결해 주는 매개체로, 소년과 소녀의 서로에 대한 마음을 드러내는 중요한 소재입니다.

2 이름 없이 '소년', '소녀'라고 하면 누구나 겪을 수 있는 이야기처럼 여겨지기 때문에 마치 자신이 소년, 소녀인 듯한 느낌이 강해져 몰입이 잘되고 공감대가 넓어집니다.

3 이야기에서 소년은 소녀와 마주치지 않으려고 개울가에 늦게 나오는 소극적인 성격이고, 소녀는 소년에게 조약돌을 던지며 관심을 표현하고 말을 붙이는 적극적인 성격입니다. 인물의 성격이 바뀌면 사건의 전개도 달라집니다.

4 어느 가을날, 개울가에서 소녀가 소년에게 조약돌을 던져 관심을 보였고, 소년은 그 조약돌을 주머니에 넣어 두고 소녀가 보고 싶을 때마다 조약돌을 주무르는 버릇이 생겼습니다.

5 '갈등'이란 서로 생각이나 처지 등이 달라서 맞부딪치는 것으로 바우, 경환이, 바우 아버지가 갈등을 겪었습니다.

 경환: 나비 잡는 일로 바우와 다투어 갈등을 일으킴. 심술궂고 이기적인 성격임.

 바우: 경환이가 나비를 잡으려 하는 것에 대해 못마땅하게 생각함. 자존심이 강한 성격임.

 바우 아버지: 경환이네 땅을 빌려 농사를 짓는 소작농으로, 자신의 아들과 경환이가 화해하길 바람.

6 뒷산에서 바우가 겪은 일을 차례대로 정리합니다.

7 나비를 잡는 아버지의 모습을 통해 사랑을 느낄 수 있는 이야기입니다.

독해 비법 이야기의 주제를 찾아요!

작가가 작품을 통해 드러내고자 하는 중심 생각이 **주제**입니다. 주제는 이야기 속에 직접 표현되어 있거나 인물의 말이나 행동을 통해 드러납니다. 또 이야기에서 반복되는 문장에서도 알 수 있습니다.

그는 놀라 벌린 입을 다물지 못했다. 경환이 집 머슴으로 본
_{자신의 아버지가 나비 잡는 모습을 보아서}
사람은 남 아닌 바로 자기 아버지였다. 아버지는 농립을 벗어 들고 나비를 쫓아 엎드렸다 일어섰다 하며 그 똑똑지 못한 걸
_{나이 드신 아버지가 힘들게 나비를 잡는 모습}
음으로 밭두덩을 지척지척 돌고 있다.
→ 바우에 대한 아버지의 사랑을 느낄 수 있음.

8 바우는 부모님이 야속해 뒷산에 올랐다가 자신 때문에 나비를 잡는 아버지를 발견하고, 아버지에게 연민과 미안한 마음을 느꼈습니다.

인물

어휘 퀴즈

118쪽 / ① 홰   ② 표기
120쪽 / ① 협동   ② 허영심

---

1 ③
2 (1) ㅌ   (2) ㅍ
3 송이, 효인
4 세종 / 훈민정음 / 자음 / 모음
5 (1) ㉮   (2) ㉯
6 ③, ⑤
7 ④
8 협동 / 지식 / 자율

지문이 궁금해

"세종 대왕과 훈민정음"

· **글의 종류** 설명문
· **글의 특징** 세종 대왕이 훈민정음을 창제한 까닭과 훈민정음의 특징, 창제 원리를 차례대로 분석하여 쓴 글입니다.
· **글의 흐름**

1443년, 세종 대왕이 집현전의 학사와 함께 훈민정음을 창제함.	➡ 훈민정음은 배우기 쉽고 세상의 거의 모든 소리를 표현할 수 있는 문자임.	➡ 세종 대왕이 만든 훈민정음은 자음 17개와 모음 11개로 모두 28자임.

"사랑하는 젊은이들에게"

· **글의 종류** 연설문
· **글의 특징** 1926년 "동광"이라는 잡지에 실린 글로, 일제 강점기에 안창호가 독립운동의 중요성을 강조하며 대한의 학생들에게 당부하는 내용이 구체적으로 잘 드러나 있습니다.
· **글의 흐름**

안창호는 대한 학생들에게 서로 협동하는 정신과 전문 지식을 가지는 것을 강조함.	➡ 안창호는 다 함께 뭉쳐 그 뭉친 덩어리로 지도자를 삼아 모두가 자율적으로 공부하라고 함.

---

1 훈민정음은 세계에서 가장 배우기 쉽고 세상에 존재하는 거의 모든 소리를 표현할 수 있는 문자입니다.

2 자음의 기본자 'ㄱ', 'ㄴ', 'ㅁ', 'ㅅ', 'ㅇ'은 발음 기관인 목구멍과 혀, 입술과 이가 움직이는 모양을 본떠 만들었고, 모음의 기본자는 하늘, 땅, 사람을 본떠 만들었습니다.

3 휴대 전화나 컴퓨터의 한글 자판이 한글의 자음과 모음의 획을 더하는 원리에 기초해서 설계되었기 때문에 휴대 전화나 컴퓨터에서 사용하기 좋은 문자이긴 하지만, 자음과 모음 수가 다른 것과는 관련성이 부족합니다.

4 1443년, 세종 대왕과 집현전의 학사가 만든 훈민정음은 세계에서 가장 배우기 쉽고 세상에 존재하는 거의 모든 소리를 표현할 수 있는 문자로, 자음 17개와 모음 11개로 모두 28자입니다.

5 안창호는 대한 학생에게 서로 협동하는 정신을 가지고, 한 가지 이상의 전문 지식을 가질 것을 강조했습니다.

6 안창호는 전문적 학식이나 기술, 재주를 가지자고 말하며 대한의 일은 대한 사람 스스로 하고, 모두 역할을 나누어 행동하자고 하였습니다.

오답을 조심해

① 안창호는 직업을 목표로 하지는 않고, 사치스러운 겉모양을 목표로 공부하는 학생이 많은 것을 문제로 여겼습니다.
② 안창호는 교육 단체가 흩어져 있지 않고 뭉쳐서 하나가 되면, 그 힘이 더욱 커지리라고 생각하였습니다.
④ 안창호는 대한 학생을 가르칠 만한 교사나 지도자가 없기 때문에 다 함께 뭉쳐 그 뭉친 덩어리로 지도자를 삼아 모두가 자율적으로 공부하라고 하였습니다.

7 안창호는 국내외에서 교육 단체가 많이 일어나는 것은 좋은 일이라는 말을 한 다음에, 뭉쳐서 하나가 되어 민족의 단결을 이루자고 말하고 있습니다.

8 안창호는 대한 학생들에게 서로 협동하는 정신과 한 가지 이상의 전문 지식을 가지는 것을 강조하였고, 다 함께 뭉친 덩어리로 지도자를 삼아 자율적으로 공부하라고 하였습니다.

5일 문학

본문 122~125쪽

122쪽 / ❶ 화염　　❷ 용암

124쪽 / ❶ 요람　　❷ 자유

---

1 ③

2 ④

3 ①, ③, ⑤

4 손오공 / 칠선 / 파초선 / 화염

5 ③, ⑤

6 ④

7 (1) 예 (헤라클레스를 바라보며) 아, 그렇군요. 당
　신은 정말 대단한 분이에요!

　(2) 예 (대수롭지 않다는 듯이) 두 번째에는 히드
　라라고 하는 무서운 독사와 싸웠습니다.

8 헤라클레스 / 요정 / 정원

지문이 궁금해

"서유기"

• 글의 종류 및 특징 손오공이 파초선으로 위기를 극
복하는 과정이 생생하게 드러나 있는 희곡입니다.

• 글의 흐름

| 손오공이 칠선 공주에게 파초선을 빌림. | → | 손오공이 파초선으로 화염 산의 불씨를 잠재움. |

"헤라클레스와 황금 사과"

• 글의 종류 및 특징 헤라클레스와 요정의 대화에서 헤
라클레스의 영웅적인 면모를 알 수 있는 희곡입니다.

• 글의 흐름

| 헤라클레스가 세 요정을 만남. | → | 헤라클레스가 싸움에서 이긴 일을 이야기함. |

---

1 ㉠ 부분은 무대가 바뀌는 장면을 설명하는 '해설'입니다.

오답을 조심해

① '대사'와 관련 있는 설명입니다.
⑤ '지문'과 관련 있는 설명입니다.

2 ㉡ 다음의 칠선 공주가 한 말의 내용에 어울리는 지문을
찾아야 합니다.

3 글의 내용에 어울리는 생각과 느낌을 말해야 합니다.

독해 비법　감상하려면 내용을 자세히 살펴봐야 해요!

작품을 읽고 나서 든 생각과 느낌을 감상이라고 합니다. 기억에 남
는 내용과 재미있는 표현, 주제 등을 생각하며 감상할 수 있습니다.

손오공: (공손한 자세로) 당신의 아들을 잡아 가둔 것은 미안합
니다. 하지만 당신의 남편인 우마왕이 원숭이 나라에 불을
　　　　　　　　　손오공이 칠선 공주의 아들을 잡아 가둔 까닭이 드러남.
지르고 새끼 원숭이들을 잡아간 대가였습니다.

……

칠선 공주: 내 아들 생각만 하면 가시덤불에 꽁꽁 묶인 채로 지
　　　　　　　　칠선 공주가 손오공에게 파초선을 내어 준 까닭
옥 속에서 사는 것 같아. 아들아, 내 아들아……!

칠선 공주가 땅바닥에 엎드려 한참 동안 울다가 손오공에게
파초선을 조용히 내민다.　→ 자식을 생각하는 부모의 마음을 느낄 수 있음.

4 손오공은 칠선 공주에게 사과를 하고 받은 파초
선으로 화염 산의 불을 꺼 사람들을 살렸습니다.

5 ㉠과 ㉢은 '해설', ㉣은 '대사'입니다.

6 헤라클레스는 세 요정에게 자신이 만난 적을 이겨낸 무
용담을 들려주었습니다.

7 이야기를 희곡으로 바꿀 때는 이야기의 배경과 인물에 대
한 정보는 '해설'로, 인물의 말은 큰따옴표 없이 '대사'로,
인물의 표정이나 행동은 괄호 안에 '지문'으로 나타냅니다.

8 헤라클레스는 세 요정에게 헤스페리데스의 정
원으로 가는 길을 물은 다음 자신이 겪은 무용담을 차례
로 들려주었습니다.

독해 속 어휘 마무리!

본문 126~127쪽

1 (1) ○	2 (3) ○	3 (2) ○	4 청량하다	5 장악하다
6 실용적	7 용암	8 ㉮	9 ㉰	10 ㉯
11 유유히	12 업신여기는	13 ②	14 ③	15 ⑤

본문 130~133쪽

130쪽 / **1** 통치   **2** 위장

132쪽 / **1** 보급   **2** 탄압

1 ④

2 ①

3 ㉢

4 의군부 / 항일 운동

5 ③, ④

6 ①

7 선영

8 신사 / 이름 / 정신

지문이 **궁금해**

"나라를 지키기 위한 노력"

• 글의 종류   설명문

• 글의 특징   일제 강점기에 국내외에서 항일 운동을 펼치기 위해 만든 독립운동 단체를 소개하여 쓴 글입니다.

• 글의 흐름

일제가 우리나라를 통치하려고 했지만 우리 민족은 독립운동 단체를 만들어 항일 운동을 펼침.	→	그 예로 대한 독립 의군부, 송죽회, 대한 광복회, 한인 애국단 등이 있음.

"예 민족 말살 통치를 아시나요?"

• 글의 종류   설명문

• 글의 특징   1930년대 무렵, 일제가 우리의 민족정신을 없애려고 한 일 세 가지를 중심으로 설명하여 쓴 글입니다.

• 글의 흐름

일제는 신사 참배를 강요함.	→	일제는 우리말 대신 일본어를 쓰도록 강요함.	→	조선 총독부는 '창씨개명'을 하도록 강요함.

---

1 이 글은 국내외에서 독립운동 단체를 만들어 적극적으로 항일 운동을 펼친 일을 설명하고 있습니다.

2 대한 독립 의군부는 독립 의군부라고도 불리며 일본 정부와 조선 총독부에 우리나라를 식민지로 만드는 것이 얼마나 잘못된 일인지 알리고, 국권을 돌려 달라는 요구서를 보냈습니다.

3 **1**에서 우리 민족이 독립운동 단체를 만들어 항일 운동을 펼쳤음을 말했고, **2**~**5**에서 각 독립운동 단체를 예로 들어 각 단체가 한 일을 설명하였습니다.

독해 비법 뒷받침 내용을 포함하는 중심 내용을 찾아요!

예시의 방법으로 쓴 설명문은 문단별로 중점적으로 설명하는 대상이 무엇인지를 모아 글 전체의 **중심 내용**을 찾을 수 있습니다.

우리 민족은 국내외에서 독립운동 단체를 만들어 항일 운동을 적극적으로 펼쳤습니다.
중심 내용

대한 독립 의군부는 1912년에 전라도 지역에 만든 비밀 결사 조직입니다.	송죽회는 1913년에 평양에서 여자들이 만든 독립운동 단체입니다.	대한 광복회는 1915년에 대구에서 만든 독립운동 단체입니다.	한인 애국단은 1931년에 상하이에서 조직한 비밀 결사 단체입니다.
뒷받침 내용 ①	뒷받침 내용 ②	뒷받침 내용 ③	뒷받침 내용 ④

4 우리 민족은 국내외에 대한 독립 의군부, 송죽회, 대한 광복회, 한인 애국단과 같은 독립운동 단체를 만들어 항일 운동을 적극적으로 펼쳤습니다.

5 이 글은 일제가 우리의 민족정신을 없애기 위해 한 일을 중심으로 설명한 글입니다. 대한민국 임시 정부의 활약 내용은 글에 나오지 않습니다.

6 일제 강점기에 일제는 성과 이름을 일본식으로 바꾸도록 강요했는데 우리 민족의 20%는 끝까지 바꾸지 않았다고 했습니다. 또한 일제는 학교와 관공서에서는 일본어만 쓰도록 했고, 신사에 절을 하도록 강요했습니다.

7 글쓴이는 일제의 민족 말살 정책에 어떤 것이 있었는지 설명하며 우리 민족이 겪은 어려움을 알려 주었습니다.

8 일제는 우리의 민족정신을 없애기 위해 신사 참배와 일본어 쓰기를 강요하고, 성과 이름을 일본식으로 고치도록 했지만 각계각층의 사람들은 우리의 민족정신을 지키기 위해 노력했습니다.

2일 과학

본문 134~137쪽

어휘 퀴즈

134쪽 / ❶ 작용점 　　❷ 날

136쪽 / ❶ 촘촘히 　　❷ 금속

---

1 ①, ⑤

2 ⑤

3 ⑩ 아이가 시소의 중심에서 멀리 앉고, 엄마는 시소의 중심에 가까이 앉으면 아이 쪽 시소가 내려가고 엄마 쪽 시소가 올라갑니다.

4 받침점 / 힘 / 원리

5 탄성력, 마찰력

6 ③

7 ㉰

8 마찰력 / 탄성력

지문이 궁금해

"작은 힘으로 큰 일을!"

· 글의 종류　설명문

· 글의 특징　지레의 개념과 원리를 자세히 설명하고, 지레의 원리를 이용한 도구를 소개하여 쓴 글입니다.

· 글의 흐름

| 지레는 막대를 받침점 위에 놓고 힘을 주어서 물체를 움직임. | ➡ | 힘점, 받침점, 작용점의 거리에 따라 물체를 드는 힘이 다름. | ➡ | 장도리, 손톱깎이, 병따개 등이 지레의 원리를 이용한 것임. |

"여러 가지 힘"

· 글의 종류　설명문

· 글의 특징　여러 가지 힘 중에서 마찰력과 탄성력의 뜻과 일상생활에서 사용한 예를 중심으로 설명하여 쓴 글입니다.

· 글의 흐름

| 음료수 뚜껑이나 등산화 바닥 등에 마찰력을 이용함. | ➡ | 용수철이나 고무공, 트램펄린 등에 탄성력을 이용함. |

---

1 이 글은 지레의 뜻, 원리, 생활 속에서 지레가 이용되는 사례를 설명하고 있습니다.

2 지레에는 받침점, 힘점, 작용점이 있는데 힘점과 받침점의 거리가 멀고 작용점과 받침점의 거리가 가까우면 물체를 들기 쉽습니다.

3 작용점에서 시소의 중심인 받침점까지의 거리가 짧을수록, 힘점에서 받침점까지의 거리가 멀수록 엄마 쪽이 올라갑니다.

4 지레는 막대를 받침점 위에 놓고 힘을 주어서 물체를 움직이는 도구로, 우리 주변에는 장도리와 손톱깎이 등 지레의 원리를 이용한 도구가 많이 있습니다.

5 이 글은 물체가 움직이는 것을 방해하는 힘인 '마찰력'과 물체가 모양이 변했을 때 원래대로 돌아가려고 하는 힘인 '탄성력'을 주로 설명하는 글입니다.

6 고무공을 바닥에 떨어뜨리면 위로 튀어 오르는 것은 고무의 탄성력 때문입니다.

오답을 조심해

① 수영장의 미끄럼틀에 물을 흘려보내면 미끄럼틀과 몸 사이의 마찰력이 줄어들어 몸이 훨씬 잘 미끄러집니다.

② 비행기나 배의 앞부분을 유선형으로 만들면 공기나 물과의 마찰력을 줄여 줍니다.

④ 자동차의 바퀴에 체인을 감으면 마찰력을 높여 자동차가 눈길에 미끄러지는 것을 방지할 수 있습니다.

⑤ 등산화 바닥을 울퉁불퉁하게 하면 마찰력을 높여 바위나 비탈길에서 미끄러지는 것을 막을 수 있습니다.

7 아기 양말에 고무를 붙이면 마찰력이 높아져서 아기가 미끄러지지 않습니다. 스카이 콩콩은 탄성력을 이용한 놀잇감이고, 빙판길에 모래를 뿌리는 일은 마찰력을 높이기 위한 것입니다.

8 여러 가지 힘 중에서 물체가 움직이는 것을 방해하는 힘을 '마찰력'이라고 하고, 물체가 모양이 변했을 때 원래대로 돌아가려고 하는 힘을 '탄성력'이라고 합니다.

 **3** 문학

본문 **138~141**쪽

 어휘 퀴즈

138쪽 / **1** 오우가　　　**2** 달

140쪽 / **1** 들이다

1 ②
2 ③
3 ②, ④
4 다섯 / 소나무 / 달
5 (3) ○
6 ㉣
7 ⑤
8 달 / 청풍

지문이 궁금해

"오우가(五友歌)"

· 글의 종류　시(시조)
· 글의 특징　물, 바위, 소나무, 대나무, 달의 다섯 자연물의 덕에 대해 예찬한 글입니다. 총 6수 중 이해하기 쉬운 3수만 실었습니다.
· 글의 흐름

〈제1수〉
물, 바위, 소나무, 대나무, 달은 친구임.
→

〈제3수〉
바위는 변하지 않음.
→
〈제6수〉
달은 빛과 과묵함을 지님.

"십 년을 경영하여"

· 글의 종류　시(시조)
· 글의 특징　가난하지만 자연 속에서 자연을 즐기며 사는 삶을 노래한 글입니다.
· 글의 내용

작은 초가집을 지어 달과 바람에게 한 칸씩 주고 강산은 병풍처럼 둘러 놓고 지내겠음.

1 이 글은 달, 바위와 같은 자연물을 사람처럼 표현했습니다.

오답을 조심해

① 각 수는 3행으로 이루어져 있습니다.
③ 윤선도가 지은 시조입니다.
④ 모든 행의 글자 수가 똑같지는 않습니다.
⑤ 옛날 사람들의 말투와 표현을 사용했습니다.

2 이 시에서 말하는 이가 벗으로 삼고자 한 자연물은 '물, 바위, 소나무, 대나무, 달'입니다.

3 이 시에서 말하는 이는 변치 않고 영원한 자연의 모습을 칭찬하였습니다.

4 '나'는 본받고자 하는 모습을 지닌 다섯 벗(물, 바위, 소나무, 대나무, 달)의 훌륭한 점을 칭찬하고 있습니다.

5 이 시에서 말하는 이는 자연 속에 작은 집을 짓고 달과 청풍에 한 칸씩을 맡겨 집 안에 들여 놓고 싶어 합니다.

6 달과 청풍에게 방을 한 칸씩 맡기겠다고 한 것은 사람이 아닌 달과 청풍을 사람처럼 표현한 것입니다. ㉣에서 '지나가는 바람이 손을 흔들었다.'는 것도 사람이 아닌 바람이 사람처럼 손을 흔들었다고 한 것이므로, ㉠과 같은 표현 방법을 사용한 것입니다.

독해 비법　**표현 방법을 알아요!**

시에는 어떤 현상이나 사물을 비슷한 현상이나 사물에 빗대는 **비유하는 표현**이 많이 쓰입니다. 그 방법으로 의인법, 은유법, 직유법 등이 있습니다.

· 나 한 칸, 달 한 칸에 청풍 한 칸 맡겨 두고
　→ 의인법: 사람이 아닌 것을 사람에 비겨 사람이 행동하는 것처럼 표현함.
· 솜사탕처럼 활짝 핀 벚꽃

· 달 달 무슨 달 쟁반같이 둥근 달
　→ 직유법: '~같이', '~처럼', '~듯이'와 같은 말을 써서 두 대상을 직접 견주어 표현함.
· 물웅덩이는 나를 비추는 거울이다.
　→ 은유법: '~은/는 ~이다'로 빗대어 표현함.

7 이 시의 말하는 이는 십 년을 준비해서 초가삼간을 지을 만큼 가난하면서도 자연을 즐기며 사는 삶을 추구하고 있습니다. 이에 어울리는 한자성어는 '안빈낙도(安貧樂道)'입니다.

8 '나'는 세 칸짜리 작은 초가집을 지어 자신과 달, 청풍이 한 칸씩 나누어 쓰고, 강산은 둘러 두고 보려 합니다.

4일 예술

본문 142~145쪽

어휘 퀴즈

142쪽 / ❶ 완공　　❷ 등재

144쪽 / ❶ 수로　　❷ 정교

---

1 (3) ○

2 ②

3 ㉰

4 가우디 / 성당 / 외부

5 ①

6 (1) ○　(2) ×　(3) ×　(4) ×

7 ㉆ 타지마할은 왕비의 묘지이므로 사람들이 왕가의 위엄을 느끼게 하기 위해서입니다. / 사람들이 고요하며 엄숙한 느낌으로 왕비를 추모하도록 하기 위해서입니다.

8 무덤 / 사랑 / 힘

지문이 궁금해

"사그라다 파밀리아 성당"

• 글의 종류　설명문

• 글의 특징　바로셀로나의 대표 건축물인 사그라다 파밀리아의 설계자, 구조, 건축사를 쓴 글입니다.

• 글의 흐름

| 스페인의 사그라다 파밀리아 성당은 가우디가 설계함. | → | 외부는 세 개의 파사드로 이루어지고, 내부는 숲 속 느낌을 줌. | → | 성당은 가우디가 죽은 다음에도 계속 공사가 이어지고 있음. |

"아름다운 무덤, 타지마할"

• 글의 종류　설명문

• 글의 특징　타지마할의 역사와 대칭, 장식 등을 쓴 글로, 타지마할이라는 건축물에 담긴 황제의 사랑과 권력을 설명하여 쓴 글입니다.

• 글의 흐름

| 타지마할은 황제가 왕비를 추모하기 위해 지은 무덤임. | → | 타지마할은 기하학을 기초로 지어져 완벽한 대칭을 이룸. | → | 주 건물의 내부와 외부는 화려하고 정교하게 장식되어 있음. |

---

1 이 글은 사그라다 파밀리아 성당의 특징과 역사를 자세하게 설명한 글입니다.

2 사그라다 파밀리아는 처음에 가우디의 스승인 비야르가 설계와 건축을 맡았으나 중간에 그만두고 그 뒤를 이어 가우디가 새로운 설계도를 제작했습니다.

3 이 글에서 수난의 파사드는 가우디가 죽고 난 뒤 수비라치라는 조각가가 완성했기 때문에 많이 다르다고 설명했습니다.

4 [가][우][디]가 설계한 사그라다 파밀리아 [성][당]은 세 개의 파사드와 거대한 첨탑이 있는 성당 [외][부]와 여러 가지 색의 빛을 볼 수 있는 내부가 유명하며 지금까지도 공사가 진행 중입니다.

5 이 글은 타지마할이 무엇이고 어떻게 지어졌는지, 그리고 특징은 무엇인지 자세하게 설명했습니다.

6 타지마할 건축에는 무굴 제국의 전문 기술자들은 물론 이탈리아, 페르시아(이란), 프랑스 등 외국의 기술자들까지 참여하였습니다.

오답을 조심해

(2) 타지마할은 1643년경에 주 건물이 먼저 완공되었습니다.
(3) 타지마할은 무굴 제국의 황제 샤 자한이 사랑하는 왕비를 추모하기 위해 지은 궁전 형식의 아름다운 무덤입니다.
(4) 피에트라 두라 기법은 대리석에 꽃 등의 문양을 판 뒤 그 홈에 각각 다른 색의 돌이나 보석을 끼워 넣는 것을 말합니다.

7 무굴 제국의 황제는 사람들이 엄숙한 마음으로 왕비를 추모하기를 바랐을 것입니다.

8 황제가 죽은 왕비를 추모하기 위해 지은 궁전 형식의 [무][덤]인 타지마할은 왕비에 대한 황제의 [사][랑]과 무굴 제국의 강력한 [힘]을 보여 주는 위대한 건축물입니다.

◀ 타지마할

5 문학

본문 146~149쪽

어휘 퀴즈

146쪽 / ❶ 예측   ❷ 동동

148쪽 / ❶ 잔재주   ❷ 성실성

---

1 ④

2 ①

3 예 동생의 소풍에 따라갈 것입니다. 동생이 너무 어리고, 어머니가 나에게 동생을 챙겨 주라고 하셨기 때문입니다.

4 동생 / 소풍 / 점심

5 ①

6 ⑤

7 ①

8 한 / 삶 /성실

지문이 궁금해

"어린 날의 초상"

• 글의 종류   수필

• 글의 특징   동생을 보살핀, 글쓴이의 순수하고 정이 넘치던 어린 시절 이야기입니다.

• 글의 내용

> '나'는 학부형이 되어 동생의 소풍을 따라감.

"돌층계"

• 글의 종류   수필

• 글의 특징   돌층계를 통해 깨달은 올바른 삶의 자세를 쓴 글입니다.

• 글의 내용

> 성실하게 최선을 다하는 삶이 중요함.

---

1 수필은 일정한 형식을 따르지 않고 인생이나 자연, 일상에서의 느낌이나 체험을 생각나는 대로 쓴 글입니다.

2 '나'는 소풍을 간다는 생각에 즐거운 마음이었습니다. 그러다 1학년과 3학년이 각각 다른 곳으로 소풍을 가게 되어 난감한 마음이 들었고, 동생을 따라 소풍을 갔을 때에는 부끄러운 마음이 들었습니다. 그리고 동생에게 점심을 먹인 다음 서러운 마음이 들어 눈물을 흘렸습니다.

3 •보기•의 내용을 바탕으로 자신은 동생의 소풍에 따라갈 것인지, 안 갈 것인지를 정하여 씁니다.

4 3학년인 '나'는 동생의 학부형이 되어 1학년 동생의 소풍을 따라가 동생에게 점심을 먹여 주었습니다.

5 글쓴이는 층계를 밟고 오를 때마다 삶의 계단으로 떠올라 조심하게 된다고 했습니다.

6 글쓴이는 인생이 계단을 오르는 것과 같아서 과정을 뛰어넘으려 욕심을 부리면 실패할 가능성이 높아지므로 성실한 자세로 올라야 한다고 말하고 있습니다.

7 글쓴이는 성실한 삶의 중요성을 말하고 있으므로 '모로 가도 서울만 가면 된다.'는 작가의 인생관과 대립됩니다.

> **독해 비법**   **글쓴이의 태도를 파악해요!**
>
> 수필은 글쓴이의 생각이나 경험을 솔직하게 표현하는 자기 고백적인 성격의 글입니다. 따라서, 대상에 대한 깨달음, 비판, 예찬, 성찰 등과 같은 **글쓴이의 태도**가 분명하게 드러납니다.
>
> ──────────────
>
> <u>끝이 있는 삶의 계단에 얼마나 높게, 얼마나 빨리 오르느냐</u>
> _{글쓴이가 돌층계를 보면서 깨달은 것}
> 하는 것이 별로 큰 문제가 안 된다는 것을 이제야, <u>힘이 드는</u>
> 나이에 생각이 드는 것이다. 그래서인지, 국립 중앙 _{많은 나이} 박물관의
> 높은 돌계단이 보이지 않는 손짓으로 내 삶의 성실성을 시험해
> 보려는 것처럼 보인다.
> → 글쓴이는 '인생도 과정을 무시하지 말고 성실하게 살아가야 한다'는 태도를 보임.

8 계단을 오를 때 한 층에 한 걸음, 한 발짝씩 밟아야 하는 것처럼 우리는 삶의 계단을 오를 때에도 성실하게 최선을 다해야 합니다.

독해 속 어휘 마무리!

본문 150~151쪽

1 (3) ○	**2** (2) ○	**3** (2) ○	**4** 청풍	**5** 배급
6 동산	**7** 벗	**8** ㉣	**9** ㉮	**10** ㉤
11 방지	**12** 방해	**13** ⑤	**14** ②	**15** ④

초능력 국어 독해 **6** 단계 학년

정답 및 풀이

초능력 국어 독해